中 等 职 业 学 校 素 质 教 育 系 列 教 材

U0650529

中职生人文素质指导读本
——案例分析与点评

王小江　主　编

魏光波　副主编

中国铁道出版社有限公司
CHINA RAILWAY PUBLISHING HOUSE CO., LTD.

内 容 简 介

在职业学校开展人文素质教育，是构建完善的职业教育课程体系的重要环节，也是帮助学生提升人文素养和综合素质的有效途径。通过本书的学习，中职学生能更好地构建自己的生涯规划，为自己的终生发展奠定良好的基石。

本书共设 6 个项目，涵盖了历史、地理、文学、哲学、民俗等多个方面，图文并茂，案例详实，点评到位，具有较强的可读性与一定的趣味性。

本书适合作为中职学校开展人文教学的辅助教材，也可作为中职学生课外阅读的指导书。

图书在版编目（CIP）数据

中职生人文素质指导读本：案例分析与点评/王小
江主编. —北京：中国铁道出版社，2013.12（2020.7重印）
ISBN 978-7-113-17875-8

Ⅰ．①中… Ⅱ．①王… Ⅲ．①人文素质教育－中等专
业学校－教学参考资料 Ⅳ．①G718.3

中国版本图书馆CIP数据核字（2014）第009040号

书　　名：	中职生人文素质指导读本——案例分析与点评
作　　者：	王小江

策　　划：李中宝　蔡家伦
责任编辑：李中宝　冯彩茹
封面设计：付　巍
封面制作：白　雪
责任校对：王　杰
责任印制：樊启鹏

出版发行：中国铁道出版社有限公司　（100054，北京市西城区右安门西街 8 号）
网　　址：http://www.tdpress.com/51eds/
印　　刷：北京铭成印刷有限公司
版　　次：2013 年 12 月第 1 版　　2020 年 7 月第 6 次印刷
开　　本：787 mm×1 092 mm　1/16　印张：10　字数：237 千
书　　号：ISBN 978-7-113-17875-8
定　　价：36.80 元

前 言

　　中职教育是就业教育，是为学生就业做知识储备和技能强化的教育，培养数以亿计的高素质的劳动者和数以千万计的专门技术人才是中职学校的特色和使命。教会学生"如何做人""做什么样的人""如何做一个技艺精湛品格高尚的技术人"，同样也是中等职业教育的应有之义。就这一角度而言，中职学校必须坚持技术知识教育和人文素质教育并重的理念，坚持"两手抓，两手都要硬"的方针，否则培养出来的"只是服务于某些目的的专业工人，那他们并没有受到真正的教育"。基于这样的认识维度和发展理念，人文素质教育对中职学校的重要意义是显而易见的。

　　目前，中职学校生源的整体文化素质、综合素质较前有所下降，他们当中一部分甚至不具备初中毕业生的知识水平、理解能力和行为习惯；进入中职学校后，对人文教育方面也相当忽视，教学中往往就专业讲专业，过多关注的是专业能力素质，而对人文精神的关注和培养还非常不够。因此，学生在人文素质方面还比较弱，综合素质能力发展难以适应市场。教育部在中等职业教育的培养目标中提到："我们培养的学生应当具有科学的世界观、人生观和爱国主义、集体主义、社会主义思想，以及良好的职业道德和行为规范；具有基本的科学文化素养，掌握必需的文化基础知识、专业知识和比较熟练的职业技能；具有继续学习的能力和适应职业变化的能力；具有创新精神和实践能力、立业创业能力；具有健康的身体和心理；具有基本的欣赏美和创造美的能力。"因此，关注人文教育也是中职教育发展的时代要求。

　　人文学科既是一个知识体系，更是一个精神的体系和价值观的体系，因而人文教育更能直接内化为一个个体的个性品格，富有成效地帮助受教育者完善人格。人文教育是人格教育成功的前提，人格教育已成为全体教育工作者的历史使命。只有成功的人格教育才能孕育出负责任的成熟的人，这种人具有良好的品德、正确的价值观、健康有益的习惯，能够为他人服务，满足他人需要，满足社会需要，从而获得自身的发展。以人为本是现代社会新的发展观的主题和灵魂，也是现代教育的核心。

　　党的教育方针要求职业教育培养德智体美全面发展的生产建设、管理服务第一线的应用型人才，只重视"做事"，忽视了"做人"的教育，不是一种完整的、健全的教育。当前，我国正处于社会转型的新旧交替时期，有必要重新审视现代化的价值取向，从而积极调整人与人之间的关系，以及人与自然之间的关系，重建人文精神。既要保留中华民族传统文化中人文精神的精华，如以民为本、仁爱、信义、平衡和谐、自省修身、谦让礼仪等；又应注入现代意识，如人格独立、思想解放、自由平等、博爱宽容、民主法制、公平竞争等，构筑新的人文精神，是思想道德建设的重要组成部分。同时人文素质教育有利于中职生养成优秀的人文品质，这对道德教育由认知到行为的转化起着积极的促进作用，因为，人文素质教育从内容上和形式上都较思想道德教育更易被学生所接受。因此，人文素质教育不仅拓宽了思想道德教育的内涵，而且是促进德育的有效措施。

当下，从业人员最基本也是最重要的是要有敬业精神和责任感。在工作中热爱自己的工作岗位，敬重自己所从事的职业，勤奋努力，尽职尽责。对中职生来说，最重要的是在工作中要有敬业精神，即对自己所从事的事业的高度责任心、使命感。在中职学校加强人文素质教育，可以提高学生的职业道德素养，把学生培养成对企业有强烈责任感和事业心的技术人才。为此，我们特编写了《中职生人文素质指导读本——案例分析与点评》一书，以帮助广大中职学生更好地了解人文知识，提高同学们的文化品位、人文素养。

本书由王小江任主编，魏光波老师任副主编，参与编写的老师还有张小丽、庞碧玲、姜歆、卢珠凤。由于编者水平有限，书中难免存在疏漏和不足之处，希望读者能提出宝贵意见，以便再版时加以修改和完善。

编　者

2013 年 9 月于杭州

中等职业学校素质教育系列教材

CONTENTS 目录

目 录 CONTENTS

项目一

地理与风情

"谁不说俺家乡好。"同学们，你们了解养育我们成长的故乡吗？你们都游历过祖国的哪些名山大川呢？在未来，你们是否有进行环球旅游的设想与打算？我们将通过本项目的共同探索，帮助同学们先了解一些地理水土人情方面的知识，草拟一份出行的计划攻略……

任务一 祖国山河美如画

【学习目标】

（1）探究多样的地理环境给我国的经济和文化发展带来的益处，促进学生对祖国的热爱。

（2）懂得多视角欣赏祖国山河的秀美壮丽。

（3）培养学生热爱祖国的情感，增强他们保护自然的意识。

【情景案例】

浩浩和琪琪是职高同学，两人因为热爱大自然的共同兴趣和爱好而成为好朋友，并加入了学校的环保社团。自从获得"2013 年 6 月 21 日在柬埔寨金边举行的第 37 届世界遗产大会上，我国新疆天山和云南哈尼梯田成功入遗，被批准列入联合国教科文组织《世界遗产名录》中的自然遗产目录"的消息后，两个人兴奋不已，纷纷表示要在暑假里好好做功课，了解我国所有风景名胜的分布和特点，并在开学后介绍给环保社团的其他同学。闲暇之余，两人畅想未来，希望有生之年能结伴同行，一起去实地考察和领略这些风景名胜的壮美之处。

【学习顾问】

一、国家重点风景名胜区

泱泱中华，浩浩神州，幅员辽阔，山河壮丽，历史悠久，文化灿烂，具有极其丰富的自然资源和人文资源。我国国务院分别于 1982 年、1988 年、1994 年、2002 年、2004 年、2005 年、2009 年、2012 年先后公布了八批国家级风景名胜区。截至 2012 年 10 月，全国已设立风景名胜区 225 处，面积约 10.36 万 km^2，占陆地总面积的 2.02%。风景名胜区已成为我国自然与文化遗产资源保护体系和全国主体功能区架构的重要组成部分。

风景名胜区的资源是以自然资源为主的、独特的、不可替代的景观资源，是通过几亿年大自然的鬼斧神工所形成的自然遗产，而且是世代不断增值的遗产。

中国风景名胜区英文名称即为 National Park of China，翻译过来就是"中国国家公园"，国际上大多数国家都设有国家公园，可谓殊途同归也。

《中国大百科全书》对国家公园定义为："一国政府对某些在天然状态下具有独特代表性的自然环境区划出一定范围而建立的公园，属国家所有并由国家直接管辖，旨在保护自然生态系统和自然地貌的原始状态，同时又作为科学研究、科学普及教育和供公众旅游娱乐、了解和欣赏大自然神奇景观的场所。"

中国十大风景名胜区

中国十大名胜古迹是指 1985 年由中国旅游报社发起并组织全国人民于当年 9 月 9 日评选出的，有万里长城、桂林山水、杭州西湖、北京故宫、苏州园林、安徽黄山、长江三峡、台湾日月潭、避暑山庄、秦陵兵马俑等 10 个风景名胜区。

（1）万里长城：是中国伟大的军事建筑，它规模浩大，被誉为古代人类建筑史上的一大奇迹。主要景观有八达岭长城、慕田峪长城、司马台长城、山海关、嘉峪关、虎山长城、九门口长城等。

史料意义：万里长城是中国古代民族关系发展的产物，但对于长城南北民族关系内在发展规律的研究尚不充分。总结已有的研究成果，拓宽研究领域，揭示长城与中国民族关系发展的内在联系，对于长城学、民族学及中国民族关系史等学科研究的发展，对于促进民族团结都有重大的现实意义和重要的理论研究价值。

（2）桂林山水：广西壮族自治区的桂林市是世界著名的风景游览城市和历史文化名城，位置处广西壮族自治区东北部，南岭山系的西南部，属典型的"喀斯特"岩溶地貌，遍布全市的石灰岩经亿万年的风化侵蚀，形成了千峰环立、一水抱城、洞奇石美的独特景观，被世人美誉为"桂林山水甲天下"。

（3）杭州西湖：位于浙江省杭州市西部，杭州市中心，旧称武林水、钱塘湖、西子湖，宋代始称西湖。西湖有风景名胜40多处，重点文物古迹30多处。历史上除有"钱塘十景""西湖十八景"之外，最著名的是南宋定名的"西湖十景"和1985年评出的"新西湖十景"。

（4）北京故宫：又名紫禁城，是明清两代的皇宫，位于北京市中心。皇宫建筑群为世界之最，是中国古建筑中的杰作。

（5）苏州园林：其历史可上溯至公元前6世纪春秋时期吴王的园囿，私家园林最早见于记载的是东晋（4世纪）的辟疆园，历代造园兴盛，名园日多。明清时期，苏州成为中国最繁华的地区之一，私家园林遍布古城内外。16～18世纪全盛时期，苏州有园林200余处，至今保存尚好的有数十处，并因此使苏州素有"人间天堂"的美誉。古典园林代表有拙政园、留园、网师园、环秀山庄、狮子林、怡园、沧浪亭、耦园、艺圃等。

（6）安徽黄山：位于安徽省南部黄山市，是中国著名风景区之一，世界游览胜地，以奇松、怪石、云海、温泉的黄山四绝著称于世。

（7）长江三峡：是中国长江上游瞿塘峡、巫峡和西陵峡的合称，简称三峡，中国十大风景名胜之一，中国40佳旅游景观之首。长江三峡西起重庆奉节的白帝城，东到湖北宜昌的南津关，是瞿塘峡、巫峡和西陵峡三段峡谷的总称，是长江上最为奇秀壮丽的山水画廊，全长192 km，也就是常说的"大三峡"。

（8）台湾日月潭：是中国台湾省的"天池"，湖周35 km，水域约9 km²，为全省最大的天然湖泊，也是全国少数著名的高山湖泊之一。

（9）避暑山庄：是中国清朝皇帝的夏宫，是由皇帝宫室、皇家园林和宏伟壮观的寺庙群所组成。位于河北省承德市，距离北京230 km。避暑山庄位于承德市中心区以北、武烈河西岸一带狭长的谷地上，它始建于1703年，历经清朝三代皇帝：康熙、雍正、乾隆，耗时89年建成。

（10）秦陵兵马俑：位于陕西省临潼县城东5 km处的骊山北麓，是中国历史上第一个皇帝——秦始皇（前259年—前210年）陵墓的陪葬坑，被称为世界第八大奇迹之一。秦始皇兵马俑陪葬坑是世界最大的地下军事博物馆。

1974年以来，在陵园东1.5 km处发现从葬兵马俑坑3处，出土陶俑8000件、战车百乘以及数万件实物兵器等文物；1980年又在陵园西侧出土青铜铸大型车马两乘。引起全世界的震惊和关注，被誉为"世界第八奇迹"。现已在一、二、三号坑成立了秦始皇陵兵马俑博物馆，对外开放。

二、中国的世界文化遗产和自然遗产

世界文化遗产和自然遗产是大自然和人类祖先的杰作，有效保护世界文化遗产和自然遗产，就是保护人类文明和人类赖以生存的环境。1972 年 11 月 16 日，联合国教科文组织大会第 17 届会议通过的《保护世界文化和自然遗产公约》对文化遗产和自然遗产分别规定了定义。

文化遗产：①文物：从历史、艺术或科学角度看，具有突出、普遍价值的建筑物、雕刻和绘画，具有考古意义的成分或结构，铭文、洞穴、住区及各类文物的综合体；②建筑群：从历史、艺术或科学角度看，因其建筑的形式、同一性及其在景观中的地位，具有突出、普遍价值的单独或相互联系的建筑群；遗址：从历史、美学、人种学或人类学角度看，具有突出、普遍价值的人造工程或人与自然的共同杰作以及考古遗址地带。

自然遗产：从美学或科学角度看，具有突出、普遍价值的由地质和生物结构或这类结构群组成的自然面貌；从科学或保护角度看，具有突出，普遍价值的地质和自然地理结构以及明确划定的濒危动植物物种生态区；从科学、保护或自然美角度看，只有突出、普遍价值的天然名胜或明确划定的自然地带。

文化景观：①由人类有意设计和建筑的景观：包括出于美学原因建造的园林和公园景观，它们经常（但并不总是）与宗教或其他纪念性建筑物或建筑群有联系；②有机进化的景观：它产生于最初始的一种社会、经济、行政以及宗教需要，并通过与周围自然环境的相联系或相适应而发展到目前的形式；③关联性文化景观：这类景观列入《世界遗产名录》，以与自然因素、强烈的宗教、艺术或文化相联系为特征，而不是以文化物证为特征。庐山、五台山风景名胜区先后成为我国"世界遗产"中的两处文化景观。

中国于 1985 年 12 月 12 日加入《保护世界文化和自然遗产公约》。1999 年 10 月 29 日，中国当选为世界遗产委员会成员。中国于 1986 年开始向联合国教科文组织申报世界遗产项目。自 1987 年至 2012 年 7 月，中国先后被批准列入《世界遗产名录》的世界遗产已达 43 处。

2013 年 6 月 21 日在柬埔寨金边举行的第 37 届世界遗产大会上，新疆天山、云南哈尼梯田成功入遗，被批准列入联合国教科文组织《世界遗产名录》中的自然遗产目录。我国世界遗产增至 45 处，仅次于意大利的 48 处。

中国的世界文化遗产和自然遗产名录（截至2013年6月）

序号	地 域 名 称	批准时间	遗产种类
01	长城	1987 年 12 月	文化遗产
02	明清皇宫（北京故宫、沈阳故宫）	1987 年 12 月	文化遗产
03	陕西秦始皇陵及兵马俑	1987 年 12 月	文化遗产
04	甘肃敦煌莫高窟	1987 年 12 月	文化遗产
05	北京周口店北京猿人遗址	1987 年 12 月	文化遗产
06	山东泰山	1987 年 12 月	文化与自然双重遗产
07	安徽黄山	1990 年 12 月	文化与自然双重遗产
08	湖南武陵源国家级名胜区	1992 年 12 月	自然遗产
09	四川九寨沟国家级名胜区	1992 年 12 月	自然遗产
10	四川黄龙国家级名胜区	1992 年 12 月	自然遗产
11	西藏布达拉宫	1994 年 12 月	文化遗产
12	河北承德避暑山庄及周围寺庙	1994 年 12 月	文化遗产
13	山东曲阜的孔庙、孔府及孔林	1994 年 12 月	文化遗产
14	湖北武当山古建筑群	1994 年 12 月	文化遗产
15	江西庐山风景名胜区	1996 年 12 月	文化景观
16	四川峨眉山－乐山风景名胜区	1996 年 12 月	文化与自然双重遗产
17	云南丽江古城	1997 年 12 月	文化遗产
18	山西平遥古城	1997 年 12 月	文化遗产
19	江苏苏州古典园林	1997 年 12 月	文化遗产
20	北京颐和园	1998 年 11 月	文化遗产
21	北京天坛	1998 年 11 月	文化遗产
22	重庆大足石刻	1999 年 12 月	文化遗产
23	福建武夷山	1999 年 12 月	文化与自然双重遗产
24	四川青城山和都江堰	2000 年 11 月	文化遗产
25	河南洛阳龙门石窟	2000 年 11 月	文化遗产
26	明清皇家陵寝:明显陵（湖北钟祥市）、明十三陵（北京）、明孝陵（江苏南京市）、清东陵（河北遵化市）、清西陵（河北易县）、盛京三陵	2000 年 11 月	文化遗产
27	安徽古村落:西递、宏村	2000 年 11 月	文化遗产
28	山西大同云冈石窟	2001 年 12 月	文化遗产
29	云南三江并流	2003 年 7 月	自然遗产
30	高句丽王城、王陵及贵族墓葬	2004 年 7 月	文化遗产
31	澳门历史城区	2005 年 7 月	文化遗产
32	四川大熊猫栖息地	2006 年 7 月	自然遗产
33	安阳殷墟	2006 年 7 月	文化遗产
34	中国南方喀斯特	2007 年 6 月	自然遗产

序号	地 域 名 称	批准时间	遗产种类
35	开平碉楼与村落	2007 年 6 月	文化遗产
36	福建土楼	2008 年 7 月	文化遗产
37	江西三清山	2008 年 7 月	自然遗产
38	山西五台山	2009 年 6 月	文化景观
39	登封"天地之中"历史建筑群	2010 年 7 月	文化遗产
40	中国丹霞	2010 年 8 月	自然遗产
41	杭州西湖	2011 年 6 月	文化遗产
42	元上都遗址	2012 年 6 月	文化遗产
43	中国澄江化石地	2012 年 7 月	自然遗产
44	新疆天山	2013 年 6 月	自然遗产
45	云南哈尼梯田	2013 年 6 月	文化遗产

中国作为著名的文明古国，自 1985 年加入世界遗产公约，至 2013 年 6 月，共有 45 个项目被联合国教科文组织列入《世界遗产名录》，其中世界文化遗产 28 处，世界自然遗产 10 处，世界文化和自然遗产 4 处，世界文化景观遗产 3 处。源远流长的历史使中国继承了一份十分宝贵的世界文化和自然遗产，它们是人类的共同瑰宝。下面选择其中 5 处做重点介绍。

1．甘肃敦煌莫高窟

敦煌莫高窟俗称千佛洞，位于甘肃敦煌市东南 25 km 的鸣沙山东麓崖壁上，上下五层，南北长约 1 600 m。始凿于 366 年，后经十六国至元十几个朝代的开凿，形成一座内容丰富、规模宏大的石窟群。现存洞窟 492 个，壁画 45 000 m^2，彩塑 2 400 余身，飞天 4 000 余身，唐宋木结构建筑 5 座，莲花柱石和铺地花砖数千块，是一处由建筑、绘画、雕塑组成的博大精深的综合艺术殿堂，是世界上现存规模最宏大、保存最好的佛教艺术宝库，被誉为"东方艺术明珠"。本世纪初又发现了藏经洞（莫高窟第 17 洞），洞内藏有 4—10 世纪的写经、文书和文物五六万件。引起国内外学者极大的注意，形成了著名的敦煌学。

2．周口店北京人遗址

周口店北京人遗址位于北京市房山区周口店龙骨山。因 20 世纪 20 年代出土了较为完整的北京猿人化石而闻名于世，尤其是 1929 年发现了第一具北京人头盖骨，从而为北京人的存在提供了坚实的基础，成为古人类研究史上的里程碑。到目前为止，出土的人类化石包括 6 件头盖骨、15 件下颌骨、157 枚牙齿及大量骨骼碎块，代表约 40 个北京猿人个体。为研究人类早期的生物学演化及早期文化的发展提供了实物依据。

在龙骨山顶部于 1930 年发掘出生活于 18 000 年前的古人类化石，并命名为"山顶洞人"。1973 年又发现了介于两者年代之间的"新洞人"，表明北京人的延续和发展。

3．山东泰山

泰山，古名岱山，又称岱宗。自然景观雄伟绝奇，有数千年精神文化的渗透渲染和人文景观的烘托，被誉为中华民族精神文化的缩影。1987年，被联合国教科文组织公布为世界自然与文化遗产。

世界遗产专家在泰山考察时发现，泰山既有突出普遍的自然科学价值，又有突出普遍的美学和历史文化价值，是一座融自然科学与历史文化价值于一体的神奇大山。

4．四川九寨沟国家级名胜区

九寨沟风景名胜区位于四川省阿坝藏族羌族自治州南坪县境内，距离成都市400多千米，是一条纵深40余千米的山沟谷地，因周围有9个藏族村寨而得名，总面积约620 km^2，大约有52％的面积被茂密的原始森林所覆盖。林中夹生的箭竹和各种奇花异草，使举世闻名的大熊猫、金丝猴、白唇鹿等珍稀动物乐于栖息在此。自然景色兼有湖泊、瀑布、雪山、森林之美。沟中地僻人稀，景物特异，富于原始自然风貌，有"童话世界"之誉。有长海、剑岩、诺日朗、树正、扎如、黑海六大景区，以翠海、叠瀑、彩林、雪峰、藏情这五绝而驰名中外。

5．西藏布达拉宫

在拉萨西北的玛布日山上，是著名的宫堡式建筑群，也是藏族古建筑艺术的精华。

始建于公元7世纪，是藏王松赞干布为远嫁西藏的唐朝文成公主而建的。现占地41 hm^2，宫体主楼13层，高115 m，全部为石木结构，5座宫顶覆盖镏金铜瓦，金光灿烂，气势雄伟。

布达拉宫分为两大部分：红宫和白宫。居中央是红宫，主要用于宗教事务；两翼刷白粉的是白宫。根据世界文化遗产遴选标准 C(I)(IV)(VI)，布达拉宫于 1994 年 12 月入选《世界遗产名录》，后来又加入了拉萨的大昭寺。2001 年 12 月，拉萨的罗布林卡也被补充加入此项世界文化遗产。

三、资源和环境保护

我国是世界上风景名胜资源类型最丰富的国家之一，包括历史圣地类、山岳类、岩洞类、江河类、湖泊类、海滨海岛类、特殊地貌类、城市风景类、生物景观类、壁画石窟类、纪念地类、陵寝类、民俗风情类及其他类 14 个类型，基本涵盖了华夏大地典型独特的自然景观，彰显了中华民族悠久厚重的历史文化。

在保护实践中，风景名胜区不仅展示了生态、科学、美学、历史文化等本底价值，还充分体现出科研、教育、旅游、实物产出等直接利用价值和促进产业发展、社会进步等衍生价值，这种多元价值使其成为我国各类遗产保护地中保护管理最复杂、功能最综合的法定保护区。在国家自然和文化遗产保护体系中，风景名胜区占重要地位，与自然保护区、文物保护单位／历史文化名城并列为国家三大法定遗产保护地。

资源保护是风景名胜区事业发展的核心内涵。30 年来，我国风景名胜区的保护理念不断提升，逐步实现由注重视觉景观保护向视觉景观、文化遗产、生物多样性、自然生态系统等方面综合保护的转变，由点状保护向网络式、系统式保护的转变，由注重区内保护向区内区外协调保护、共同发展的转变。30 年来，风景名胜区以较少的政府资金投入，保护了我国最优秀的自然和文化遗产资源。

保护了珍贵的自然资源。风景名胜区的设立，不仅有效保护了丹霞地貌、喀斯特地貌、花岗岩地貌、火山地貌、雪山冰川及江河湖泊等最珍贵的地质遗迹、最典型的地貌类型和最美的自然景观，还为我国及世界生物多样性保护作出了积极贡献。绝大多数国家级风景名胜区（约 7.87 km²）被列入《中国生物多样性保护战略与行动计划（2011—2030）》中的生物多样性保护优先区域；武夷山、黄龙、九寨沟、西双版纳等 7 个国家级风景名胜区被联合国教科文组织列入"世界生物圈保护区"。

传承了丰富的民族文化。风景名胜区以物质或非物质载体的方式保存了大量文化遗产，分布着 401 个全国重点文物保护单位和 490 个省级文物保护单位，还有非物质文化遗产 196 项。尤为重要的是，我国风景名胜区十分重视文化与自然的和谐统一，整体保护传统文化所处的自然与人文环境，使传统文化成为活的可传承的文化，这不仅是对中华民族文化传承的重要贡献，也是对全球文明传承的重要贡献。

优化了风景环境。在风景名胜区事业发展过程中，由于认识不到位、法规不健全、管理不到位等原因，出现了一些违反风景名胜区相关规定、不符合风景名胜区规划和资源保护要求的行为。针对上述问题，自 2003 年起，全国国家级风景名胜区开展了环境综合整治工作，累计拆除违规建设或影响景观环境的宾馆、酒店、度假村等楼堂馆所 2 000 多家，关闭非法采石场、挖沙场、小煤窑 2 534 处，恢复绿地 789.8 万 m²，疏浚治理河流 200 多条，治理水域污染 4 100 km²，退田还湖、退地还海 1 000 km²，退耕还林 3 万 km²。一些省级主管部门借鉴国家级风景名胜区综合整治经验，在省级风景名胜区也组织开展了综合整治工作。通过综合整治，风景名胜区的自然景观和生态环境显著优化。

四、我们的展望

30 年来，我国风景名胜区事业在保护生态、服务人民、展示文化、推动发展上成就卓著。

但是，我们也清醒地认识到，由于我国正处于工业化、城镇化和旅游产业快速发展的阶段，经济建设、城乡建设、旅游开发对风景名胜区的压力仍然十分突出。一些地方过于注重风景名胜区的经济功能，片面强调旅游开发，收取高额门票，出让或转让经营权，严重影响了风景名胜区的公益性；一些地方不顾风景名胜资源不可再生的特殊性，违章建设，错位开发，导致风景名胜区资源破坏严重；一些地方忽视风景名胜区管理机构能力建设，管理职能不到位，保护资金不落实，规划编制滞后，管理水平低下；还有一些大型基础设施建设缺乏科学论证，随意侵占、穿越风景名胜区，严重破坏其生态环境和自然文化遗产价值。

党的十八大报告提出，要把生态文明建设放在突出地位，努力建设美丽中国，并就优化国土空间开发格局、加大自然生态系统和环境保护力度、加强生态文明制度建设等作出了明确部署。

在新的历史时期，我国风景名胜区事业发展要始终坚持科学发展观，坚持"科学规划、统一管理、严格保护、永续利用"的基本方针，坚持生态效益、经济效益和社会效益的有机统一，坚持风景名胜资源保护和促进地区发展的相互结合，突出风景名胜区的公益性，全面发挥风景名胜区的各项功能，为广大人民群众提供更好的精神家园。

加强风景名胜区科学价值、综合功能和保护意义的宣传，增强公众保护意识。建立风景名胜区志愿者服务机制，鼓励社会团体和个人参与风景名胜区的巡查、卫生、宣传、科技服务等工作。完善风景名胜区规划公开公示制度，在规划编制阶段广泛征求社会各界的意见，在规划审批后及时向社会公布。建立风景名胜区违规行为的举报与发布制度，鼓励公众、媒体、社会组织对风景名胜区管理实施监督。

继续深入开展风景名胜区与国家公园的交流合作，把我国风景名胜区事业发展纳入国际自然和文化遗产事业发展的视野，充分学习借鉴国际先进经验，坚持改革创新，探索中国特色的自然和文化遗产保护与发展新路子，不断提高我国风景名胜区在国际上的知名度和影响力，开创我国风景名胜区事业科学发展新局面。

结束语

保护珍贵的自然和文化遗产已成为全球共识，中国的风景名胜区事业不仅肩负着保护我国自然和文化遗产的重要历史使命，也是人类社会保护环境、传承文明的共同利益所在。在过去 30 年工作的基础上，继续把风景名胜区保护好、利用好、管理好，实现永续利用、永世传承，是当代人对历史、对社会、对子孙后代的应尽责任，也是对世界的应尽责任。

【活动建议】

亲爱的同学们，看了以上资料，你有何感想呢？请你以本文中罗列的一个或几个风景名胜为旅游目的地，做一份详细的攻略供大家参考。

任务二　世界风景带你游

【学习目标】

（1）探究多样的世界地理环境神奇的多样性，培养对大自然的热爱。

（2）培养全球性的环境保护理念。

【情景案例】

浩浩和琪琪刚畅想好游览祖国大好河山的计划。一次很好的机会，琪琪一位在法国做生意的表姑回国探亲，顺便看望了琪琪。琪琪便好奇地问起表姑法国及附近欧洲国家的一些地理常识，听表姑说欧洲的环境保护做得非常好，城市的绿化、古建筑的保护、河流的治理都很成功，琪琪很惊讶，也暗自佩服欧洲人对环境保护的决心和远见。

见过表姑以后，琪琪在环保社团的交流活动中又多了一份国际视野。这不，正巧琪琪读了毕淑敏的环球考察游记，里面的一段文字让她心有感概："2008年，我自费买了一张船票，出发环绕地球一周。那艘名为'和平号'的船，5月14日自日本横滨进入太平洋，一路向西，9月4日返回出发港，在蔚蓝的大海上昼夜兼程5万多千米，途经了几十个国家，共计114天。由于一些原因，我没能完整地走完这一圈，这个圆画得不够完整。好在最壮观的景色我已饱览，最险恶的风暴我已穿越，最艰苦的航程我已一寸寸挪过，最苍凉的海天一色我一分分领略……生命中有了这样一次荡涤身心的旅行，当我垂垂老矣行将离开这个世界的时候，据说人的一生会电光石火地闪现，浓缩成一部微电影，我势必回忆它，然后浮出若隐若现的欢颜。"（毕淑敏《蓝色天堂》）

琪琪希望自己有一天也能登上环球考察的游轮，领略全球的地理风貌。

有梦想的人总是幸福的，我们祝愿琪琪心想事成。

【学习顾问】

《蓝色天堂》是著名心理作家参加游轮环球旅游的所见所闻和心理感受的记录，对它的阅读是一个爱好探索新事物，找寻心灵天堂人们的一种享受，作者2008年从日本的横滨出发，乘坐"和平号"游轮，一路西行，环游地球一周，最终回到横滨。

具体的行程为：从横滨出发后，在海上航行5天，到达越南的岘港，停留1天出发，继续航行2天，到达新加坡，然后从新加坡出发在印度洋漂泊8天，到达阿曼的萨拉拉港。短暂停留后，继续出发，经过5天的航海，到达约旦的亚喀巴。1天后，经过苏伊士运河，从红海到达地中海，从印度洋进入大西洋。从埃及的塞得港之后，就是地中海沿岸的诸多国家。土耳其的库沙达瑟、希腊的比雷埃夫斯港、意大利的那不勒斯、西班牙的巴塞罗那、法国的勒阿弗尔、荷兰的阿姆斯特丹等，经过大半个月的航行之后，开始向北航行，到达挪威的卑尔根。之后游览著名的松恩峡湾，然后抵达冰岛的雷克雅未克。从那里再到格陵兰岛。在饱览冰川风光后，掉头向南，在大西洋航行6天后，到达美国的纽约，然后从纽约到中美洲的委内瑞拉，然后到达巴拿马。通过巴拿马运河后，从大西洋回到太平洋，沿着太平洋的东岸航行，经过危地马拉的库特扎尔、墨西哥的阿卡普尔科、加拿大的温哥华，到达美国的阿拉斯加首府施沃德。之后，经过9天的时间横渡太平洋，回到日本的横滨港。全程经历114天，于2008年5月14日出发，9月4日返回。

多么富有挑战和浪漫的行程，参与的人们会因为眼界的开阔而豁达，会因为不同的生命而感动，用100多天的时间无限地拓展了自己生命的宽度。随着作者对游历的描写和心理的起伏，很容易让读者身临其境，感受我们居住星球的壮美，反思自身个体的渺小，从而加深对世界和未知的敬畏。

一、欧洲五大美丽河流，旖旎多姿风光无限

欧洲建筑的美是大家公认的，不过一个地方之所以能繁荣昌盛，光有房子肯定是不够的，还需要很重要的一个因素——河流。实际上，在城市的发展进程中，河流是比任何别的因素都重要的一点。最近，美国极具声望的旅行杂志《康德纳斯特旅行者》评出了欧洲最美的5条河道，分别是多瑙河（Danube）、莱茵河（Rhine）、塞纳河（Seine）、梅恩河（Main）和摩泽尔河（Moselle）。

1．多瑙河

多瑙河是欧洲第二长河。它发源于德国西南部黑林山（BlackForest）东麓，自西向东蜿蜒流经其他8个国家和4个首都，最终注入黑海。多瑙河流经奥地利瓦豪峡谷时，两岸层林尽染，水色澄静如练。摄影师采用航拍手法拍摄了多瑙河在流经奥地利城镇梅尔克时的风貌，沐浴在晨光中的小镇全貌一览无遗地被展现出来，湛蓝的多瑙河点缀其间，构成一幅绝美的画面。

2．莱茵河

作为欧洲第十二长河和最繁忙的河道之一，莱茵河从瑞士境内的阿尔卑斯山脉流入北海。莱茵河景色最迷人的河段是位于科布伦茨和吕德斯海姆之间长41 mile（英里，1 mile ≈ 1.61 km）的河段。整个莱茵河因其绝美的自然景色和历史重要性，2002年被收入联合国教科文组织世界自然遗产名录。河岸的城堡一个接一个，每隔1 mile就有一座。马克斯城堡是其中保存最完好的城堡之一。吕德斯海姆是莱茵河谷中最受欢迎的酿酒城镇，游客不断。

3．塞纳河

塞纳河发源于法国东北部的第戎市附近，绵延约500 mile，途中流经法国首都巴黎，以及西边的诺曼底。其沿岸的田园风光所散发出的魅力，没有几位法国画家能抵挡住。塞纳河风景最迷人的河段是位于韦尔农和莱桑德利之间长16 mile的河段。塞纳河不可错过的美景：法国画家莫奈位于吉维尼小镇的著名花园距离韦尔农有10 min车程，是其中一大美景。夏季，从那里延展开的河岸种植着玫瑰花和兰花，犹如巨富画卷一般。位于莱桑德利的12世纪古堡遗址成为诺曼底差旅服务历史的遗存，这里曾是法国和英国争夺的地区，也是捕捉塞纳河河谷风景最佳之地。

4．梅恩河

梅恩河是莱茵河最大的支流之一，流经德国西南部的森林地带。河水在流经富含矿物质的

施佩萨特山时，颜色变成赤土色。狐狸、野猪或其他动物在河边高耸的橡树下很常见。梅恩河风景最美的一段（长20 mile 位于米尔滕贝格与韦特海默之间。梅恩河边上米尔滕贝格市的ZumRiesen 酒馆，是德国历史最悠久的酒馆，在里面可以要上一杯当地酿造的 Faust 啤酒或当地红酒。

5．摩泽尔河

绵延350 mile 的摩泽尔河在科布伦茨与梅恩河和莱茵河相遇，然后蜿蜒穿过德国西南部、卢森堡边境，进入法国东北部。摩泽尔河景色最迷人的河段为位于德国科赫姆和伯恩卡斯特尔之间45 mile 长的一段。

没有几座十字军城堡能像德国 Reichsburg 城堡这么浪漫，这座城堡众多迷人的角楼在科赫姆市显得十分高耸。距离科赫姆仅6 mile 的拜尔施泰因很少被外界所知，很值得一游，这座城镇被誉为是德国保存最好的中世纪城镇。

二、世界上最著名的六大遗迹

一些建筑即使经过历史的洗礼、饱经风霜也依旧留存着当年宏伟的风韵。即使仅存的只是破碎的墙壁和残漏的屋顶，它们的壮丽也是其他房屋、村庄、宫殿或者剧场所无法比拟的。将要介绍的这6处遗迹，代表了古代伟大的的文明，绝对值得一去。

1．帕提农神庙

位于希腊的帕提农神庙是最受人们推崇的古代建筑，它建于公元前5世纪，供奉着希腊女神雅典娜。即使今天，站在帕提农神庙的废旧遗址前，我们依然能够感受到这座古希腊建筑的美与魅力。

2．圆形大剧场

如果说希腊人是以他们的帕台农神庙为傲，那么罗马人则一直以他们的圆形大剧场为荣。作为罗马最伟大的建筑，这里曾上演过格斗表演，赢得过5万观众的掌声。罗马圆形大剧场还有过其他许多用途，现在，它是罗马古代文明的象征，欢迎四方游客的到来。

3．吴哥窟

作为电影《古墓丽影》的拍摄地，柬埔寨也拥有许多独一无二的历史遗迹。建于 12 世纪的吴哥窟经过时间的考验、侵蚀的威胁依然庄严地屹立着。人们的保护和修缮使得它几乎完好地留存下来，仅有一些被毁坏的塔楼。

4．新墨西哥印第安人部落遗迹

在美国新墨西哥州，有许多印第安人村落被保存下来，作为原始人类社区的发源地，它们吸引了来自全国各地的游客前来参观游玩。历史和艺术爱好者们将会在这里体会到古代建筑砖瓦结构的独特之处。阿兹特克人废墟国家纪念碑是一个不可错过的历史文化遗迹。

5．Alcazaba 堡垒

西班牙安大路西亚的建筑都具有摩尔人式建筑的特点，位于马拉加的 Alcazaba 堡垒就是其中一个最好的范例。正如许多历史遗迹那样，Alcazaba 堡垒历史悠久，可以追溯到几百年前的西班牙。进入马拉加的 Alcazaba 堡垒前，游客们还将会看到另一处壮丽的建筑：一座罗马剧场。

6．马丘比丘古城

印加文化可被称之为艺术。印加人为我们留下了许多精美的纺织品，在秘鲁，他们建造的马丘比丘古城则是印加人建筑才华的最好体现。从外观、建筑材料的使用以及建造工程，马丘比丘古城都堪称精妙非凡。印加人是世界上掌握琢石建筑技术的先驱，他们将建筑用石料巧妙地切割打磨，在没有泥浆用于粘合的条件下将石料严密、牢固地堆砌起来。

三、一生不可错过的世界 20 个美景

爱好自然地理的人们总结了世界各地的自然风景和人文景观，列举了 20 个一生不可错过的美景。分别是：

（1）美国大峡谷——The Grand Canyon。

（2）澳大利亚的大堡礁——Great Barrier Reef。

（3）好望角——Cape Town。

（4）拉斯维加斯——Las Vegas。

（5）悉尼——Sydney。

（6）印度泰姬陵——Taj Mahal。

（7）澳大利亚艾尔斯岩——Uluru。

（8）印加遗址——Machu Picchu。

（9）尼亚加拉瀑布——Niagara Falls。

（10）埃及金字塔——Pyramids。

（11）威尼斯——Venice。

（12）中国的长城——Great Wall of China。

（13）津巴布韦的维多利亚瀑布——Victoria Falls of Zimbabwe。

（14）巴黎——Paris。

（15）罗马——Rome。

（16）迪拜的 Burj Al-Arab 酒店。

（17）新加坡——Singapore。

（18）夏威夷——Hawaii。

（19）摩天之城——纽约。

（20）印度金庙——Golden Temple。

下面列举几个介绍如下：

1. 美国大峡谷——The Grand Canyon

美国大峡谷是一个举世闻名的自然奇观，位于西部亚利桑那州西北部的凯巴布高原上，总面积 2 724.7 km²。由于科罗拉多河穿流其中，又称科罗拉多大峡谷，它是联合国教科文组织选为受保护的天然遗产之一。

2. 澳大利亚的大堡礁——Great Barrier Reef

世界上有一个最大最长的珊瑚礁群，就是有名的大堡礁。它纵贯蜿蜒于澳洲的东海岸，全长 2 011 km，最宽处 161 km。南端最远离海岸 241 km，北端离海岸仅 16 km。在落潮时，部分的珊瑚礁露出水面形成珊瑚岛。

3. 印度泰姬陵——Taj Mahal

坐落于印度古都阿格的泰姬陵，是世界七大奇迹之一。这座世界七大建筑奇迹背后其实有一段哀怨缠绵的历史，了解它的历史背景，能增加观赏泰姬陵的趣味。

17 世纪莫卧儿王朝皇帝沙杰汉为纪念其爱妃蒙泰吉·玛哈尔，动用了数万名工人，以宝石镶饰修建陵寝，图案之细致令人叫绝。泰姬陵最引人瞩目的是用纯白大理石砌建而成的主体建筑，皇陵上下左右工整对称，中央圆顶高 62 m，令人叹为观止。

4. 印加遗址——Machu Picchu

印加遗址即马丘比丘遗址，被称为印加帝国的"失落之城"，距当时的都城库斯科 120 km，坐落在安第斯山脉最难通行的老年峰与青年峰之间陡峭而狭窄的山脊上，海拔 2 400 m。在印加语中，马丘比丘代表"古老的山巅"。数百年前，连接马丘比丘与库斯科的，只有群山间一条狭窄的印加古道。而今，当游客乘坐旅游列车到达这里时，会感受到强烈的震撼：面前的马丘比丘，似乎随时都可能从狭窄的山脊滑下万丈深渊，而正是在这陡峭的、荒无人烟的山脊上，印加人建起了自己的城市。

5. 尼亚加拉瀑布——Niagara Falls

举世闻名的尼亚加拉瀑布位于加拿大和美国交界的尼亚加拉河上。它号称世界七大奇景之一，以其宏伟的气势、丰沛而浩瀚的水汽，震撼了所有前来观赏的游人。

尼亚加拉河是连接伊利湖和安大略湖的一条水道，仅长 56 km，却从海拔 174 m 直降至海拔 75 m，河道上横亘着一道石灰岩断崖，水量丰富的尼亚加拉河经此，骤然陡落，水势澎湃，声震如雷。

6. 埃及金字塔——Pyramids

据拜占庭菲罗所分类的七大奇观中，只有埃及金字塔巍然独存，目前埃及约有 80 多座金字塔，始建于前 2650—前 1550 年。重点位于"基沙""萨卡拉"及"孟菲斯"。它能被列为七大奇观之首，是因为在没有先进的科技协助下，单靠一些原始工具及人力，竟可建成如此宏伟的建筑。金字塔的神秘至今仍是一个谜，更有人指出金字塔并非埃及人所建，而是外星文明所建的遗迹。

7. 津巴布韦的韦多利亚瀑布——Victoria Falls of Zimbabwe

维多利亚瀑布是世界著名的大瀑布，位于津巴布韦西北部与赞比亚交界处的赞比西河中段。赞比西河全长 2 700 km，是非洲大陆向东流入印度洋的最大河流。据地理学家推断，该瀑布约形成于 1.5 亿年前。1885 年，英国传教士戴维·利文斯敦在探险时发现并以当时英国女王名字命名之。现瀑布附近有利文斯敦铜像，当地人称瀑布为"曼吉昂东尼亚"，意为"声若雷鸣的雨雾"。

瀑布总宽 1 688 m，是美国和加拿大间尼亚加拉瀑布的一倍半，最大落差 108 m，是尼亚加拉瀑布的两倍。瀑布气势磅礴，平均秒流量 1 400 m^3，雨季秒流量可达 5 000 m^3。瀑布轰鸣声及高达 500 多米的水雾在数十千米内可闻、可见。

8. 金庙——Golden Temple

金庙位于印度边境城市阿姆利则。作为锡克教的圣地，阿姆利则意为"花蜜池塘"。当年只是印度教改革派分支的锡克教，经过几代教徒的不懈努力，最终于 16 世纪发展成完全独立的宗教，为此，当年锡克教第 4 代祖师罗姆·达斯曾修建了一座水池，名为"花蜜池塘"，阿姆利则由此得名。而金庙则由锡克教第 5 代祖师阿尔琼 1589 年主持建造，1601 年完工，迄今已有 400 年历史。因该庙门及大小 19 个圆形寺顶均贴满金箔，在阳光照耀下，分外璀璨夺目，一直以来被锡克人尊称为"上帝之殿"。

【活动建议】

看了以上资料后，如果你有机会外出考察，请写一份出国考察的攻略以供大家参考。

任务三 鱼米之乡物产多

【学习目标】

（1）探究"鱼米之乡"具体出处和相应的地理环境知识。

（2）了解杭嘉湖地区的典型物产种类。

（3）培养学生热爱家乡、珍惜资源的环保意识。

【情景案例】

尽管有人说风景在远处，但在畅想环球考察的梦想之后，浩浩和琪琪忽然发现，身为杭州的一分子，我们有理由要从身边的环境保护做起，从一点一滴的小事做起。况且，杭州被誉为人间天堂，也有很多值得大家细细品味的风景和名胜古迹，也值得推荐给环保社的其他同学共享。想到这里，两个好朋友就着手准备起资料来，认真研究才发现，杭嘉湖地带被称为"鱼米之乡"，各地的物产还真丰富呢，为此感到很自豪，也感到身为"鱼米之乡"的人们很幸福，要知足常乐。

【学习顾问】

一、鱼米之乡指的是哪些地方

"鱼米之乡"是指中国长江三峡以东的中下游沿岸带状平原。北接淮阳山，南接江南丘陵。地势低平，地面高度大部在 50 m 以下。中游平原包括湖北江汉平原、湖南洞庭湖平原（合称两湖平原）和江西鄱阳湖平原。下游平原包括安徽长江沿岸平原和巢湖平原以及江苏、浙江、上海间的长江三角洲，其中长江三角洲地面高度已在 10 m 以下。

平原上河汉纵横交错，湖荡星罗棋布。著名的洞庭湖、鄱阳湖、太湖、高邮湖、巢湖、洪泽湖等大淡水湖都分布在这一狭长地带。向有"水乡泽国"之称，盛产鱼、虾、蟹、菱、莲、苇。气候温和，无霜期 240 ～ 280 天，江南可种植双季稻，粮、棉、水产在全国占重要地位，素称"鱼米之乡"。长江中下游平原经济发达，有上海、南京、南昌、武汉等大城市和苏州、无锡、常州、盐城、淮安、镇江、扬州、泰州、南通、上饶、芜湖、长沙、岳阳等中等城市。

长江中下游平原的气候大部分属北亚热带，小部分属中亚热带北缘。年均温 14 ～ 18℃，最冷月均温 0 ～ 5.5℃，绝对最低气温 -10 ～ -20℃，最热月均温 27 ～ 28℃，无霜期 210 ～ 270 天。农业一年二熟或三熟，年降水量 1000 ～ 1400 mm，集中于春、夏两季。地带性土壤仅见于低丘缓冈，主要是黄棕壤或黄褐土。南缘为红壤，平原大部为水稻土。农业发达，土地垦殖指数高（上海 62.1%，江苏 45.6%），是重要的粮、棉、油生产基地。盛产稻米、小麦、棉花、油菜、桑蚕、苎麻、黄麻等。

长江中下游平原区的水上运输主要工业有钢铁、机械、电力、纺织和化学等，是重要的工业基地。平原居中国南北和东西交通网的枢纽地带，水陆交通都很发达。长江贯穿中部，成为一条东西向的水运大动脉，加上其无数支流，构成一庞大水道网。

1．地形地貌

长江中下游平原主要由长江及其支流所夹带的泥沙冲积而成，总面积约 20 多万 km²，绝大部分的高度都在海拔 50 m，境内港汉纵横，湖泊密布，向有"水乡泽国"之称。大约距今二三千万年以前，长江自镇江以下的河口还像一个喇叭形的三角港湾，水面辽阔，潮汐很强。在潮水的顶托下，长江带来的泥沙大部分被沉积下来，首先在南北两岸各堆积成一条庞大的沙堤。

北岸的一条大致从扬州附近向东延伸直达南通附近。这条沙堤以北主要是古代淮河和黄河所输出的泥沙冲积而成的里下河平原。长江南岸的一条沙堤大致从江阴附近向东南延伸，直到金山的漕泾附近，并同杭州湾北岸的一道沙堤相连接，构成一个包围圈，把三角形港湾围成一个基本上与外海隔开、但还有一些缺口与海洋相通的潟湖，这就是古太湖。后来由于顺着沙堤缺口倒灌的潮水和古太湖上游河流带来的泥沙不断淤积，陆地不断扩大，古太湖日益缩小、分化成淀山湖、阳澄湖等许多小湖。与此同时，长江的泥沙又在沿海一带继续堆积形成新三角洲。

如今在上海市区西部，北起嘉定的外冈，经上海县的马桥至金山的漕泾一带，还可以见到一条断续的古贝壳沙带，这就是五六千年以前的古海岸线。这条线以东的土地就是 5 000 年以来由泥沙淤积而成的新三角洲的一部分。如今，上海市东部的南汇嘴以及崇明岛的东端土地还在不断增长之中。

鄱阳湖平原除边缘红土岗丘外，中部的泛滥平原主要是由赣、抚、信、鄱、修等河流冲淤而成，其中又以赣江为主。

2. 主要组成

长江中下游平原是中国三大平原之一。位于湖北宜昌以东的长江中下游沿岸，系由两湖平原（湖北江汉平原、湖南洞庭湖平原总称）、鄱阳湖平原、苏皖沿江平原、里下河平原（皖中平原）和长江三角洲平原组成，面积约 20 万 km²。

（1）两湖平原包括湖南的北部和湖北的南部。远古时代这里曾是个烟波浩渺的云梦泽，后来被长江及其支流冲刷下来的泥沙所填平。它的面积有 5 万 km²，分为江汉平原和洞庭湖平原两部分。平原上水网密布，称为"鱼米之乡"。

（2）鄱阳湖平原位于江西北部至安徽西南边缘，面积达 2 万 km²。地势低平，海拔在 50 m 以下。

（3）皖中平原位于安徽中部的长江沿岸，巢湖附近，面积较小。

（4）长江三角洲位于镇江以东，运河以南，杭州湾以北，面积达 5 万 km²，由长江和钱塘江冲积而成，这里的海拔只有 10 m 左右。三角洲上，河网纵横交错，湖泊星罗棋布，素称"水乡泽国"。这里盛产稻米、鱼虾，粮食产量在全国占有重要的地位，历史上曾有"苏湖熟，天下足"的说法。

二、鱼米之乡的美丽景象

1. 鄱阳湖

鄱阳湖冬季水枯时，洲滩裸露，天然饵料丰富，是冬候鸟的理想越冬地，今设有候鸟保护区，在自然资源保护方面显示出其价值。在特产方面，鄱阳湖还是富饶的天然鱼库，湖内有 90 多种鱼，其中经济价值较高、产量较大的有鲤、鳜、鲢、青、草、鲫、鳊、银鱼等。其中肉质肥嫩、鳞下脂肪多的鲥鱼和体纤透明的银鱼尤为名产。此外，鄱阳湖还出产莲、藕、菱、芡等经济水生植物产品，所养殖的湖贝珍珠也很出名。广阔的湖滨平原，则是著名的粮、棉、油料生产基地，在全国占有重要地位。

2. 庐江：昔日"鱼米之乡"今成"乡村画廊"

庐江县比邻巢湖，是全国商品粮油基地县和粮油生产百强县。良好的气候条件和持续的生态系统结构保护，被誉为"鱼米之乡"。近年来，庐江县投资 6 亿多元，围绕将"鱼米之乡"建设成为"华东地区有一定影响的山水园林旅游城市、安徽历史文化名城"的目标定位，加快旅游业发展和新农村建设，经过持续的科学规划和生态环境保护，"画里乡村"初显风貌。

三、杭嘉湖的物产丰富

杭嘉湖平原位于浙江省北部，是浙江最大的堆积平原，位于太湖以南，钱塘江和杭州湾以北，天目山以东。包括嘉兴市全部，湖州市大部以及杭州市的东北部。地势极为低平，河网密布，有京杭大运河穿过。

杭嘉湖平原地面形成东、南高起而向西、北降低的以太湖为中心的浅碟形洼地。平原水陆交通发达，铁路以杭州为起点，沪杭、杭宣线分别贯穿平原东、西部，并与浙赣、皖赣、萧甬线联结。

（一）杭州地区

杭州物产丰富，素有"鱼米之乡""丝绸之府"美誉，农业生产条件得天独厚，农作物、林木、畜禽种类繁多。种植林果、茶桑、花卉等品种260多个，杭州蚕桑、"西湖龙井"茶闻名全国。杭州生物种类繁多，国家一级陆生野生动物有10种，二级64种；国家一级保护植物3种，二级18种。矿产资源有大中型的非金属和金属矿床，临安昌化出产的鸡血石，为收藏石和印石中的珍品。

杭州是世界文化遗产，同时也是唯一的一个融入城市生活的国家5A级旅游景点。到杭州旅游，不得不提的是西湖。西湖位于浙江省杭州市的西面，它以其秀丽的湖光山色和众多的名胜古迹而闻名中外，被誉为"天下第一湖"，是中国著名的旅游胜地，也被誉为"人间天堂"。更有白娘子的传说吸引着无数游客。

1. 西湖旧十景

（1）苏堤春晓：现在苏堤已改为柏油路面，但苏堤的风光依然旖旎，春天清晨尤佳，"苏堤春晓"绝非虚名。

（2）断桥残雪：断桥之名因何而来并不重要，这里有白娘子与许仙断桥相遇的说法，就足够了。

（3）平湖秋月：湖面平静如镜，秋月当空与湖水交相辉映，"一色湖光万顷秋"并不是每天都能看到的。湖畔题有"平湖秋月"的碑。

（4）柳浪闻莺：有醉柳、狮柳、浣纱柳等特色柳树，有柳洲之名并非空穴来风。这里是欣赏三面云山一面水的最佳位置。

（5）双峰插云：当群山云雾迷漫时，两峰偶露双尖，宛如峰插云霄，是一幅泼墨淋漓浓淡有致的水墨画卷。"双峰插云"御碑为清康熙皇帝手书，碑亭景点在洪春桥畔。

（6）三潭印月：如今很难看到"三潭印月"的美景，但在白天看三潭也不失为西湖美景之一。位于西湖中央，坐游轮可达。

（7）花港观鱼：是江南园林艺术与西洋园林艺术结合得最为巧妙的一处景致，众多的外国元首、国际友人游西湖都必到此处。

（8）南屏晚钟：能让康熙帝也发出"致足发人深省"的感慨，肯定不一般。原钟早已不在，现在的铜钟为新铸。

（9）雷峰夕照：白娘子被法海压在雷峰塔下的故事，给雷峰塔增添了不少神秘色彩。对于普通游客来说，可能倒掉的雷峰塔更有魅力一些。

（10）曲院风荷：每当夏日风起，有荷香沁人心脾的"曲院风荷"最为迷人。

2．西湖新十景

（1）云栖竹径："竹"是这里的主角，绿色、清新、凉爽、恬静使它在众多的美景中也能胜出。

（2）阮墩环碧：西湖中一座绿色小岛，因有古装侍女的敬茶与轻歌曼舞，而有时光倒流的错觉。夏秋之夜，这里还举办仿古游，身着古装的侍女敬茶，奏古琴轻歌曼舞，恍若隔世。

（3）黄龙吐翠：黄龙的传说和茂密翠竹得了西湖新十景的美名，不过，在这里时常看到的是新婚的庆典，是杭州四大婚庆公园之一。

（4）宝石流霞：保俶塔的紫褐色山岩是一种少见的地质景观。朝霞初照或落日余晖时是一天中最美的时刻。

（5）九溪烟树：原名是九溪十八涧，"溪水"是这里的主体，有了山和树的相伴，水也显得愈加地幽雅。

清末学者俞樾游九溪诗云："九溪十八涧，山中最胜处。昔久闻其名，今始穷其趣。重重叠叠山，曲曲环环路。咚咚叮叮泉，高高下下树。"字里行间，将美景的妙处刻画得淋漓尽致。被定为新十景后，更名为"九溪烟树"。

（6）满陇桂雨：赏桂和品茶都是这里最受欢迎的事。

（7）吴山天风：江南一带的山水美，自然天成只占去了一成，人文才是真正让它出彩的原因。苏东坡、米芾等都在此留下过手迹，风流才子徐文长的楹联最为画龙点睛。登阁远眺，左湖（西湖）右江（钱塘江），杭城尽收眼底。

（8）玉皇飞云：玉龙山山腰有个紫来洞，站在洞前俯瞰，山下有一片八卦田，是南宋皇帝祭先农时亲耕之地。玉皇山下慈云岭南坡有两龛五代时的造像，为我国五代十国时期石刻造像的代表作之一。

（9）虎跑梦泉："龙井茶叶虎跑水"并称西湖双绝。这里还是当年济公和尚圆寂的地方。

（10）龙井问茶：想要了解龙井文化，这里是最佳的选择。据说，若用小棍轻轻搅拨龙井水，水面会出现一条分水线，十分奇特。龙井之西的龙井村所产的西湖龙井，因为色翠、香郁、味醇、形美而著称于世。

3．千岛湖

千岛湖是两江一湖（富春江、新安江、千岛湖）国家级重点风景名胜区的主要组成部分。它地处长江三角洲的腹地，是上海经济区和我国东南一流风景旅游城市杭州的"后花园"。这一段风景区两岸山色青翠秀丽，江水清澈碧绿，在山水之间还分布着许多名胜古迹。

（二）湖州地区

湖州市地处浙江省北部，东邻上海，南接杭州，西依天目山，北濒太湖，与无锡、苏州隔湖相望，是环太湖地区唯一因湖而得名的城市。2008年末人口258.50万人，多为江浙民系，使用吴语。面积5818 km²。湖州是一座具有2 300多年历史的江南古城，有优美的自然景观和众多历史人文景观。湖州丝绸历史悠久，质地轻软，色彩绮丽，早在汉代，就已通过"丝绸之路"远销国外。现已发展到绸、缎、绫、罗、锦、纺、绒、绉、绢等十几类品种。

湖笔的产地在浙江吴兴县善琏镇，一般都是用上等山羊毛经过浸、拔、梳、连、合等近百道工序精制而成。湖笔选料讲究，工艺精细，品种繁多，粗的有碗口大，细的如绣花针，具有尖、齐、圆、健四大特点。颖是指笔锋尖端一段整齐透亮的部分，笔工们称为"黑子"，这是湖笔最大的特点。这种笔蘸黑后，笔锋仍是尖形，把它铺开，内外之毛整齐而无短长。这一带的山羊，每只平均只出三两笔料毛，有锋颖的也只有六钱。一支湖笔，笔头上的每一根具有锋颖的毛都是在无数粗细、长短、软硬、曲直、圆扁的羊毛中挑选出来，具有尖圆齐健，毫细出锋，毛纯耐用的优点。

清光绪四年（1878），湖州菜贩丁莲芳以鲜猪肉、千张为原料，裹成长枕形千张包子，配细丝粉，名曰千张包子丝粉头，肩挑叫卖。后听取顾客意见，在肉馅中添进笋衣、开洋，并改为5 cm见方的三角形包子，细丝粉改用以绿豆为原料的粗丝粉，使外形、馅料和辅料等方面均有别于家常色彩而独具一格。不断创新改进，成为湖州名点。包子所用的千张和丝粉都是特制的，千张薄而韧，包得密不透气，香浓汁鲜；丝粉白而粗，久煮不糊，柔软入味。

清咸丰年间（1851—1861），归安县菱湖人沈震远开办震远茶食作坊，后迁入湖州。震远同所制酥糖，品种多，有玫瑰酥糖、芝麻酥糖、椒盐酥糖、豆沙酥糖、荤油酥糖等。以香气浓郁、食不粘牙等特色，名列湖州"四大名点"之冠而驰名海内外。

安吉：四季常青的翠竹便是安吉最大的特色，方圆1 886 km²的大地上，蓄积了百万亩竹林和1.35亿支竹毛竹。竹林面积近百万亩，有面积最大的国家竹园，有亚洲最大、品种最多的竹科类植物园——竹博园。"此处乃竹乡"是唐代大诗人白居易对安吉景观的精确概括。

黄浦江源头坐落在浙江安吉龙王山自然保护区内，主峰（海拔）1 587.4 m，这里云缠雾绕，连绵起伏的群山，长达二十余里的大峡谷，雄险的山势，幽深的原始森林，奇特的飞瀑，烂漫的杜鹃，磅礴的云海，瑰丽的日出，"天公造化千涧汇就黄浦源头"在海拔1 350 m处，有自然历史遗产千亩高山沼泽地，是地质学上的奇观，也是亚热带罕见的自然景观一绝。

新市古镇：地处浙北，距今已有数千年历史，而建制历史就达1 200多年。千百年来居民临河而建，傍桥而市，形成典型的江南风情，新市是浙北地区大运河侧的重要商埠，自古繁华，民风质朴，人才辈出，自南朝著名道学家陆修静筑楼读书于此，自近代基督教理论国内研究学术权威、全国神学家赵紫宸先生，近代少年爱情小说家王嘉仑留下众多的人文胜迹，若流连其间，无不能领略此地的清纯与从容。其中明清宅居群、觉海寺院、古桥梁等，均值得一访究竟。

嘉兴南湖：是浙江三大名湖之一，与杭州西湖、绍兴东湖齐名，用"湖烟湖雨荡湖波"来描述南湖的烟雨迷蒙景色真是恰到好处。1921 年 7 月 23 日，中国共产党第一次全国代表大会在上海秘密召开。会议临近结束，遭法租界巡捕的袭扰而被迫停会，8 月 1 日转移到嘉兴南湖的一条游船上继续举行。在这条红船上，会议通过了第一个《中国共产党章程》，宣告了中国共产党的诞生，南湖也因此备受世人瞩目。

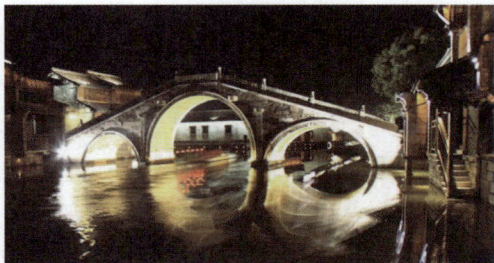

乌镇：自古繁华，千百年来，古镇民居临河而建、傍桥而市，镇内民风纯朴，是江南水乡"小桥、流水、人家"的典范，同时乌镇又有其他小镇所没有的临水建筑——水阁，乌镇由此又被称为"中国最后的枕水人家"。乌镇历史悠久，是典型的江南文化古镇。乌镇水乡风貌完整，保持了完整的江南水乡格局。乌镇民俗风情浓郁，是反映江南水乡生活的活化博物馆。蓝印花布源于汉晋，发展于宋元，鼎盛于明清，使用早在明代《天工开物》中提到的制靛的五种蓝草之一的"马蓝"（即板蓝根）作为蓝色染料。乌镇是蓝印花布的原产地，我国蓝印花布世界闻名。

【点评】杭嘉湖是我国典型的鱼米之乡，作为生于斯、长于斯的一份子，我们的自豪感油然而生。

【活动建议】

看了以上资料，请你写一份《我的家乡物产多》的课题报告，并附一份详细的 PPT 课件，在全班进行交流。

项目二

历史与国情

中国之所以能成为四大文明古国中唯一不曾中断历史的国家，其本质原因在于我们的文化一直传承至今。当今世界，随着第三次工业革命发展至今，一个国家的综合国力的展现已经不仅仅局限于 GDP，更多的是这个国家的软实力。什么是软实力？就是国民的素质、国家对文化教育的重视等。日本和韩国的崛起很大程度上是取决于国民素质的提高。我们学习历史最重要的目的就是继承先人的文化并将其传承下去，这也是国民素质的体现之一。

任务一　中国历史我知晓

【学习目标】

了解中国重要的历史人物、历史事件和历史现象，了解中国历史发展的基本线索，把握中国文化的特征，认真思考中国文化的继承和创新问题。

【情景对话】

浩浩：今年暑假我同爸妈去北京游览了故宫。

琪琪：故宫好玩吗？

浩浩：好玩，很值得看。

琪琪：听说故宫是明、清两代的皇宫，是无与伦比的古代建筑杰作，也是世界上现存最大、最完整的木质结构的古建筑群。

浩浩：是的，你去看后感觉会更深刻。我还登上了长城。

琪琪：哦，长城，作为中国历史上一项伟大的工程，是我们中华民族的一份宝贵遗产。

浩浩：是呀，它是世界少有的奇迹啊。

琪琪：下次我也要去游游长城，"不到长城非好汉"嘛！

浩浩：中国上下五千年的历史，就像这万里长城绵延不绝呀。

【典型案例】

古书上的"三皇五帝"指的是哪几位

中国古书上把伏羲、女娲、神农称为"三皇"，把太皞、炎帝、黄帝、少皞、颛顼称为"五帝"。其实"三皇五帝"都是象征性的人物，是传说中的氏族部落或部落联盟的领袖。关于"三皇五帝"的记载，虽然是一些美丽动人的神话，却能反映原始社会氏族和部落的历史。

传说伏羲、女娲、神农是远古时代的大圣人，各有一些了不起的功绩。

伏羲又称庖羲。据说他是个大发明家，"始作八卦""作结绳而为罔罟"。这是两件大的发明创造。当然，社会出现这样的新事物，是人们集体劳动的结果，而不是某个"圣人"的恩赐。但这个传说告诉我们，伏羲氏族已开始使用一种记事符号，又懂得制网捕鱼。

女娲的主要业绩是"炼五色石以补苍天"。据说，在这以前，天塌地陷，灾害不息，经过她的一番努力，一切就序了，她也就成了传说中整理天地的神。这个故事反映了远古人类与自然界的艰苦斗争。

神农是传说主掌稼穑的土神。大概是指原始社会农业开始发展的氏族名称。据记载，当初人们吃生肉，喝兽血，穿兽皮。神农认为人们这样生活下去，是难以维持的。于是，他"尝百草之实，察酸苦之味，教民食五谷"。实际上农业生产知识是上古人类实践经验的积累。神农并无其人。后来人们推测，神农氏的事迹，大致反映相当于母系氏族制繁荣时期的社会情况。

传说中的五位上古帝王，文书记载很不一致。他们活动的时代可能已经进入父系氏族制或原始社会末期。

太皞又称太昊、姓风。相传他人头蛇身，或人头龙身，可能是以蛇或龙为图腾的氏族首领，居住在陈地（即现在河南淮阳县）。他应该是淮河流域氏族部落传说中的祖先。

炎帝姓姜，相传他牛头人身，可能是以牛为图腾的氏族首领。最初，这个氏族活动于渭河流域，后来进入黄河中游，与九黎族发生了长时期的冲突。九黎族的首领叫蚩尤，兽身人颜，铜头铁脖子，头上有角，耳上生毛硬如剑戟，能吃砂石，可能是以某种猛兽为图腾的氏族。他有兄弟81人，即81个氏族，是勇悍善战的强大氏族部落。蚩尤把炎帝驱逐到涿鹿（今河北西北桑干河流域）。炎帝向黄帝求援，双方在涿鹿大战一场。蚩尤请风伯雨师兴风作雨，造了大雾使黄帝的士兵迷失方向，黄帝请旱神女魃，把天气放晴，造了"指南车"辨别方向。这场激烈战争的结果是蚩尤失败，被杀死了。黄帝取得了胜利，被推举为"天子"。

黄帝姓姬，号轩辕氏，又号有熊氏。传说黄帝族原先居住在西北方，过着不定居的游牧生活，打败蚩尤后又与炎帝族在阪泉发生三次大战。黄帝统率以熊、罴、貔、貅、虎等野兽为图腾的氏族参加战斗，打败了炎帝部落，进入黄河流域。从此，黄帝部落定居中原，并很快发展起来。史书记载"黄帝之子二十五宗，其得姓者十四人，为十二姓。"说明这些部落形成了巨大的部落联盟。黄帝后代与炎帝等其他部落共同融合，形成中华民族，黄帝、炎帝被看成是华夏族的始祖。后来，中国人自称是"炎黄子孙"。

少皞也叫少昊，姓己，名挚，号穷桑帝，传说是黄帝的后代，居住在山东曲阜一带。这个部落以鸟为图腾，有凤鸟氏、玄鸟氏、青鸟氏，共24种。这可能是24个氏族合成的一个大的部落。少皞族是黄帝族向东发展的一支。

颛顼号高阳氏，居住河南濮阳县一带，相传是黄帝的儿子昌意的后代。古书记载："高阳氏有才子八人"，可能这是8个氏族。颛顼对九黎族信奉巫教，杂拜鬼神的风尚进行了治理，逼迫他们顺从黄帝族的教化。后来，有个部落的首领共工对颛顼非常不满，愤怒地用头撞倒了不周山。顿时，撑着天空的柱子斜了，拴着大地的绳子断了。于是天向西北倾斜，日月星辰移动；地在东南洼陷，江河随之东流。这是说共工改造自然，成了胜利的英雄。

【点评】"三皇五帝"这些古代神话传说，形象地反映了我们中华民族勤劳、勇敢和智慧的光荣传统，深刻地说明人类社会的最初文明是经过艰苦斗争创造出来的。

1. 短命的秦朝

秦朝（前221—前206），始于始皇帝嬴政，终于子婴，共三帝。秦朝是中国第一个统一的封建制帝国，虽然时间不长，但其地位极其重要。

战国后期，秦国经过商鞅变法已进入了高速发展阶段，为兼并六国创造了物质条件。秦王政从即位（前247）到称始皇帝的26年间，相继消灭了韩、赵、魏、楚、燕、齐六国，建立了统一的多民族的中央集权制国家。

秦始皇实行了一系列加强中央集权、巩固国家统一：皇帝拥有至高无上的权力，大臣只有参政议事权，无决策权；中央主要有丞相、御史大夫、太尉，称为三公，分掌行政、监察、军事；地方实行郡县制，分天下为三十六郡，统一度量衡、货币、文字；全国修建驰道、直道，兴建水利，筑灵渠；迁万姓充屯边地，谪判罪犯戍守边防；在战国诸国所建长城的基础上修建万里长城，以防匈奴入侵。与此同时，秦始皇又施行残暴统治，大量征发劳役，大建宫室园林和陵墓，坑杀儒生，烧毁书籍。

秦始皇死后，秦二世昏庸，在赵高的操纵下，其暴政比始皇时有过之无不及。二世元年（前

209）七月，终于爆发了以戍卒陈胜、吴广领导的农民大起义。起义烽火迅速蔓延。反秦斗争遂由六国旧贵族之后项羽与原秦下级官吏刘邦分别领导,西入关攻秦。这时赵高已杀丞相李斯,又杀二世,立始皇孙子婴为秦王。公元前207年,项羽大破秦军,巨鹿一战,秦军被歼殆尽。公元前206年刘邦入关,子婴出城降,秦亡。

秦朝在历史上虽然为时很短,但它对后世的影响却极其深远。秦始皇统一了中国,除西部、西南部、东北部的边疆地区及南海诸岛等尚未开发外,其版图基本沿用至今；始皇时建立的一套中央集权制度,也基本上为后世历代王朝所继承；秦代修建的万里长城,至今仍是世界建筑史上的奇迹。但秦始皇的统治却是历史上少见的残暴统治,因此它很快又被人民推翻,成为短命王朝。

【点评】秦始皇是中国历史上第一个雄才大略的君主,其非凡的功绩在中国帝王中也只有数人能与之相比。但他在晚年大兴土木,给人民带来了沉重的灾难,这是导致秦朝灭亡的重要原因,秦仅二世而亡,其中的历史教训足以警世后人,引以为鉴。

2．令人敬仰的大汉王朝

当电视连续剧《汉武大帝》在中央电视台播放并升至收视率第一时,一个两千年前既熟悉又陌生的王朝连同那位伟大君主,顿时成为坊间热门的谈资。后人一句"秦皇汉武,略输文采",让人对汉武帝产生了"雄才大略"和"好大喜功"这一对好似硬币两面的印象。但在他的文治武功背后,却是一个前所未有的强盛帝国冉冉升起的伟大历史。

汉帝国最重要的政治遗产之一就是地方实行郡县制。虽然早在春秋晚期就已萌芽,在秦朝已被正式推行,但直至汉朝才开始完善,并第一次真正扎下了根。今天的西方国家认为,一个近代国家的标志是没有世袭,没有宗法血缘,国家机器向全民开放。对于中国,这一历史早在两千年前的汉帝国就已经开始完善。

汉朝的另一个伟大之处,是他在四百多年的历史上第一次形成了中华民族的概念,实现了中国历史上的第一次真正意义上的大一统。汉武帝收复了北匈奴占领的秦朝故土,统一了两越,其领土前朝秦朝一倍之多。尽管此后政治上的分裂和统一又反复了多次,但以儒家思想为中心的文化整合运动始终没有停止。

大汉王朝统治的头两百年也是中国历史上诗歌、绘画、音乐、哲学、文学和撰史方面空前的文化繁荣时期。中国的文官制度接受了儒家文化的理想,通过对人才才能和德行的考察,而不是出身与地位,来吸引政府人才。这一制度几乎在两千年后的今天仍然被采用。汉朝的理想虽然在几百年后由于它的灭亡而暂时中断,但是后来历代的继承者都敬仰汉代所创立的伟大传统。

罗兹·墨菲在《亚洲史》中指出,中国人在汉朝统治期间取得的领土和确立的政治和社会制度一直维持到20世纪。他们因自己是汉代首次确立的典型中国文化和帝国伟大传统的继承者而深感骄傲。事实上,汉朝之后的中国历史,基本上由大汉王朝的成就所确定——从起源于有限的华北平原的商朝开始,中国政权和版图到汉代时已经扩大到包括了现代中国边界内的大部分地区。在这同一时期,中国文明的传统模式也已经确立,那就是在此后20世纪中一直坚持不败的模式。

【点评】作为一个全然由华夏文明自身孕育出来的伟大王朝，大汉帝国在最深的层面影响了此后中国两千年的全部历史。这正是大汉王朝的光荣所在，它在两千年的历史深处俯视着他所形成，并一直延续至今的这个伟大民族。

3．强盛开放的唐朝

唐朝（618—907）是中国封建社会中统一时间最长，国力最强盛的朝代之一。618 年由李渊建立，定都长安（今西安）。627 年，李世民登基后开创了"贞观之治"，唐高宗以后，武则天以周代唐，史称武周，705 年神龙革命后恢复大唐国号。唐玄宗李隆基即位前期，政治清明，经济雄厚，军事强盛，四夷宾服，万邦来朝，开创了全盛的"开元盛世"。安史之乱后，国力日趋衰败。907 年朱温篡唐，唐朝灭亡，从此中国进入了五代十国时期。

唐朝共历 289 年（包括武周），20 位皇帝。唐朝声誉远及海外，与南亚、西亚和欧洲国家均有往来。唐朝以后海外多称中国人为"唐人"。唐朝文化兼容并蓄，接纳各个民族与宗教，进行交流融合，成为开放的国际文化。唐诗、科技、文化艺术极其繁盛，具有多元化的特点。

唐朝的疆域广大，鼎盛时为 7 世纪，当时中亚的绿洲地带受唐朝支配。其最大范围南至罗伏州（今越南河静）、北括玄阙州（今俄罗斯安加拉河流域）、西及安息州（今乌兹别克斯坦布哈拉）、东临哥勿州（今吉林通化）的辽阔疆域。唐朝全盛时在文化、政治、经济、外交等方面都达到了很高的成就，是中国历史上的盛世之一，也是当时世界的强国之一。那时的新罗、高句丽、百济、渤海国和日本等周边属国在其政治体制与文化等方面都受到唐朝的很大影响。在唐朝的前半叶，社会经济处于上升阶段，文化先进，是历史上中国向周边国家文化与技术的一个大输出时期，兼容并蓄的社会风气，也给东晋以来进居塞内的各个民族提供一个空前的交流融合环境，在过程中亦从外族文明汲取诸多。唐朝的后半叶，处于中国历史的转型期，土地、盐铁、赋税制度的改革标志着社会的缓慢变化，藩镇割据势力的壮大与周边诸民族国家的形成，对此后近千年的中国历史产生了深远的影响。

【点评】唐朝是一个开放、强大而繁荣的时代。唐朝也是秦汉、隋朝以来，第一个不筑长城的统一王朝。

【至理箴言】

中国历史，既有连绵五千年的辉煌，也有跌宕起伏的心酸，不时激发出很多炎黄子孙深埋许久的爱，他们热爱家乡，热爱祖国，成为一个有血有肉的人，成为一个对国家、对民族有用的人。我们中职学生应该学习历史，铭记中国曲折的历史，知古鉴今，"以史为镜"，端正自己的思想，学习前人的智慧哲理，为自己的人生之路做足准备，寻找一个合适的前进方向。

【活动建议】

（1）你了解中国的朝代有哪些？下面的《中国历史朝代歌》简短而又朗朗上口，可以读读记记：

三皇五帝夏商周，归秦及汉三国休。晋终南北隋唐继，五代宋元明清收。

（2）《三国演义》是中国第一部长篇章回体历史演义的小说，代表着中国古代历史小说的最高成就。描写的是从东汉末年到西晋初年之间近一百年的历史，以描写战争为主，反映了魏、蜀、吴三个政治集团之间的政治和军事斗争，对后世产生了极其深远的影响。同学们可以利用课余时间读读《三国演义》，开展《三国演义》故事会，一定会受益匪浅。

（3）走访本地的历史古迹、历史博物馆，撰写寻访录。要求：图文并茂，也可以做成课件，在全班同学面前展示。

任务二 世界历史我了解

【学习目标】

了解、学习世界历史，扩大历史知识面，更好地理解世界，吸收和借鉴外国优秀的文明成就。

【情景对话】

浩浩．昨天我看了一个故事，知道西方人恐惧"13"的原因了。

琪琪．西方人恐惧数字"13"，我也知道这一点。

浩浩．其实，这也是西方人的迷信。

琪琪．不过这个迷信的影响很深远呀！，

浩浩．请看《西方人为何如此恐惧"13"？》。

【典型案例】

西方人为何如此恐惧"13"

在人类史上，恐怕再没有第二个数字会像"13"那样带给西方人如此强烈的恐惧感。

他们迷信这个数字会给自身带来厄运，因此避之唯恐不及。"如果13个人坐在一张桌上，其中之一会在这一年内死亡""13号星期五是很不幸运的一天""13层楼是不吉利的""13级台阶会带来厄运"。许多恐惧13的人会将任何有13的数字，比如713，视为不吉利的象征。而关于13人同桌的迷信则演绎出了13种荒唐的说法，比如"如果有人在13人同桌时打喷嚏，那么最年长或最年幼的人将在一年内死去"。

这些在我们看来更像是笑话的迷信，却在西方世界经久不衰。一位美国人调查了驻华盛顿的所有外国使馆的代表，发现至少有46个国家都有着恐惧13的历史。

迷信的结果之一是导致第13层楼在建筑业中消失。早在1903年，美国曼哈顿的高层建筑都取消标注13号楼层。一些在迷信风行之前建好的大楼或那些已设计好却胆敢忽视这种迷信的大楼，都被要求重新编排楼层号，更多的酒店一举肃清了所有的13号房间。

一位电梯工人对这种做法不屑一顾，他的话得到了马丁·路德·金的赞许，他说："当你发现第14层楼其实是第13层楼时，你会觉得恐惧是一个彻头彻尾的愚蠢念头。"不过，他没有注意到的是，恐惧13的人们是把"13楼"的标记而非楼层本身视为不吉利的根源。

这种迷信到底起源何时何处，如果真有答案，肯定隐藏在一个无人知晓的久远年代。早期的基督教人士把矛头指向了"最后的晚餐"。耶稣和他的12个信徒曾坐在一张桌上共进晚餐，第二天耶稣受难被钉上了十字架，背叛耶稣的人是12个信徒之一的犹大，他最后也难逃一死。这个充满宿命色彩的故事激发了人们对13的想象力，绝大多数人揣测，13人同桌的迷信就是从耶稣受难的这一天起开始进入人们的心中，并不断得到强化。

而在此之前，最引人注目的起源说则来自挪威神话．在维哈拉城的一次宴会中，魔鬼罗基是第 13 个闯入宴会的客人，他杀死了其中的一位天神波杜尔。

在 19 世纪末的美国，不吉利 13 的新闻和故事年复一年地占据着报纸的头版头条，显示了这种迷信强大的生命力。1896 年，《纽约时报》试图给"13 是不是不吉利的"这个问题一个一劳永逸的答案，他们调查了大量的铁路、军警以及消防队等单位，得到一个令人鼓舞的结论：13 和其他任何数字一样没什么不好。但这种努力对迷信的人来说，似乎无足轻重。

最富勇气的行动早在此十几年前就开始了，一群视迷信为阻碍社会发展的历史遗毒的纽约人在 1881 年成立了"13 俱乐部"，决定挑战那个数字导致的迷信。俱乐部的发起人威廉·福勒上尉是一名美国内战退役老兵，他的一生与 13 结缘：参加过 13 次战役，于 1863 年 8 月 13 日退役，在退役后第二个月的 13 号买房，然后成为俱乐部中最优秀的 13 名成员之一。

福勒花了一年时间找到了 12 位"勇士"，加上自己组成了"13 俱乐部"。1881 年 1 月 13 日，星期五晚 8 点 13 分，在 13 号房间里，俱乐部的开张宴会开始了。按照约定，俱乐部的会员们将在每月的 13 号聚餐，并且 13 人同桌。如果每个人在聚餐的这一年里幸存下来，那 13 迷信就不攻自破。

俱乐部刻意渲染死亡的恐怖气息，譬如在红白相间的硕大旗帜上书写"我们这些将要离开人世的人向您致敬"，墓碑状的菜单和骷髅形的烛台让人印象深刻，有时会员们还会吃到摆成棺木状的龙虾沙拉，上面还放置着一个雕有数字 13 的微型棺材型餐盘。打碎的镜子、打开的雨伞以及黑猫的剪影，这些被人们视为不吉利的象征则成为标准的宴会装饰物，遭受俱乐部的嘲讽和攻击。

13 俱乐部迅速成为纽约最杰出的社交俱乐部，并以惊人的速度发展壮大，连续有五届美国总统成为它的荣誉会员。上千的俱乐部会员都有过 13 人同桌的经历，而且全都活了下来，他们用自己的亲身经历证明了这个迷信的荒谬性。但是，证明和让人相信这件事显然是一条漫漫长途，13 俱乐部逐渐被人遗忘，而关于 13 的迷信依然存在。

【点评】以现代科学来看，"13"不吉利是荒诞不经的传说，虽然现在的西方人对这个数字心生恐怖之意和 13 迷信的全盛期相比，比例下降很大，但大家知道，对"13"迷信的生命力还要延续下去。

战争中的偶然

公元前 480 年，波斯帝国以海陆军百万之众大举入侵希腊，希腊人在陆地上丢掉了雅典等地，主力败退到萨拉米斯岛上，以 300 多艘雅典战船为主力的希腊海军尚有能力一战。9 月 23 日拂晓，波斯国王薛西斯命令 600 余艘巨舰驶入萨拉米斯海峡消灭希腊舰队。不料，海上突然刮起大风，帆高体笨的波斯战船控制不住，在狭窄的海湾内互相撞碰起来，队形大乱。趁此机会，小巧敏捷的希腊海军飞速地向波斯舰队扑来，并插入波斯舰队，利用大风和地形形成局部优势，猛冲猛打。8 小时后，希腊以 40 艘舰船的代价击沉波斯战舰 200 艘，俘获 50 艘，击伤无数。此战后，波斯人丧失了在爱琴海上的制海权，陆军后援受到巨大威胁，希腊开始走向胜利，从而为希腊文明赢得了发展繁荣的可能性。

公元1274年,忽必烈派出一支900艘战舰组成的舰队东征日本,遭到日本武士的顽强抵抗,在撤回朝鲜的途中,又撞上一场台风,很多舰船沉入海底。忽必烈没有放弃,1281年又派出近5 000艘战舰,分为南北两支舰队再次东征。日本举国以石墙为掩护,依靠精锐军队在日本九州一带的九龙山血战,激烈的战斗持续了一个多月,守军已岌岌可危。这时,突然刮起了猛烈的飓风,从8月1日起风暴持续4天,元军舰船几乎全部损毁,元军指挥官眼看回天无术,丢下大部队率领残存的几艘船逃离,陷入绝境的10万元军或被杀,或被俘。幸运的日本人认为是神武天皇的鬼魂掀起了两次"神风"击退了元军,挽救了日本灭国的命运。实际上,这不过是两次季风带来的强烈的台风。

1588年8月,西班牙派出由130多艘舰船组成的"无敌舰队"攻打英格兰,英国海军仅能以34艘战舰和一些武装商船迎战。双方遭遇后,海面风势较大,由于西班牙战舰不善逆风航行,只有占据上风头才能发挥优势。而英军军舰却有着优越的逆风扬帆能力,多次破坏了"无敌舰队"抢占上风位置的企图。8月7日夜,西风大起,英军又趁势派出8艘火攻船突然袭击"无敌舰队",次日又重创"无敌舰队"。数次战斗后,英军借大风之力最终获胜,使得西班牙舰只损失一半以上,彻底解除了"无敌舰队"对英国的威胁。

【点评】人类文明从农耕时代发展至今,与气候有着千丝万缕的关系。许多历史事件的产生也与气候的变化息息相关。气候未必能决定历史,却可以改变历史,气候是影响历史发展进程的重要因素之一。

一个故事改变历史

1941年的12月,那是滴水成冰的季节。美国首都华盛顿的街头,到处是厚厚的积雪,结冰的路面走上去很滑。快到圣诞节了,可一点看不到圣诞节的气氛,人们都在匆匆忙忙地赶路。夜已很深了,美国原子弹之父罗伯特·奥本海默一个人在空落落的街上踟蹰,他不知要到哪里去,也不知道该去干什么。他不想回家,尽管家中那样温暖,还有他的爱妻在等他。

他真不知道该如何面对罗斯福总统。为了向罗斯福总统讲明什么是原子弹,什么是原子,什么是原子核,什么是核裂变,他真的已经黔驴技穷了。这位伟大的总统在核物理方面的知识为零。他无法让总统明白,一颗原子弹怎么会有那样不可思议的杀伤力,一颗原子弹怎么会有几万吨TNT炸药的威力,一颗原子弹又怎么能毁灭一座城市,又怎么能一下子杀死几十万人。而这一切又都不是科学幻想,战争不容幻想。他无法让总统明白什么叫冲击波,什么叫光辐射,为什么原子弹的爆炸会带来核污染,核污染能存在多少年。他无法让总统弄明白,为什么原子弹的爆炸能形成几万、几十万摄氏度的高温,那温度已达到了让玉石俱焚、毁灭一切的太阳内部的温度。

总统对莫名其妙的申请已表明不胜其烦,而且疲惫不堪。不要说总统,他也讲得口干舌燥、疲惫不堪了。他整整讲了4小时,总统显然什么都没听明白,想要总统为他的曼哈顿计划拿出钱来,而且是百亿美元的巨款,绝无可能。对于1941年战时的美国,多少钱都不够花。经过了几年的努力,罗伯特·奥本海默已经拥有了一切,全世界一流的科学家包括爱因斯坦,都在他的麾下。能搜罗到的,他都已经悉数收入囊中。研制出可供实战使用的原子弹,所有的技术问题都已解决,实验室阶段已经结束。

可要开发并制造出能投入战争中去,决定战争进程甚至战争胜负的原子弹,还差得很远很远。他急需百亿美元庞大的经费和至少 10 万人的投入，这一切，没有总统的支持是不可能的。如果拿不到这笔钱，他将功亏一篑，他所有的心血都将付诸东流，他将无颜面对这个世界。

他还有一个机会，也许这是最后一个机会。明天早上，他将与总统共进早餐。他必须用最浅显易懂的语言，也许只能讲 3 min，让总统明白为什么要研制原子弹，进而支持他的计划。天渐渐亮了，启明星在天边熄灭，就在昼夜转换的这一刻，突然，一个想法从他的心头掠过，也许这便是被人们称作灵感的东西，他一阵窃喜，有救了。

在与罗斯福总统共进早餐时，奥本海默给他讲了一个故事：1804 年 12 月，拿破仑加冕为法兰西皇帝，史称拿破仑一世，他缔造了法兰西第一帝国，并以其赫赫战功，粉碎了 5 次反法联盟，成为欧洲大陆霸主，其控制地域从比利牛斯山延伸到涅曼河，从北海延伸到亚得里亚海。可就是这样一位在世界战争史上罕见的天才和悍将，却在海上屡战屡败。法国的海军被英国海军打得丢盔卸甲，浮尸满海，如枯枝败叶，惨不忍睹。就在拿破仑在海战中几乎输得精光，一筹莫展的时候，幸运之神来了。一位工程师求见，他向拿破仑建议，将木质的战舰改成钢制的铁甲舰，将布帆全部砍去，换成蒸汽机涡轮发动机。这位世界战争史上罕见的天才统帅听后，不以为然地一笑。他那天才的大脑想，木板改成钢板，船还能漂在水面上吗？砍了布帆，船靠什么前进？就靠那把大茶壶吗？他想，他是工程师吗？一个疯子而已。他下令，把这个喋喋不休的疯子大耳光子扇出去。拿破仑可能永远都不知道，他犯下的是一个什么样的错误。如果他听了这个喋喋不休的"疯子"的话，历史将因此被改写。他也不会在战败之后，被孤零零地囚禁并困死在一个小岛上。

听完了这个小故事，总统一声未吭。半晌，就在奥本海默完全绝望的时候，总统看着他的公文包说：我不会下令把你这个喋喋不休的疯子大耳光子扇出去。把你的报告拿出来吧。

【点评】这是一个故事，一个改变历史的故事。当然，改变人生的故事也不胜枚举。可见，故事不可小视啊！

大国为何会走向衰落

"大国崛起"是时下最为流行的话题，历史上大国崛起的经验固然给我们提供了参照，但我们在看到大国成长之路并不平坦的同时，也要看到大国要确保强盛更是难上加难，历史上不乏大国盛极而衰的例子。那么，造成大国衰落的原因究竟是什么？

（1）世界上没有一个国家具有绝对控制世界政治的资源，而只有控制地区政治的资源，导致"体力透支"的全球性扩张往往会使一个大国走向衰落。

（2）很多衰落的大国原本制度并不落后，但久疏创新，渐而先进制度变得落伍。

（3）在当今世界，谁能解决人类所面临的共同问题——如能源、环境问题，谁就能突破进一步发展的瓶颈，有可能引领人类的未来，成为未来的大国。

古往今来，造成大国衰落的原因很多，没有哪一个大国的衰落是由一种原因造成的。仅一个曾经地跨欧亚非的古罗马帝国的衰落就有经济的、政治的、军事的、社会文化的和道德风尚的等各种解释。再比如，19 世纪的英国称霸一时，它的衰落既是外部过度扩张的结果，也有内部原因，大量资本流往殖民地攫取高额利润，导致国内的资本投入不足，使英国不能再引领新的时代。但是在造成某个大国衰落的多种因素中，总可以找出起主导作用的原因，而这个原因必然使它不能再与时代共进，并被其他国家赶超。

很多大国衰落是制度原因造成的。落后的制度导致了生产力与生产关系的发展不相协调。苏联的衰落就从多个侧面反映了这个问题。苏联的社会制度虽然在一个阶段里有力地提升了生产力，但不能保障其持久性。它的社会制度没有产生足够的内部反制能力，民主建设严重匮缺。同时，苏联的生产力发展失衡，它发展经济首先不是考虑民生，而是在乎国家间的对抗性竞争。人民没有直接从国家间对抗中获得好处。

国家也是一个生命体，"体力透支"往往会使一个大国走向衰落。对已崛起的大国而言，其衰落速度与扩张程度成正比。可以说，大国往往崛起于地区性守成，衰落于世界性扩张。在这一点上德国是一个很好的例子。1871 年德意志帝国成立，在统一后，德国已有了令整个欧洲望而生畏的武力。但此时俾斯麦却清醒地意识到德国的扩张已达到欧洲列强可接受的极限，此后他坚持地区性守成原则。德意志帝国成立后，俾斯麦立即在官方文告及议会演说中反复强调，"除了自己继续保持安宁，在和平环境中进一步发展外"，别无他求。德国外交表现出少有的温和，地区性守成的外交政策使德国国力迅速上升。19 世纪末，也就是俾斯麦辞职时，德国工业生产几乎赶上英国，在总产量方面甚至已超过英国。不幸的是，德国威廉二世及后来的希特勒放弃了这种与大国交好的温和外交政策，走世界扩张和无限透支武力的道路，这又使德国在大战后惨被肢解。

历史经验表明，世界上没有一个大国有力量可以与两个以上的大国对抗。古罗马人开始只是为了自卫，先与北方的高卢人打仗，后又与南方迦太基人发生战争，胜利后继续向整个地中海国家进攻，结果导致罗马帝国整个灭亡；19 世纪初，拿破仑与英国作战，取得辉煌的胜利，继而于 1812 年轻率深入俄国，其后 3 年便遭到失败；20 世纪 40 年代，德国希特勒开始跟英国作对，赢得西欧，1941 年正在得意之际挥师直奔苏联，其后又是 3 年遭到失败；同期的日本开始与中国开战，初期取胜，1941 年又与美国开战，其后还是 3 年失败；20 世纪 50 年代在朝鲜战场上，美国与中国和苏联对阵，美国 3 年失败；20 世纪 60 年代在越南战场上，美国还是与中国和苏联作对，虽然时间是长了些，但也是败得没有面子。

所以说，世界上没有一个国家具有绝对控制世界政治的资源，而只有控制地区政治的资源。正因此，历史上才出现了当一个帝国扩张接近全球时，其生命也就走到了尽头的现象。

1．是否所有大国都逃脱不了衰落的历史规律

中国古书《管子》所云："地大国富，人众兵强。"但 16 世纪以来，葡萄牙、西班牙、荷兰、英国、法国、德国、日本、美国和俄罗斯，相继登上世界舞台，各领风骚数十年，甚至上百年。这里唯独没有地大物博的中国。这说明，近代以来的大国不是地理意义上的、人口意义上的大国，而是由一个国家的经济实力和政治影响力决定的，因此，它是相对的。既然是相对的，就有变化的可能，或者说必然会变化。

从长时间尺度，譬如几百年的尺度看，所有国家都会衰落，大国概莫例外：苏联已经解体，英国在世界的地位早已随着反殖民运动的开展而严重下降，帝国日本和德国都盛极而衰，而中国在过去一个半世纪的时间里，长期处于衰落状态，只是在最近 20 多年中，才重新走上中兴之路。再看美国，二战结束后虽然其国力举世无双，但同期经济的相对实力却持续退步，经济规模已从二战结束后占世界一半，下降到近年只占世界的 30% 左右甚至以下。

但从短期看，不是所有大国都会衰落。还以美国为例，美国在过去几年里除了道德形象有

明显衰落外，其硬实力在绝对量上并未衰落。相反，它的经济科技与国防等能力还在攀升，而且这种趋势还有望持续相当一段时期，至少在未来20年或者更长时间内，美国的绝对力量还不会衰落。

"大国注定衰落"是哲学意义层面上的话。有的大国可以经过几百年才衰落，有的大国几十年就衰落了。不同大国其生命期的长短有很大不同，对世界也有截然不同的意义。一味从历史规律的角度出发想问题，有时其实际意义并不大。

2．什么影响了大国的生命期

事实上，很多衰落的大国原本制度并不落后，但久疏创新，渐而先进制度变得落伍。相反，制度和科技的不断创新，却能保证一个国家的健康发展。

我国古代的科举制度有其先进性，因为它崇尚知识，强调演绎，重视程序，广纳贤才。但是，过分强调科举制度所造成的不良后果则是轻视实践，不善归纳，理论与实际脱节，严重妨碍国家的科技进步。一个发明火药的国家却被使用火药的国家击败，充分说明了轻视创新所酿成的恶果，这样的大国注定是要衰落的。

大国的生命期并非与"制度"产生必然联系。美国政府也是在国会的压迫下走上朝鲜和越南战场的，导致了国力的衰落。而尼克松与中国改善关系，拯救美国于战争泥潭，还是在国会不知情的情况下实现的。

相反，大国的生命期与其世界观有着密不可分的联系。只有承认物质的多样性，世界的多元性，才能知道节制国力，也只有节制国力才能较久地维持国力。这与我们保持身体健康的道理一样，崛起与衰落也是对国家资源限度的把握。对资源使用方式的不合理就会导致大国的衰落，而合理的国力利用也能维系大国的地位，延缓大国衰落的进程。二战结束后，美国的国力也经历了几起几落。

二战结束之初，美国也曾表现出全球武力扩张的倾向，朝鲜和越南战争透支了美国的国力，并造成美国在20世纪60年代末的衰落。尼克松上台后迅速果断从越南撤兵，收缩国力，此后美国国力再次恢复并持续上升。苏联的解体加速了美国对世界的扩张，同时也加速了美国的衰落。美国于1991年、1999年、2001年及2003年，通过海湾战争、科索沃战争、阿富汗战争和伊拉克战争将其军事力量插手海湾地区、巴尔干半岛及中亚地区。

此外，美国近年来还热衷炮制各种国际黑名单，广为树敌，几乎是隔几年就发动一场战争，这样的国家外交在历史上鲜有发生，这都是国力过度扩张的表现。现在美国陷入伊拉克的泥潭，国力已经出现了衰落的迹象。

同时我们注意到，越是封闭的大国，越缺乏创新和竞争，也自然衰落得越快。历史上，闭关锁国的政策曾让中国落后于西方国家。改革开放以后，一些行业如纺织和机电业，起初受到较大冲击，但现在事实证明越早开放的行业，越早走向世界，发展得也就越好。从具体行业看是这样，从整个国家的国力来看，也是相同的道理。中国国力的持续增长正是改革开放所取得的进步，这样的开放和创新，提升了当代中国的国际竞争力。

特别值得注意的是：财富的积聚并不能保证大国长盛不衰。在大国兴衰史中，被打败并由此衰落的多是富国。据安格斯·麦迪森的统计，1820年中国GNP（国民生产总值）是欧洲的1.22倍，1890年中国GNP是日本的5.28倍；中国的GNP增长率从1700年至1820年间一直领先于欧洲和日本。但在1820年后的20年即1840年，中国却被英国在鸦片战争中打败，1895年在甲午战争中又被日本打败。还有，在哥伦布发现新大陆之前，古代非洲和拉美国家也比欧洲富裕，但他们的财富在欧洲人的大炮和利剑下在近代迅速流向欧洲，成为欧洲资本主义发展的原始积累。

【点评】在一定意义上可以说，当今的大国站在了历史的制高点，比以往任何时代的大国都更加坚强。因为当今的大国不仅拥有创造未来所需要的资金和技术，而且在全球化的大潮中处于引领和优势的地位，后面的国家很难赶上或超过。从另一方面说，现代大国也是脆弱的。人类社会在加速发展，谁在高科技的竞争中取得突破，谁就掌握了通往未来的钥匙。在当今世界，谁能解决人类所面临的共同问题——如能源、环境问题，谁就能突破进一步发展的瓶颈，有可能引领人类的未来，成为未来的大国。现代世界，对于任何一个国家都是机会与挑战并存。

【至理箴言】

的确，在当今全球化的世界，我们仅仅理解和欣赏中国历史是远远不够的。由于世界联系的日益紧密，世界上每一个角落发生的事情都会对中国产生直接或间接的影响，没有国家能够完全孤立于世界之外。中国人必须了解中国以外众多文明的历史。

综观人类有文字可考的历史，解决问题的关键因素是人类的努力和激情。现在，我们所面临的问题并不是问题本身，而是人类对这些问题更加确切的了解和解决这些问题的迫切需要：保护自然环境；平衡人口和资源；应对社会变化和挑战。在我们这个时代，还有一个独一无二的现象，即这些主要问题和挑战是真正全球性的。最关键的因素是对这些问题存在的认识和对时机的掌握。

【活动建议】

活动一：谈谈下列世界历史上的人物给我们的启示：
①穆罕默德，②艾萨克·牛顿，③耶稣，④释迦牟尼，⑤亚历山大大帝，⑥阿道夫·希特勒，⑦克里斯托弗·哥伦布，⑧阿尔伯特·爱因斯坦，⑨列宁，⑩查理·达尔文，⑪尼古拉·哥白尼，⑫乔治·华盛顿，⑬拿破仑·波拿巴，⑭托马斯·爱迪生，⑮西蒙·玻利瓦尔，⑯奥利弗·克伦威尔，⑰彼得大帝，⑱伊丽莎白女王一世。

活动二：《大国崛起》电视纪录片，记录了葡萄牙、西班牙、荷兰、英国、法国、德国、俄国、日本、美国9个世界级大国相继崛起的过程，并总结大国崛起的规律。同学们可以去网上下载看看。思考一下：中国的发展需要吸收和借鉴全人类的文明成果。那么，在中国的现代化进程中，应该以什么样的胸怀和态度来看待曾经在近现代历史上引领世界潮流的国家？中国的和平发展，可以从中借鉴什么样的经验和教训？

活动三：你到过哪些国家？或者你对哪些国家感兴趣？撰写对一个国家的历史认识。要求：图文并茂，也可以做成课件，在全班同学面前展示。

任务三 国情现状我探究

【学习目标】

在了解中国历史、世界历史的基础上，进一步了解近代历史，特别是中国的近代史，知道中国的历史、现状和趋向。能结合历史与现实了解我国的国情，正确认识国情。

【情景对话】

浩浩：中国有上下几千年的历史，封建社会时期的中国在当时的世界一直很强大。

琪琪：是的，中国在古代创造了同时代世界最高的文明。

浩浩：但到了近代，有先进文明的中国就落后于西方，还饱受凌辱呀。

琪琪：是呀，中国从汉唐的辉煌到清王朝的没落，还使中国近代史成为充满血腥的历史，到底是什么原因造成呢？

浩浩：这很值得我们探究，引以为鉴呀！

【典型案例】

三千年来振奋过中国人的口号

1．天行健，君子以自强不息。——《易经》

2．三军可夺帅也，匹夫不可夺志也。——《论语》

3．修身、齐家、治国、平天下。——《大学》

4．富贵不能淫，贫贱不能移，威武不能屈。——《孟子》

5．生于忧患，死于安乐。——《孟子》

6．吾生也有涯，而知也无涯。——《庄子》

7．路漫漫其修远兮，吾将上下而求索。——屈原《离骚》

8．一屋不扫何以扫天下？——《后汉书·陈蕃传》

9．有志者，事竟成。——《后汉书·耿弇传》

10．精诚所至，金石为开。——《后汉书·广陵思王荆传》

11．少壮不努力，老大徒伤悲。——《汉乐府·长歌行》

12．鞠躬尽瘁，死而后已。——诸葛亮《后出师表》

13．天生我材必有用。——李白《将进酒》

14．位卑未敢忘忧国。——陆游《病起书怀》

15．人生自古谁无死，留取丹心照汗青。——文天祥《过零丁洋》

16．风声雨声读书声声声入耳，家事国事天下事事事关心。——顾宪成

17．明日复明日，明日何其多？我生待明日，万事成蹉跎。——《明日歌》

18．天下兴亡，匹夫有责。——顾炎武

19．师夷长技以制夷。——魏源《海国图志》

鸦片战争失败后，以魏源为代表的先进知识分子强调学习西方科学技术，反击外来侵略，这句话成为近代中国探索国家出路的先声。

20．习兵战不如习商战。

19 世纪 60 年代起，早期维新派郑观应等人提出，在硝烟弥漫的战场外，还有另外一种战争，即"商战"，中国的工商业者自此以"富国"理想的担当者步入历史。

21．振兴中华。

孙中山先生 1894 年在美国檀香山建立"兴中会"时提出。

22．驱除鞑虏，恢复中华，建立民国，平均地权。

1905 年 7 月，中国同盟会通过以孙中山提出的"驱除鞑虏，恢复中华，建立民国，平均地权"为政治纲领。1906 年孙中山首次将其概括为民族、民权、民生三大主义。

23．实业救国。

产生于洋务运动时期，盛行于辛亥革命和"五四"运动前后，是中国近代史上主张以兴办实业拯救中国的社会政治思想。

24．要拥护德先生和赛先生。

1919 年，陈独秀在《新青年》杂志上撰文提出："要拥护德先生又要拥护赛先生，便不得不反对国粹和旧文学。"而被称为德先生和赛先生的即是近代中国"民主"与"科学"两大时代主题。

25．内除国贼，外抗强权。

1919 年 5 月 4 日，北京青年学生在天安门集合举行示威游行，高呼"外争国权，内惩国贼"、"废除《二十一条》""拒绝在和约上签字"等口号，"五四"运动爆发。

26．革命尚未成功，同志仍需努力。

1925 年 3 月 12 日，孙中山先生与世长辞。他在遗嘱中说："现在革命尚未成功，凡我同志，务须依照余所著《建国方略》《建国大纲》《三民主义》及《第一次全国代表大会宣言》，继续努力，以求贯彻。"

27．枪杆子中出政权。

1927 年 8 月 7 日，中央在汉口召开紧急会议，毛泽东在会上做了重要发言，指出党今后"须知政权是由枪杆子中取得的"，这是党对革命认识的重大进步。

28．没有调查，就没有发言权。

1928 年春，毛泽东提出这句响亮的口号，从思想上、工作方法上清除"左"倾机会主义的影响。

29．停止内战，一致对外。

1935 年 8 月 1 日，中国共产党发表《八一宣言》，号召各党派、各界同胞、各军队"停止内战，以便集中一切国力去为抗日救国的神圣事业而奋斗"。

30．独立自主，自力更生。

在抗日战争时期建立的国共合作抗日统一战线中，我党多次强调自力更生的原则，后来这句口号成为中国革命和建设的基本立足点。

31．为人民服务。

1939 年 9 月 8 日，毛泽东在为追悼张思德同志而召集的会议上做了《为人民服务》的演讲，号召以张思德为榜样，坚持人民的利益高于一切，坚持为人民服务。

32．没有共产党，就没有新中国。

1943 年 8 月 25 日，《解放日报》发表题为《没有共产党，就没有中国》的社论，后来这个口号被视作对新民主主义革命真理性认识的高度概括，被用做歌曲的名称，唱遍全国，一直至今。

33．中国人民站起来了。

1949 年 9 月 21 日，在政治协商会议第一届全体会议上，毛泽东发表了《中国人民站起来了》的开幕词，从此，这句话成为表达中华民族获得新生的自豪自信的话语。

34．中国人民大团结万岁。

这是毛泽东 1949 年 9 月 30 日为中国人民政治协商会议起草的宣言标题。此口号在解放初期成为流行的口号之一。后来演变成"全国各民族人民大团结万岁！"

35．抗美援朝、保家卫国。

1950 年朝鲜战争爆发，党中央提出了这条口号，组成中国人民志愿军开赴朝鲜战场，与朝鲜人民军并肩作战。

36．发展体育运动、增强人民体质。

1952 年 6 月 10 日，毛泽东同志写下这句题词，为新中国体育事业指明了方向。

37．向科学进军。

1956 年 1 月，在全国知识分子问题会议上。毛泽东、周恩来等领导人提出了此口号，提出了分步骤、分阶段缩小与世界发达国家先进科学技术水平的差距的思路。

38．向雷锋同志学习。

1962 年 8 月 15 日雷锋因公殉职。1963 年初，他的优秀事迹被公开报道。3 月 5 日，《人民日报》发表了毛泽东的题词"向雷锋同志学习"，从此影响几代人。

39．尊重知识，尊重人才。

1977 年，邓小平指出：一定要在党内造成一种空气，尊重知识，尊重人才。从此这句话成为对新时期党的知识分子政策表述的代表性口号。

40．实践是检验真理的唯一标准。

1978 年 5 月 11 日《光明日报》发表文章《实践是检验真理的唯一标准》，理论上根本否定了"两个凡是"。在全党全国引起了强烈反响，一场关于真理标准问题的大讨论迅速展开。

41．时间就是金钱、效率就是生命。

1980 年，在改革开放口号的号召下，深圳蛇口工业区在建设过程中明确提出这句口号，并沿用至今。

42．改革开放。

1980 年 8 月 18 日，邓小平发表《党和国家领导制度的改革》讲话。1979 年 7 月，党中央、国务院设立 4 个经济特区。经过多年的实践"改革开放是强国之路"成为人们的共识。

43．面向现代化，面向世界，面向未来。

这句话是 1983 年 10 月 1 日，邓小平为北京景山学校的题词，它为新时期我国教育体制的改革和发展指明了正确的方向。

44．五讲四美三热爱。

1981 年 2 月 25 日，全国总工会等 9 个单位在《关于开展文明礼貌活动的倡议》中提出开展"五讲四美"活动。即讲文明、讲礼貌、讲卫生、讲秩序、讲道德；心灵美、语言美、行为美、环境美。后加入热爱祖国、热爱社会主义、热爱中国共产党。

45．贫穷不是社会主义。

1987 年 4 月 26 日，邓小平在接见外宾时指出："贫穷不是社会主义。我们坚持社会主义，要建设对资本主义具有优越性的社会主义，首先必须摆脱贫穷。"

46．发展才是硬道理。

1992 年 1 月 29 日，南行途中的邓小平视察时指出："我们的国家一定要发展，不发展就会受人欺负，发展才是硬道理。"

47．科学技术是第一生产力。

1992 年春，邓小平在视察南方的谈话中说："经济发展得快一点，必须依靠科技和教育。我说科学技术是第一生产力。"

48．三个代表。

"只要我们党始终成为中国先进社会生产力的发展要求、中国先进文化的前进方向、中国最广大人民的根本利益的忠实代表，我们党就能永远立于不败之地。"它是中国共产党的立党之本、执政之基、力量之源。

49．新北京、新奥运。

2000 年 2 月 1 日，北京奥申委正式确定申办口号"新北京，新奥运"。2001 年 7 月 13 日，北京赢得第 28 界奥运会主办权。

50．万众一心、众志成城、抗击非典。

2003 年春天，面对突如其来的 SARS 灾害，党中央、国务院提出这一口号。

【点评】中国历史源远流长，古往今来，振奋人心的口号激励着无数华夏儿女、仁人志士为祖国、为人民而不懈奋斗，成就了中华民族的灿烂文明。今天，中华民族正处于伟大崛起的时代，但愿这些振奋人心的口号，成为激励着我们不懈努力的正能量。

中国共产党领导的人民解放军靠什么赢得了胜利

人民解放军靠人民子弟兵的精神和行动获得了人民群众的广泛拥护，最终赢得了胜利。

挑水插秧

收庄稼修路

兴修水利修房

人民解放军靠一人参军全家光荣的政策赢得胜利，而不靠强拉壮丁的办法参军。

人民解放军靠在根据地实行民主选举的办法赢得了胜利。

人民解放军靠精良的训练赢得了胜利。

人民解放军靠饿死不抢粮，冻死不拆屋的优良军纪赢得了胜利

人民解放军靠不停地提升官兵的文化素质、军事素质赢得了胜利。

人民解放军靠官兵一致赢得了胜利。

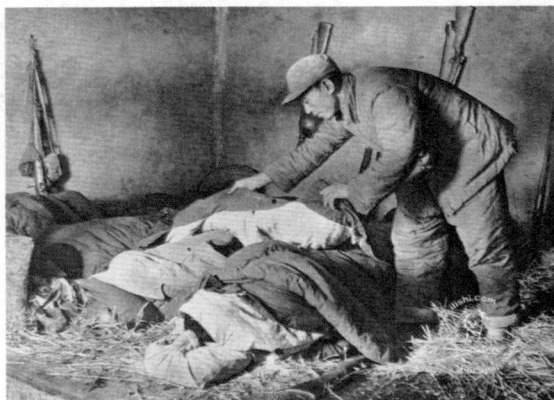

人民解放军靠广大人民群众的拥护赢得了胜利。

这样的人民解放军自然战无不胜，攻无不克。

【点评】得民心者得天下，这是千古铁律。中国共产党领导的人民解放军打败了国民党军队，创立了新中国的历史事实，就充分说明了这一点。中国共产党从1927年领导中国人民开展武装斗争，领导的人民解放军能发展、壮大并取得革命的胜利，到1949年建立了新中国，根本原因是中国共产党顺应了民意，并且说到做到，从而受到人民的拥护。

项目三

文学与赏析

　　文学是作家心灵世界的艺术表现，是社会生活的再现，它包括诗歌、散文、小说、剧本、寓言、童话等，是文化的重要组成部分。人类历史文明源远流长，为后人留下了深厚珍贵的文学宝库。作为当代中学生，该如何走进和汲取这座取之不竭的精神宝藏，使之成为自身成长过程的精神养料和必备的素养？这就需要我们有一定的文化积累，具备必要的鉴赏方法，并能积极主动地调动感悟力、想象力、创造力，加强情感体验，提升审美能力，形成良好的文学素养。

任务一　经典诗文赏析

【学习目标】

（1）了解我国古代诗歌、词、散文的发展轨迹、重要流派和主要作家作品。

（2）注重古诗词的美学特征，学会从情感、意境、语言等方面鉴赏诗词，加强理解性阅读。

（3）激发阅读古诗文的兴趣和热情，培养良好的审美情操和古诗文素养。

【情景对话】

浩浩：小学时背了《小学生必背古诗70首》，初中时背了《初中生必备古诗60首》，到高中时，积累下来的古诗句仍然有限，而且不能理解诗句和诗篇的真正内涵，作答鉴赏性的主观题更是难上加难。

琪琪：我也会出现这样的困难。有时作家、作品、诗句、朝代之间会出现张冠李戴的低级错误。

浩浩：但身边也有古诗文功底深厚的同学，他们在读写中对古诗文名句信手拈来，还有自己独到的理解，我很崇拜他们，觉得他们好有文采，好有思想。

琪琪：那我们也加油吧！多向他们讨教一些方法，多阅读，多理解，多积累，相信会有收获的。

【学习顾问】

一. 古诗文发展足迹

1. 诗之路

我国最早的诗歌总集《诗经》，收录自西周至春秋中叶大约五百多年的诗歌，共305篇。先秦称为《诗》或《诗三百》。西汉时被尊为儒家经典，称《诗经》，列入"五经"之首。

《诗经》中的诗当初都是配乐的歌词，按配乐的性质分为风、雅、颂三类。"风"即各地的民歌民谣，包括了15个诸侯国的民歌，其创作风格活泼，生活气息浓厚，是现实主义诗歌风格的集中体现。"雅"是正声雅乐，是正统的宫廷乐歌，按宴会典礼的隆重性分为"大雅"和"小雅"。"颂"是祭祀乐歌，用于宫廷宗庙祭祀祖先，祈祷赞颂神明。《诗经》内容丰富，对周代社会生活的各个方面，如劳动与爱情、战争与徭役、压迫与反抗、风俗与婚姻等各个方面都有所反映，被誉为"古代社会的人生百科全书"，是中国现实主义诗歌风格的源头。

屈原以及深受他影响的宋玉等人创造了一种新的诗体——楚辞体。屈原的《离骚》是楚辞的代表作。在创作方法上，楚辞吸收了神话的浪漫主义精神，开辟了中国文学浪漫主义的创作道路。其句式参差错落，多带"兮"字，宜于自由地抒发不同的情感。

汉代的诗歌包括汉乐府民歌和文人五言诗。汉武帝时期，正式建立乐府官署，由精通音乐者负责，大规模地搜集民歌配乐演唱，使汉代民歌得以大量保存，是中国诗歌史上继《诗经》《楚辞》之后的第三个重要发展阶段，其中以《上邪》《陌上桑》《孔雀东南飞》最为著名。《古诗十九首》是汉代文人五言诗的代表著作，作者大都是些失意文人，诗中所抒发的大都是他们失志伤时、离愁别怨及人生无常的忧愤情绪，在艺术上达到了相当成熟的阶段，被誉为"五言之冠冕"。

汉末建安时期文坛巨匠"三曹父子"、"建安七子"（孔融、王粲等）继承了汉乐府民歌的现实主义传统，普遍采用五言形式，风骨遒劲，具有慷慨悲凉的阳刚之气，被称为"建安风骨"。风就是文章的生命力，是一种内在的、能感染人的精神力量；骨是指文章的表现力，直接体现在语言的运用上。

东晋时期的陶渊明既是田园诗的开创者，又是现实主义诗歌传统的继承者，其优秀篇章有《归园田居》《饮酒》等。他的诗表现了淳朴的农村生活情趣，描写了恬静优美的农村风光，既表现出诗人对田园生活的热爱，又表现出坚决与污浊政治决裂的情操。陶渊明被称为"隐逸诗人之宗"，其总风格有三：其一是柔，其二是淡，其三是远。

南朝诗人谢灵运热衷山水，是中国诗歌史上大力描写山水的第一人，是山水诗的鼻祖。代表作《登池上楼》中"池塘生春草，园柳变鸣禽"深受历代读者的喜爱，不仅是因为它是猝然偶得的名句，而且是由于通篇的情景交融，不同的景物只是诗人情绪变化的背景。南北朝时期最大的文学成就是民歌的发展。南朝民歌题材狭窄（爱情）、风格艳丽，喜用双关，代表作为《西洲曲》。北朝民歌题材广泛、风格刚健、语言直率，代表作《木兰辞》与《孔雀东南飞》并称"乐府双璧"。

诗歌发展到唐代，迎来了高度成熟的黄金时代。王勃、杨炯、卢照邻、骆宾王四人号称"初唐四杰"，是唐诗开创时期的主要诗人。他们使诗歌题材得以扩大，五言八句的律诗形式也由他们开始初步定型。之后，陈子昂和张若虚对初唐诗风的转变起到重要作用。陈子昂反对初唐浮艳诗风，力主恢复"汉魏风骨"，他的《登幽州台歌》《感遇》等诗，朴质而明朗，苍凉激越。张若虚的诗歌描写细腻，音节和谐，清丽开宕，富有情韵，《全唐诗》仅存2首，其一为《春江花月夜》，乃千古绝唱，有"以孤篇压倒全唐"之誉。

盛唐时期是诗歌繁荣的顶峰。乐府、歌行、律诗、绝句，各体齐备；现实主义、浪漫主义相辅传扬；边塞派、山水田园诗派，各呈异彩。李白兼采"屈、庄"之精华，融会"儒、仙、侠"之精神，描绘雄奇壮丽的名山大川，抒写建功立业的雄心壮志、怀才不遇的苦闷情怀，把浪漫主义诗歌推向巅峰，世人尊称他为"诗仙"。杜甫凭借忧国忧民的赤子之心，以诗歌的形式，真实地记录了唐代封建社会由极盛走向极衰过程中的种种社会现象，诗风沉郁顿挫，他的诗歌被称为"诗史"，他本人被誉为"诗圣"。李白、杜甫合称为"李杜"。

就题材而言，盛唐诗歌分为山水田园诗派和边塞诗派。前者以孟浩然和王维为代表，简称"王孟派"；后者以王昌龄、高适和岑参为代表，简称"王岑高"。孟浩然山水田园诗的风格大多是平和冲淡，清新自然，不尚雕饰，而又能超凡拔俗。王维的山水田园诗，其中有些诗在幽邃、寂静、空灵的艺术境界中，直接透入了禅宗佛理的观照，是禅意、禅趣在诗境中的艺术体现，因而誉称为"诗佛"。边塞诗的思想内容极其丰富：可以抒发渴望建功立业、报效国家的豪情；可以状写戍边将士的乡愁、家中思妇的离恨；可以表现塞外戍边生活的单调艰辛、连年征战的残酷；可以宣泄对黩武开边的不满、对将军贪功启衅的怨情；可以惊叹描摹边地绝域的奇异风光和民风民俗。

中唐诗歌是盛唐诗歌的延续。白居易是中唐时期最杰出的现实主义诗人，有"诗魔"和"诗王"之称。他继承并发展了《诗经》和汉乐府的现实主义传统，并掀起了一个现实主义诗歌的高潮，即新乐府运动。他与元稹合称为"元白"，作品都以社会动荡、百姓生活困苦为主题，语言通俗易懂。孟郊与贾岛都以"苦吟"而著名，有"郊寒岛瘦"之说。刘禹锡是一位有意创作民歌的诗人，他的许多《竹枝词》描写真实，很受人们喜爱，有"诗豪"之称。李贺在诗歌的形象、意境、比喻上开辟了奇崛幽峭、浓丽凄清的浪漫主义新天地，有"诗鬼"之称。

晚唐时期的诗歌感伤气氛浓厚，代表诗人是杜牧、李商隐，合称为"小李杜"。杜牧的诗以七言绝句见长，他的诗于清丽的辞采、鲜明的画面中见俊朗的才思。李商隐以爱情诗见长，他的七律用典精巧，对偶工整。

在唐诗的高峰之后，宋人另辟蹊径，开启了好议论，重理趣的诗风，诗人往往将哲理寓之于形、伴之以趣，融形、理、趣于一体，从而使宋诗呈现出独特的理趣美。苏轼、黄庭坚、杨万里、陆游等是宋代诗歌的中流砥柱。陆游是南宋最杰出的爱国诗人，也是中国诗歌史上现存作品最多的诗人。他的诗歌内容极为丰富，抒发政治抱负，反映人民疾苦，批判当时统治集团的屈辱投降，风格雄浑豪放，表现出渴望恢复国家统一的强烈愿望。

2. 词之踪

词源于敦煌曲子词，产生于唐代，李白、白居易、张志和兼有词作。唐末的温庭筠第一个专力作词，他的词词藻华丽，多写妇女的离别相思之情，被后人称为"花间派"。温庭筠、韦庄等花间派词人的作品收录在《花间集》。南唐后主李煜在词的发展史上占有较高的历史地位，代表作有《虞美人》《浪淘沙》等，他后期的词艺术成就很高，将国破家亡的感慨和个人悲惨遭遇之隐痛充盈其间。

词是宋代的文学标志。宋初晏殊、欧阳修、范仲淹都有出色的作品，但依然没有脱离花间派的影响。到了柳永，开始创作大量的慢词，成为婉约派的创始人。其词多描绘城市风光和歌妓生活，尤长于抒写羁旅行役之情，擅长铺叙、白描，情景交融，语言通俗，音律谐婉，人称"凡有井水饮处，皆能歌柳词"，对宋词内容和形式的发展有重大影响。

到了苏轼，词的题材又得以进一步发展，达到"无意不可入，无事不可言"的境界，既写男女恋情、悲欢离合的传统内容，又将只出现在诗歌中的田园风情、山水景物、人生志趣、怀古感今以及咏物记事等内容移入词中，实现"以诗为词"的艺术追求。苏轼的词擅长白描，常运用典故，化用前人诗句，起到很好的语言效果。苏轼还开创了与诗相通的雄壮豪放、开阔高明的艺术风格，成为豪放派的创始人和代表。

两宋过渡时期的李清照，有"千古第一才女"之称，是婉约派的集大成者。她擅用白描的手法，表现对周围事物的敏锐感触，刻画细腻、微妙的心理活动。前期多写其悠闲生活，多描写爱情生活、自然景物，韵调优美。后期多慨叹身世，怀乡忆旧，情调悲伤。代表作有《一剪梅》《如梦令》《声声慢》《醉花阴》《武陵春》等。

南宋时期的辛弃疾，著名的抗金将领、爱国词人、豪放派词人，与苏轼并称为"苏辛"。苏轼常以旷达的胸襟与超越的时空观来体验人生，抒写哲理式的感悟，使冲动的情感归于深沉的平静。而辛弃疾总以炽热的感情与崇高的理想来拥抱人生，表现英雄的豪情与悲愤。苏轼"以诗为词"，辛弃疾"以文为词"。凡当时能写入其他文学样式的题材，全写入词中。语言上擅于用典，被笑称为"掉书袋"。

3. 文之迹

先秦历史散文包括《左传》《国语》《战国策》等著作。《左传》是《春秋左氏传》的简称，是用历史事实来解释《春秋》的著作，相传为鲁国史官左丘明所作，叙述了春秋时期各诸侯国政治、军事、外交等方面地情况和历史人物的言行。《左传》还擅长战争描写，它不仅把纷繁复杂的战争有条理地叙述出来，并且从大处着眼，通过人物对话，写出战争的性质，决定胜败的因素等内容。《国语》是战国时代出现的一部国别体史书。《战国策》记述的基本上是战国时期谋臣纵横捭阖的谋略和辞说，文风雄辩，擅长运用寓言进行说理，"画蛇添足"、"亡羊补牢"、

"狡兔三窟"、"狐假虎威"、"南辕北辙等成语故事,都出自于此。

先秦诸子散文的发展大体上经历了三个阶段:一是语录体阶段,以《论语》《墨子》《老子》为代表;二是对话体阶段,以《孟子》《庄子》为代表;三是主题论著阶段,以《荀子》《韩非子》为代表。

汉赋是在汉代涌现出的一种有韵的散文,以贾谊为代表的骚体赋和以司马相如为代表的大赋最为典型。其中贾谊的政论文也较为著名,代表作是《过秦论》。

汉代的历史散文以司马迁的《史记》和班固的《汉书》为代表。《史记》是我国第一部纪传体通史,记载了传说中的黄帝至汉武帝共 3 000 多年的历史。全书共 130 卷,包括 12 本纪(记历代帝王政绩)、30 世家(记各诸侯王、贵族兴亡)、70 列传(记重要的文臣武将)、10 表(大事年表)、8 书(记礼、乐、历法、天文、水利等)。与《汉书》《后汉书》《三国志》合称"前四史"。《史记》与宋代司马光编撰的《资治通鉴》并称"史学双璧",司马迁与司马光并称"史界两司马"。《史记》还是一部优秀的文学巨作,被鲁迅誉为"史家之绝唱,无韵之《离骚》"。

唐代韩愈和柳宗元掀起了"古文运动",极力反对魏晋南北朝时期盛行的骈文(讲究排偶、音律、用典的文体),提倡恢复先秦两汉时期的古文文风。韩愈提出了"文以载道""词必己出""惟陈言之务去"等创作主张。说理文《师说》《马说》《原道》等都非常著名。他的文章气势宏大、感情充沛;文字新颖、句式灵活、结构多变。柳宗元的说理文、传记、寓言都有佳作。说理文代表作《捕蛇者说》以捕蛇之险反衬赋税之重。《永州八记》已成为中国古代山水游记名作。寓言《三戒》(《临江之麋》《黔之驴》《永某氏之鼠》)善用各种动物拟人化的艺术形象寄寓哲理或表达政见。韩、柳的散文大大提高了散文的抒情、叙事、议论、讽刺的艺术功能。

宋代欧阳修再一次掀起了古文运动,此后的王安石、曾巩、苏轼、苏洵、苏辙等人都在古文革新运动的影响之下取得了各自的成就,与唐代韩愈、柳宗元合称为"唐宋八大家"。苏轼的散文尤其出色,写作手法自由灵活,常打破各种文体界限,把抒情、状物、写景、说理、叙事有机结合,将胸中的感受、联想贯穿于全文,体现了苏轼散文创作"以意为主"的重要特点。代表作有《石钟山记》《赤壁赋》等。

4.其他

元曲是元代新兴的文学样式,包括杂剧和散曲。前者即剧曲,是用于表演的剧本,写各种角色的唱词、道白、动作等;散曲则只是用作清唱的歌词。元杂剧的四大悲剧为关汉卿的《窦娥冤》、马致远的《汉宫秋》、白朴的《梧桐雨》、纪君祥的《赵氏孤儿》;四大爱情剧为关汉卿的《拜月亭》、王实甫的《西厢记》、白朴的《墙头马上》、郑光祖的《倩女离魂》。

散曲在形式上和词很相近,不过在语言上,词要典雅含蓄,而散曲要通俗活泼;在格律上,词要求得严格,而散曲就更自由些。代表人物为马致远和张养浩等。马致远创作题材宽广,意境高远,形象鲜明,语言优美,音韵和谐,被誉为元散曲中的第一大家"曲状元",代表作《天净沙•秋思》被称为"秋思之祖"。

因篇幅有限,不再介绍明清诗词文。明清小说请同学们课外自主阅读。

二、古诗文鉴赏方法指津

1.抒情美

(1)挖掘诗歌背后隐藏的生活事件,体会诗歌情感的真实美。李白被唐玄宗赐金遣还,于是有"安能摧眉折腰事权贵,使我不得开心颜"的诉愤。杜甫遭受幼子饿死之丧,于是揭露了"朱门酒肉臭，路有冻死骨"贫富悬殊的不公正现象；有过入住草堂的经历，于是为人民喊出了"安得广厦千万间，大庇天下寒士俱欢颜"的心声。辛弃疾被贬官，到66岁重新被任用，但仍未被重用，于是有了"廉颇老矣，尚能饭否"的诘问；陆游唐婉承受了惨痛的婚变，又有邂逅沈园之事，于是流传下两首爱恨交加的《钗头凤》。

（2）注重诗歌写作的时代背景，理解诗歌抒情的典型美。诗歌的情感既是诗人和诗中人物的个性情感遭遇和情感体验，同时又能引起广大读者理解和共鸣的一种普遍性情感。晏殊是北宋太平时期的宰相，一生荣华富贵，尽享闲情逸致，创作了无数咏风月、写闲愁的诗词。在他千万诗句中，唯独"似曾相识燕归来，无可奈何花落去。"一句流传千古，经久不衰。其原因并不只是因为它在形式上的"天然奇偶"，更因为诗句所表达的情感是一种典型性情感。句中"花落去"、"燕归来"本是自然界动植物生息的客观规律。巧妙之处在于诗人以"无可奈何""似曾相识"两个成语来表达微妙的心理感受，前者抒写诗人对美好生活匆匆消逝的惋惜之情，后者通过"归巢燕"对故里既熟悉又陌生的情状，表达诗人时过境迁、物是人非的感触。

（3）感悟诗歌思想感情的性质差别，体会诗歌抒情的风格美。依据诗歌思想感情的性质差别，诗歌有阳刚和阴柔之别，词有豪放和婉约之分。诗歌情感具有沉郁愤懑、慷慨悲壮、雄厚奔放等特征，属阳刚之美，它着眼于"壮"，须"关西大汉敲铁绰板"来唱；相反，诗歌情感具有哀怨凄婉、委婉含蓄、优柔缠绵等特征，属阴柔之美，它着眼于"柔"，须"十七八女郎执红牙板"来唱。词中以作家而论，苏轼、辛弃疾、陆游、岳飞以阳刚见著，柳永、姜夔、李清照以阴柔见著。词中以作品而论，苏轼的《念奴娇·赤壁怀古》和柳永的《雨霖铃》是两种不同风格的典型代表。但要关注"刚柔互济"的美学现象，无论是同一作家或同一篇作品，刚柔两种风格有时会互相依存，彼此渗透。

2．意境美

意境是诗人的主观情意与客观物境互相融合而形成的艺术境界，是以具体的物象为依托而产生的虚实相生的美学境界。从阅读的实践来看，诗歌的意境是由情和景两个基本因素构成的。但"景"是情感化的"景"，即情中之景；"情"是景物化的"情"，即景中之情。

（1）抓住关键词，把握诗歌意境的形象特征——景物层。王维《使至塞上》中"大漠孤烟直，长河落日圆"两句，被王国维称誉为"千古壮观"的名句，应归功于诗人精妙的观察力和高超的写景技艺。这两句诗也刻画了战场沙漠的典型特征，正如《红楼梦》中香凌说："想来烟是如何直？日自然是圆的。这'直'字似无理，'圆'字似太俗。合上书一想倒像是见了这景似的。要说再找两个字换这两个，竟再也找不出来。"香凌虽初学诗歌，却道出这两句诗的高超艺术境界。"孤烟直"的"直"，既是沙漠中烽烟的自然特征，又象征着正直、坚毅的品格；"落日圆"的"圆"，既是落日的特征，又是易使诗人伤感的落日蒙上一层淡淡的暖意。

（2）关注象征、暗示，感悟诗歌意境虚化特征的——情志层。诗歌还借助于艺术形象的比喻、象征、暗示等手段间接抒发情感和志向。这种艺术形象（景物）则只有虚化的特征。陈子昂《感遇（二）》"兰若生春夏，芊蔚何青青！幽独空林色，生蕤冒紫茎。迟迟白日晚，嫋嫋秋风生。岁华尽摇落，芳意竟何成？"这首诗表面写香兰与杜若两种植物，实际上诗人赋予兰若以抽象的含义。诗人以兰若"青青"、"空林色"等词，比喻自己才华过人，独压群雄；"白日晚"、"秋风生"、"岁华尽摇落"比喻岁月不饶人；以"芳草尽何成"比喻理想未遂。整首诗中，诗人借"兰若寒秋凋零"的自然现象，抒发自己才华无用武之地，壮志未酬的感慨情怀。

（3）注重感受和思考，升华诗歌的理性特征——哲理层。有些诗歌把诗人思考和感受蕴藏在一系列情与景构成的画面中，通过画面的美学形象暗示一定的哲学道理，做到了画面、诗情、哲思的融合和统一，使诗歌意境带有明显的理性特征。王之涣《登鹳雀楼》之所以老少皆知，一个重要的原因在于它提炼出了"欲穷千里目，更上一层楼"的哲理。苏轼的《题西林壁》"横看成岭侧成峰，远近高低各不同。不识庐山真面目，只缘身在此山中。"最初写景，却以哲理诗流传至今。朱熹《观书有感》"问渠哪得清如许，为有源头活水来"两句，启迪和警示人们要不断更新知识，以防思想僵化。

3．语言美

（1）注重诗句的炼字，品味语言的简练美。古人写诗讲究炼字炼意，简练是炼字炼意的一个艺术目标，但是"简练并不等于简单。简单是一览无余，简练是言有尽而意无穷"。宋祁在《玉楼春》中"红杏枝头春意闹"一句被后人授予"红杏尚书"美誉。王国维则认为"这一'闹'字境界全出"。一个"闹"字简练准确地描绘出了"春"的特点，但这闹春是一幅什么样的图景，全靠读者自己的见识驰骋神往，去联想，去想象，去意会，简练创造了富于弹性的想象空间。

（2）分析修辞手法，品味语言的形象美。诗歌语言的形象美是指诗人描绘景物、抒写情感、表达理想时，借助比喻、拟人、夸张、对比、反衬、用典等修辞手法，使诗歌语言达到形象生动的美学要求。

（3）重视诗句的韵律，品味语言的声韵美。声韵美是指声、韵、调的协调搭配而产生的语言的音乐美。古诗词讲究押韵、平仄相协，还利用双声叠韵、叠音词等具有乐感的词汇描绘景物，抒写情感。押韵是诗歌最基本的要求，押韵便于诗歌的演唱，便于吟咏，便于表达感情。诗歌之所以与"歌"相随，与押韵分不开的。南北朝后，我国诗歌十分注重声调的搭配，而讲究平声和仄声在诗句中的互相协调，平仄相协，使诗歌说起来抑扬顿挫，错落有放，和谐动听，大大增强了诗歌语言的韵律感。

在诗词中，运用双声叠韵词、叠音词不仅有助于增强语言的音乐美，还有助于表达诗人的思想感情。尤其是叠音词的运用能起到创设情境、渲染环境的作用。李清照《声声慢》一词脍炙人口数百年，一方面是因为悲秋之情，另一方面是因为诗人创造性地运用一连串的叠音词来表达情感。"寻寻觅觅，冷冷清清，凄凄惨惨戚戚"这7个叠音词一气呵成，叠于词的开头，叠出强烈的声音效果，创设了清冷悲戚的意境，为下文写景抒情作铺垫。"寻寻觅觅"摹写了诗人煞费苦心，寻找心灵寄托的忙碌，侧面反映了诗人百无聊赖、空虚寂寞的情感。"冷冷清清，凄凄惨惨戚戚"是诗人寻觅的结果，不但一无所获，还徒增悲苦。下阕中"点点滴滴"一词写黄昏秋雨缠绵之景，却又何尝不是萦绕在诗人心中的愁苦之情的真实写照呢？正如词人自己所说的："这次第，怎一个愁字了得。"

三、经典古诗文赏析

1．《迢迢牵牛星》古诗十九首

迢迢牵牛星，皎皎河汉女。纤纤擢素手，札札弄机杼。终日不成章，泣涕零如雨。河汉清且浅，相去复几许？盈盈一水间，脉脉不得语。

【赏析】这首诗大量运用叠音词，如"迢迢""皎皎""纤纤""盈盈""脉脉"，使语言质朴、清丽，情趣盎然。特别是后两句，一个饱含离愁的少妇形象若现于纸上，意蕴深沉风格浑成，是极难得的佳句。

2.《上邪》汉乐府民歌

我欲与君相知，长命无绝衰。山无陵，江水为竭，冬雷震震，夏雨雪，天地合，乃敢与君绝！

【赏析】民歌抒写的是一位心直口快的北方姑娘向其倾心相爱的男子表述爱情。女主人公通过出人意料的逆向想象，举出了五件不可能发生之事发誓。姑娘表爱的方式出奇，誓词热烈，成功地塑造了一位率性、果敢、坚毅、专一的少女形象。

3.《龟虽寿》曹操

神龟虽寿，犹有竟时。腾蛇乘雾，终为土灰。老骥伏枥，志在千里。烈士暮年，壮心不已。盈缩之期，不但在天；养怡之福，可得永年。幸甚至哉，歌以咏志。

【赏析】这是曹操写于晚年的一首人生哲理诗。全诗的韵调跌宕起伏，开头四句沉着冷静述人生。而"老骥"四句，格调高远，慷慨激昂，显示出诗人自强不息的进取精神，热爱生活的乐观精神，使这位"时露霸气"的盖世英豪的形象跃然纸上。最后数句则表现出一种深沉委婉的风情，给人一种亲切温馨之感。

4.《饮酒》陶渊明

结庐在人境，而无车马喧。问君何能尔？心远地自偏。

采菊东篱下，悠然见南山。山气日夕佳，飞鸟相与还。此中有真意，欲辨已忘言。

【赏析】全诗以平易朴素的语言融写景、抒情、述理于一体，既富于情趣，又饶有理趣。前四句为一层，写诗人摆脱尘俗烦扰后的感受，表现了诗人鄙弃官场，不与统治者同流合污的思想感情。"车马喧"正是官场上你争我夺、互相倾轧、奔走钻营的各种丑态的写照。"心远"一词，反映了诗人超尘脱俗，毫无名利之念的精神世界。这启示我们：人的精神世界是可以自我净化的，可以找到生活的乐趣和宁静的心灵。后六句为一层，写南山的美好晚景和诗人从中获得的无限乐趣。表现了诗人热爱田园生活的真情和高洁人格。"采菊东篱下，悠然见南山"是脍炙人口的名句，"悠然"用得很妙，说明诗人所见所感，非有意寻求，而是不期而遇；"见"是无意中的偶见，南山的美景正好与采菊时悠然自得的心境相映衬，合成物我两忘的"无我之境"。

5.《在狱咏蝉》骆宾王

西陆蝉声唱，南冠客思深。那堪玄鬓影，来对白头吟。

露重飞难进，风多响易沉。无人信高洁，谁为表予心。

【赏析】骆宾王因上疏论事得罪了武则天，遭诬，以贪赃罪名下狱。诗歌首联对偶句式，运用起兴的手法，以蝉声引出思乡之情。颔联一句说蝉，一句说自己，两相对照，衬哀伤。颈联纯用比喻，以蝉喻己，"露重"、"风多"比喻环境的压力，"飞难进"比喻政治上的不得意，"响易沉"比喻言论上的受压制。尾联反问作结，表明自己的高洁品行，为坐赃之罪辩白。整首诗感情充沛，善用比兴，语多双关，于咏物中寄情寓兴，由物到人，由人及物，达到了物我一体的境界，是咏物诗中的名作。

6.《山居秋暝》王维

空山新雨后，天气晚来秋。明月松间照，清泉石上流。

竹喧归浣女，莲动下渔舟。随意春芳歇，王孙自可留。

【赏析】本诗为山水名篇，"明月松间照，清泉石上流"乃千古佳句。全诗通篇比兴，以自然来表现诗人的人格美和理想中的社会美。诗的首联开篇破题，直写雨后秋夜。接下来两联以错落的气势，以动衬静的手法，展现了一个清幽静谧的美好境界，体现"诗中有画，画中有诗"的艺术特点。尾联直抒胸怀，以"王孙自可留"自喻，表明自己要远离官场，洁身自好的心情。

7.《过故人庄》孟浩然

故人具鸡黍，邀我至田家。绿树村边合，青山郭外斜。

开轩面场圃，把酒话桑麻。待到重阳日，还来就菊花。

【赏析】这本诗是田园诗的佳作。全诗描绘了美丽的山村风光和平静的田园生活，用语平淡质朴，叙事自然流畅，感情真挚，诗意醇厚，有"清水出芙蓉，天然去雕饰"的美学情趣。

首联从应邀写起。颔联句是描写山村风光的名句，绿树环绕，青山横斜，犹如一幅清淡的水墨画。颈联句写山村生活情趣。面对场院菜圃，把酒谈论庄稼，亲切自然，富有生活气息。尾联两句以重阳节还来相聚，自然地流露出对这个村庄和故人的依恋。

8.《渡荆门送别》李白

流远荆门外，来从楚国游。山随平野尽，江入大荒流。

月下飞天镜，云生结海楼。仍怜故乡水，万里送行舟。

【赏析】这首诗是李白出蜀时所作，是一首借景抒情之作。首联点出此次壮游。中间两联运用白描手法写景，忽而写地面上的山光水色，忽而写太空的奇异景象；忽而写白天对山峦起伏、江流奔腾的大自然的欣赏，忽而又写夜晚对太空景象变幻的享受。尾联写"故乡水"送别"行舟"，这种拟人化的手法，比直抒胸臆陈述离乡之情显得更曲折含蓄，更有诗味和情趣。

9.《登高》杜甫

风急天高猿啸哀，渚清沙白鸟飞回。无边落木萧萧下，不尽长江滚滚来。

万里悲秋常作客，百年多病独登台。艰难苦恨繁霜鬓，潦倒新停浊酒杯。

【赏析】这是一首重阳登高感怀诗。前半首写景，后半首抒情。首联着眼细处，勾勒出一幅悲凉的秋景图，为全诗定下了情感基调。颔联着眼整体，一句仰视，一句俯视，写秋天肃穆萧杀、空旷辽阔的景色，传达出韶光易逝，壮志难酬的悲怆；颈联从空间、时间两方面着笔，抒写异乡飘泊、多病残生的凄苦；末联写白发日多，因病断酒，映衬时世艰难。全诗句句对偶，句句押韵，被誉为"古今七言律诗之冠"。

10.《赋得古原草送别》白居易

离离原上草，一岁一枯荣。野火烧不尽，春风吹又生。

远芳侵古道，晴翠接荒城。又送王孙去，萋萋满别情。

【赏析】这是白居易十六岁的应考习作。老诗人顾况看到白居易年纪轻轻，就开玩笑说："长安米价方贵，居亦弗易。"等读到"野火烧不尽，春风吹又生。"这一联时，顾况大为惊奇，连声赞赏说："有才如此，居亦何难！"首联"枯"、"荣"二字，展现小草生生不息的生命力。颔联两句则进一步渲染一种壮烈的意境，强调毁灭的力量，毁灭的痛苦，是为了强调再生的力量，再生的欢乐。颈联更写出一种蔓延扩展之势，再一次突出那生存竞争之强者野草的形象。"古道"、"荒城"则紧扣题目"古原"二字，虽然道古城荒，青草的滋生却使古原恢复了青春。尾联安排一个送别的典型环境，萋萋芳草增添送别的愁情。至此，点明"送别"，结清题意，关合全篇，"古原"、"草"、"送别"打成一片，意境极浑成。

11.《无题》李商隐

相见时难别亦难，东风无力百花残。春蚕到死丝方尽，蜡炬成灰泪始干。

晓镜但愁云鬓改，夜吟应觉月光寒。蓬莱此去无多路，青鸟殷勤为探看。

【赏析】这是一首表示两情至死不渝的爱情诗。起句两个"难"字，点出了聚首不易，别离更难之情，感情绵邈，语言多姿，落笔非凡。颔联以春蚕蜡炬作比，既缠缅沉痛，又坚贞不渝。颈联上句写自己晓妆对镜、抚鬓自伤，下句写想象对方良夜苦吟，月光披寒，两句诗通过描写人物的动作抒写思之切，爱之深。尾联写希望信使频传佳音，意致婉曲，柳暗花明，真是终境逢生，别有洞天。

12.《书愤》陆游

早岁那知世事艰，中原北望气如山。 楼船夜雪瓜洲渡，铁马秋风大散关。

塞上长城空自许，镜中衰鬓已先斑。出师一表真名世，千载谁堪伯仲间！

【赏析】前四句概括了自己青壮年时期的豪情壮志和战斗生活情景，其中颔联撷取了两个最能体现"气如山"的画面来表现，不用一个动词，却境界全出，饱含着浓厚的边地气氛和高昂的战斗情绪。又妙在对仗工整，顿挫铿锵，且一气贯注，组接无痕，以其雄放豪迈的气势成为千古传诵的名联。后四句抒发壮心未遂、时光虚掷、功业难成的悲愤之气，但悲愤而不感伤、颓废。尾联以诸葛亮自比，不满和悲叹之情交织在一起，展现了诗人复杂的内心世界。再看尾联。亦用典明志。诸葛亮坚持北伐，虽"出师一表真名世"，但终归名满天宇，"千载谁堪伯仲间"。追慕先贤的业绩，表明自己的爱国热情至老不移，渴望效仿诸葛亮，施展抱负。

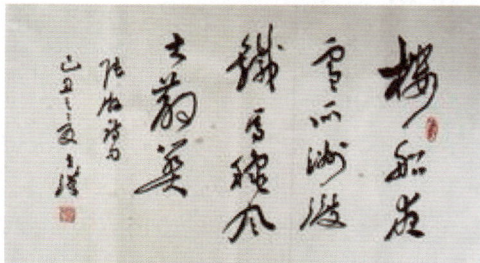

13.《蝶恋花》晏殊

槛菊愁烟兰泣露，罗幕轻寒，燕子双飞去。 明月不谙离恨苦，斜光到晓穿朱户。

昨夜西风凋碧树，独上高楼，望见天涯路。欲寄彩笺兼尺素，山长水阔知何处？

【赏析】此为晏殊写闺思的名篇。上阕移情于景，"燕子双飞"反衬孤独，点出离恨；下阕承离恨而来，写今晨登高望远，景萧索，人孤独，但又出人意料地展现出一片无限广远寥廓的境界，增添悲壮色彩。结句一纵一收，将主人公音书寄远的强烈愿望与音书无寄的可悲现实对照起来写，词也就在这渺茫无着落的怅惘中结束。

14.《凤栖梧》柳永

伫倚危楼风细细，望极春愁，黯黯生天际。草色烟光残照里，无言谁会凭栏意？

拟把疏狂图一醉，对酒当歌，强乐还无味。衣带渐宽终不悔，为伊消得人憔悴。

【赏析】这是一首怀人词。上阕写登高望远，触景生情，离愁油然而生。下阕写主人公为消释离愁，决意痛饮狂歌，但终觉"无味"。结句"衣带渐宽终不悔，为伊消得人憔悴"。一句是千古名句，以健笔写柔情，自誓甘愿为思念伊人而日渐消瘦与憔悴，表现词人一种锲而不舍的坚毅性格和执着态度，词境也因此得以升华。

衣带漸寬終不悔，

為伊消得人憔悴。

柳永　鳳棲梧

15.《江城子·乙卯正月二十日夜记梦》苏轼

十年生死两茫茫，不思量，自难忘。千里孤坟，无处话凄凉。纵使相逢应不识，尘满面，鬓如霜。

夜来幽梦忽还乡，小轩窗，正梳妆。相顾无言，惟有泪千行。料得年年肠断处，明月夜，短松冈。

【赏析】这首词是一首千古传诵的悼亡词。东坡19岁时与16岁的王弗结婚。王弗温柔贤淑，才高貌美，但英年早逝，27岁去世了。上阕开篇直接表达了作者直抒胸臆、自难忘怀的哀思，为全词奠定了伤感哀痛的基调。接着借"孤坟"表达对亡妻的深切怀念，也把个人的变化做了形象的描绘，使这首词的意义又更加深了一层。下阕写梦境的突然出现，悲中寓喜。"小轩窗，正梳妆。"形象鲜明，蜜意柔情，梦境更有真实感和温馨感。然而，紧接着词笔由喜转悲，"无言"、"泪千行"表达了"此时无声胜有声"的深沉悲痛。结尾三句，又从梦境回到现实上来，"明月夜，短松冈"，凄清幽独之至。

16.《武陵春·春晚》李清照

风住尘香花已尽，日晚倦梳头。物是人非事事休，欲语泪先流。

闻说双溪春尚好，也拟泛轻舟。只恐双溪舴艋舟，载不动许多愁。

【赏析】这是词人避乱金华时所作。她历尽乱离之苦，所以词情极为悲戚。上阕先写眼前景物之不堪，"日晚倦梳头"、"欲语泪先流"二句以人物的动作神态抒写内心的凄苦。下阕进一步表现悲愁之深重，"闻说"、"也拟"、"只恐"一系列词语写出词人复杂的心理活动过程。最后两句比喻新奇，手法夸张，化无形为有形，化静态为动态，写出愁之重，成为写愁名句。

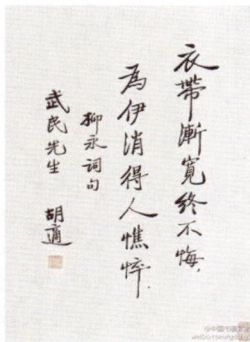

17.《青玉案·元夕》辛弃疾

东风夜放花千树，更吹落，星如雨。宝马雕车香满路。凤箫声动，玉壶光转，一夜鱼龙舞。蛾儿雪柳黄金缕，笑语盈盈暗香去。众里寻他千百度。蓦然回首，那人却在，灯火阑珊处。

【赏析】辛弃疾是豪放派词人，但这首词词风较婉约。上阕极力渲染元宵佳节的热闹景象：满城灯火，满街游人，火树银花，通宵歌舞。下片写不幕荣华、孤高淡泊、超群拔俗、一位美人形象。美人形象寄托着作者政治失意后，不愿与世俗同流合污的孤高品格。"蓦然"三句是经典名句。

18.《天净沙·秋思》马致远

枯藤老树昏鸦，小桥流水人家，古道西风瘦马。 夕阳西下，断肠人在天涯。

【赏析】一曲小令，短短28字，意蕴深远，结构精巧，历来被推崇为描写自然的佳作，堪称"秋思之祖"。前三行全由名词性词组构成，一共列出9种景物，言简而义丰。"枯"、"老"、"昏"以白描手法勾勒了一幅典型的深秋图景。"小桥流水人家"一句将读者的视线也跟着带向远方，一幅恬然幽静、充满和平安详生活气息的图画展现在我们面前，寄托作者的向往与渴望。"古道西风瘦马"一句笔锋一收，从美好的憧憬与向往中拉回到无奈的现实里来。最后一句"断肠人在天涯"是点睛之笔，深秋村野图是背景，"断肠人"是主角，在残阳夕照的荒凉古道上，牵着一匹瘦马，迎着凄苦的秋风，却不知自己的归宿在何方，透露了诗人怀才不遇的悲凉情怀。

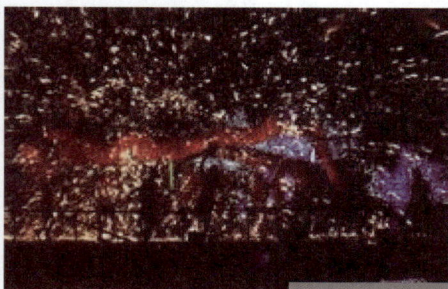

【活动建议】

（1）请以时间为序，为我国古代诗和词的发展画一颗知识树。

（2）写出下列称号所指代的作家名：

诗仙   诗圣   诗佛   诗鬼   诗魔   诗王   诗豪

（3）写出下列简称指代的作家名或作品名：

三曹　初唐四杰　大李杜　小李杜　元白　韩柳　郊寒岛瘦　苏辛　唐宋八大家　乐府双璧

（4）古代诗词中有许多写"愁"的名句，请选择三句以上，比较它们在情感特质和写作手法上的异同。

（5）请选一首自己喜欢的古诗词，从情感、意境、语言3个角度入手，写一篇300字以上的鉴赏文章。

任务二　现代作品赏析

【学习目标】

（1）识记现当代著名的作家及其作品，了解它们在文学史上的地位。

（2）掌握现当代文学中典型人物形象及其社会意义，学会鉴赏人物的方法。

（3）培养学生阅读现当代文学的兴趣和热情，形成良好的阅读习惯和文学素养。

【情景对话】

浩浩：学习之余，你都读些什么书啊？

琪琪：比较喜欢韩寒的小说。也看《读者》《微型小说选刊》《最小说》等杂志。现当代经典文学作品读得不多，语文老师推荐的与课文相关的作品会看一下。但觉得经典的事物很高深，有些力不从心，高不可攀啊！

浩浩：太谦虚啦，你已经很不错啦。不过，先阅读一些相关作家的人物传记，走近他的生活和情感世界，这会拉近你与名家的心理距离。也可先阅读相关作品的鉴赏性文章，激发你的阅读兴趣。

琪琪：这是不错的建议啊！我试试看。人物传记类的书籍我尤其喜欢！

浩浩：还有啊，搬上荧屏的，如改编成话剧、拍成电影、电视剧的小说更值得一看！还可以比较原著与改编后的差异呢！

琪琪：好啊，你给我推荐几篇，发到我的QQ邮箱。到时我们还可互相探讨呢！

【学习顾问】

一、名家风采

1. 鲁迅——现代小说之父

鲁迅（1881—1936），中国现代小说之父、中国现代文学的奠基人，世界十大文豪之一，浙江绍兴人。代表作品小说集《呐喊》《彷徨》《故事新编》，散文集《朝花夕拾》、散文诗集《野草》以及众多杂文集。《狂人日记》是现代文学史上第一部白话文小说，他学习西方小说结构经济、灵便、多样的优点，创造了日记体小说。鲁迅小说展示了一系列生活在社会最底层的普通人的悲剧命运，塑造了如阿Q、闰土、祥林嫂、孔乙己、华老栓等典型人物形象。同时也以简练、幽默的生动笔法塑造了以康大叔、鲁四老爷为代表的愚昧、冷漠、残酷、丑恶的封建爪牙、帮凶形象，以驼背五少爷、花白胡子等为代表的愚昧麻木、空虚无聊、卑怯巧滑的看客形象，以及像杨二嫂、小雪花膏等世故的小市民形象。鲁迅曾说："我的取材，多采自病态社会的不幸人们中，意思是在揭出病苦，引起疗救的注意。"鲁迅杂文自由地描摹世相、描述见闻、评说人事、言志抒情，内容无所不包，不但指出了奴性是我们民族世代相袭的固有的顽症，而且更加深刻地概括出其奴性的特征。他运用违反常规的想象力、极具批判性的犀利幽默的语言、自由灵活的创作形式开辟中国现代散文的新面貌。

2. 茅盾——中国社会剖析派小说坛主

茅盾（1896—1981），原名沈德鸿，字雁冰，浙江桐乡人，我国现代文化的先驱者、伟大的革命文学家。他以自己的积蓄设立了文学奖金（后定为"茅盾文学奖金"），奖励优秀的长篇小说创作。代表作有长篇小说《子夜》《蚀》三部曲（包括《幻灭》《动摇》《追求》）、《农村三部曲》（包括《春蚕》《秋收》《残冬》）、《林家铺子》等。《子夜》表现了 20 世纪 30 年代民族资本家的命运，《林家铺子》表现了日本入侵后民族小商者的破产和家庭的悲剧，《春蚕》写蚕丝业萧条所引起的农村破产，《秋收》写农民在饥饿中的抢粮风潮，《残冬》写农民绝望后自发的武装斗争。茅盾小说是中国二三十年代社会政治、经济的一面镜子，茅盾是文学史界公认的"中国社会剖析派小说"的坛主。他借鉴 19 世纪法国、俄国批判现实主义小说的写作风格，又同中国古典世态小说两相结合。他的小说既鲜明地体现了巴尔扎克、托尔斯泰式的叙事艺术，又流露出古典小说中注重精细的环境描写和人物服饰描摹来刻画人物的方法。此外，茅盾还积极投身民主革命运动，编辑过《小说月报》等多种刊物，翻译大批外国文学作品，撰写了大量文艺论著。

3. 老舍——人民艺术家

老舍（1899—1966），原名舒庆春，字舍予，北京满族人，中国现代著名小说家、戏剧家。文革期间受到迫害，于 1966 年 8 月，老舍含冤自沉于北京西北的太平湖。他的作品大都取材于市民生活，通过日常平凡的场景反映普遍的社会冲突，笔触往往延伸到民族精神的挖掘或者民族命运的思考，让人从轻快诙谐中品味出生活的严峻和沉重。关于自然风光的色彩鲜艳的渲染和关于习俗人情的细致入微的描摹，增添了作品的生活气息和情趣，使语言具有独特的幽默风格和浓郁的"京味"。五四运动以后的新文学，多以描写知识分子与农民生活见长，而很少有描写城市贫民的作品。老舍的作品开拓了一大批城市贫民的典型形象，为被誉称为"人民艺术家"。老舍以长篇小说和剧作著称于世，代表作有长篇小说《四世同堂》《骆驼祥子》《我这一辈子》、中篇小说《月牙儿》、剧本《龙须沟》《茶馆》等。

4. 冰心——文白相融"冰心体"语言的创立

冰心（1900—1999），被后人称为"世纪老人"。她是我国第一代儿童文学作家，著名的中国现代小说家、散文家、诗人、翻译家。代表作品有《繁星》《春水》《超人》《寄小读者》等，并翻译了泰戈尔等许多优秀的外国诗文。她的作品多围绕着母爱、童心、对人生的感悟和自然四大主题，构筑了冰心思想内核"爱的哲学"。她善于提炼口语，并能把古文学中的辞章、语汇吸收融化，使之浑然一体，形成独特的语言艺术：凝炼明快，清新秀丽。无论色彩鲜明，还是朴素淡雅，都具有浓重的抒情性和极强的音乐性。各种文体又自成特色，散文感情细腻澄净，笔调轻巧活泼；诗歌短小精练，充满睿智。小说关注人生问题，轻灵秀丽。冰心体也被茅盾称为"繁星格"、"春水体"，为现代白话文文学作出了极大贡献。

5. 沈从文——中国乡土文学之父

沈从文（1902—1988），湖南凤凰人，苗族，现代著名小说家、散文家、历史文物研究家，代表作长篇小说《边城》、散文《湘行散记》、文艺论著《中国古代服饰研究》，曾两次获诺贝尔文学奖候选人。14 岁时，他投身行伍，辗转于湘西沅水流域。河水不但滋养了两岸的生命，也滋育了沈从文的性情。他的小说、散文，大都与水有关。对水的生命体验，培养了沈从文特殊的审美心理，使小说充满优美的诗意。《边城》以 20 世纪 30 年代川湘交界的边城小镇茶峒为背景，以兼具抒情诗和小品文的优美笔触，描绘了湘西地区特有的风土人情；借船家少女翠翠的爱情悲剧，凸显出人性的善良美好与心灵的澄澈纯净。《湘行散记》是 1934 年作者回故乡湘西时作的游记，展现了湘西迷人的自然风光和独特的风土人情，以及劳动人民的悲惨生活和自发的抗争。语言清丽，风格隽永，具有浓厚的乡土色彩。沈从文以独特的艺术魅力，生动的乡土风情吸引了众多海内外的读者，在中国文坛中被誉为"乡土文学之父"。巨著《中国古代服饰研究》影响很大，填补了我国文化史上的一项空白。

6. 曹禺——中国现代话剧之父、中国的"莎士比亚"

曹禺（1910—1996），原名万家宝，生于天津，是中国现代杰出的戏剧家，被称为"中国现代话剧之父"、"中国的莎士比亚"。中学期间曾任易卜生戏剧《玩偶之间》的主角，大学毕业前夕创作了《雷雨》、之后创作了《日出》《原野》《北京人》等著名剧本，建国后创作了《胆剑篇》《王昭君》等剧本。《雷雨》既是处女作，也是成名作。以"雷雨"为题，既是整个作品的自然环境，更是社会环境的象征，暗示着在中国这个半殖民地半封建的沉闷抑郁的空气里，一场改变现实的大雷雨即将来临，揭示了封建大家庭的罪恶和工人与资本家之间的矛盾冲突。

7. 巴金——封建家族制度的掘墓人

巴金（1904—2005），原名李尧棠，现代著名的小说家、散文家、翻译家，是"五四"新文化运动以来最有影响力的作家之一，是 20 世纪中国杰出的文学大师、中国当代文坛的巨匠，被认为代表着中国知识分子的良心。巴金在国外也享有很高的声誉，曾被授予 1982 年意大利国际但丁奖、1983 年法国荣誉军团勋章、1985 年美国文学艺术研究院名誉外国院士称号及 1990 年苏联人民友谊勋章，国际天文联合会以"巴金星"命名 8315 号小行星。代表作《激流三部曲》(《家》《春》《秋》)、《爱情三部曲》(《雾》《雨》《电》)、《寒夜》《萌芽》等，散文集《随想录》等。《激流三部曲》是巴金呼吁自由、民主、尊重人格、人性解放的最鲜明的一面旗帜。它不仅展现了封建家庭内部的罪恶和腐朽、倾轧和迫害，显露它吃人的本质，还着力表现了青年一代在"五四"新思潮影响下的觉醒和对封建势力的不妥协斗争，满怀激情地歌颂了他们叛逆封建家庭、封建制度的革命行动。巴金被誉为"封建家族制度的掘墓人"。巴金小说语言清新简约，抒情色彩浓郁，人物性格复杂性和多层次性，具有极强的感染力和可读性。

8. 莫言——第一个获诺贝尔文学奖的中国籍作家

莫言，原名管谟业，生于 1955 年，山东高密人，第一个获得诺贝尔文学奖的中国籍作家。他的作品充满着"怀乡"以及"怨乡"的复杂情感，被归类为"寻根文学"作家。代表作有《红高粱》《檀香刑》《丰乳肥臀》《生死疲劳》《蛙》《酒国》《师傅越来越幽默》《透明的红萝卜》等，作品多次或国内外各种文学奖。他的主要创作风格体现在：一是"幻觉现实主义"，吸收从中国的神话、民间传说、蒲松龄的作品等中国古老的叙事艺术，将它与现代的现实主义结合在一起；二是意识流手法的运用，包括内心独白、多视角叙事、慢镜头描写、意象比喻、自由联想等，

《红高粱》通过戴凤莲和余占鳌的故事，以时空错乱的顺序，借用意识流的表现方法，谱写了一曲悲壮的生命颂歌；三是黑色幽默，《师傅越来越幽默》被美国评论家认为充满现实主义和黑色幽默，现实即是讽刺；四是卡夫卡式的变形记，《生死疲劳》是一个变形记的故事，小说的叙述者，是土地改革时被枪毙的一个地主，他认为自己虽有财富，并无罪恶，因此在阴间里他为自己喊冤。在小说中他经历着六道轮回，一世为驴、一世为牛、一世为猪、一世为狗、一世为猴……每次转世为不同的动物，都未离开他的家族，未离开这块土地。小说正是通过他的眼睛，准确地说，是各种动物的眼睛来观察和体味农村的变革。

二、巨作佳篇

1.《呐喊》——用文艺唤醒沉睡的国民

《呐喊》是鲁迅的第一本小说集，收录了《狂人日记》《阿Q正传》《药》《孔乙己》《故乡》《社戏》等小说，大都写于"五四"运动的高潮时期，要为新文化运动助阵振威，"有时候仍不免呐喊几声，聊以慰藉那在寂寞里奔驰的猛士，使他不惮于前驱。"在艺术上，吸收和借鉴外国小说的创作方法，集"表现的深切和格式的特别"于一体，令人耳目一新。《狂人日记》以具有迫害狂精神特征的狂人为视角，描写他对周围人和事的观察和感受。无论是"很好的月光"，还是"赵家的狗"；无论是狼子村的炒吃心肝，还是李时珍写的人肉可以煎吃，既是现实主义的刻画，也是象征主义的表现，揭露了礼教吃人的本质，控诉了仁义道德是礼教虚伪的面具。作者写道："我翻开历史一查，这历史没有年代，歪歪斜斜的每页上都写着'仁义道德'4个字。我横竖睡不着，仔细看了半夜，才从字缝里看出字来，满本都写着两个字是'吃人'！"《药》以1907年秋瑾就义为背景经过艺术加工而成小说，采用双线结构，明线以华老栓为儿子买人血馒头治病为主线，暗线写革命者夏瑜的革命活动和就义经过，两个悲剧交织成一幅悲壮的图景，揭示人民群众的愚昧麻木和革命者脱离群众的悲哀。

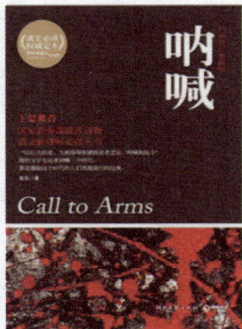

2.《子夜》——三十年代旧中国的社会画卷

《子夜》是茅盾最优秀的社会分析小说，中国第一部写实主义的成功的长篇小说，1933年出版引起极大轰动。原名《夕阳》，后改为"子夜"，寓意深刻。子夜指23时至凌晨1时，这是黎明前的黑暗，这个时刻一过，黎明就要来到。小说以典型的半殖民地城市上海为背景，以民族资本家吴荪甫与买办赵伯韬的矛盾为主线，向人们展开20世纪30年代初期中国社会的广阔画卷，史诗性地再现了中国民族工业在帝国主义、买办资产阶级、统治阶级重压下的悲剧命运。作品气势恢宏，但细节描写的笔触又极为委婉细致，剖析人物心理微妙贴切。小说成功塑造吴荪甫民族资本家的形象，赵伯韬骄横奸诈、凶狠残酷、荒淫腐朽的买办资本家的形象，屠维岳精明能干、阴险奸诈的走狗形象。

3.《四世同堂》——中国百姓反法西斯斗争的历程

这是茅盾的代表作，一部中国现代长篇小说经典。小说以祁家四世同堂的生活为主线，辅以北平小羊圈胡同各色人等的荣辱浮沉、生死存亡，记叙了北平沦陷后广大平民的悲惨遭遇，抒写了那一派古老、宁静生活被打破后的不安、惶惑与震撼，狠狠地鞭挞了附敌作恶者的丑恶灵魂，更反映出百姓们面对强敌愤而反抗的英勇无畏，讴歌、弘扬了中国人民伟大的爱国主义精神和坚贞高尚的民族气节。小说刻画出一系列栩栩如生的艺术形象。首先是一批老派市民形象，是他们大都善良忠厚、谦卑谨慎、恭顺驯服，他们以家境小康、人丁兴旺为人生最高理想，对国家民族兴衰存亡漠不关心。当在亡国中付出惨重的代价时，他们终于觉醒了，连以谦卑和气为信条的祁老太爷面对日伪终于挺身而显出斗士精神。还刻画了祁瑞宣等知识分子在理智和情感、思想与行动之间的矛盾；安于贫贱的隐逸诗人钱默吟老人愤然成为活跃的抗日斗士。还有祁瑞丰等人以金钱和权位为本位的市侩形象，他们道德缺失、人格沦丧，最终沦为卑劣无耻的汉奸。

4.《围城》——中国现代的《儒林外史》

《围城》是现代著名作家、学者钱钟书唯一的长篇小说，是一部家喻户晓的现代文学经典，也是中国现代文学史上一部风格独特的讽刺小说，被誉为"现代的儒林外史"。故事主要写抗战初期留学归国知识分子的遭遇和精神痛楚，深刻地揭示了中西方思想文化的冲突。所谓"围城"，如书中人物所说，脱胎于两句欧洲成语。英国人说："结婚仿佛金漆的鸟笼，笼子外面的鸟想住进去，笼内的鸟想飞出来，所以结而离、离而结，没有了局。"法国人的说法是：结婚犹如"被围困的城堡，城外的人想冲进去，城里的人想逃出来。"从婚姻是"围城"，到最后感慨人生是"围城"。主人公方鸿渐不断渴望冲出"围城"，却又不得不进入另一个"围城"。他不想结婚，父亲却塞给他一个老婆，却也因"祸"得福，有机会出国留学；他不想得什么学位，在父亲和岳父的催促下，侥幸买了一个假文凭充数；他不爱对自己一片痴情的苏文纨，爱上了温柔伶俐的唐晓芙，眼看就成了，却因为误会分了手；到了三闾大学，他不愿意在履历表上填假学历以求心理上的平衡，却受到同样是"克莱登大学博士"的外文系主任韩学愈的排挤；他害怕自己爱上孙小姐，却糊里糊涂地答应了孙小姐的婚事；结婚后却又因为生活琐事吵得不可开交，最后只得以离婚收场……

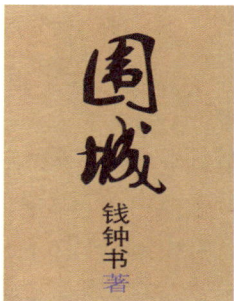

5.《人到中年》——改革开放后当代知识分子的呼喊

《人到中年》是当代著名女作家谌容的代表作。中年眼科大夫陆文婷因超负荷运转而突发心肌梗塞，与此同时，陆文婷的同学、朋友姜亚芬夫妇离国出走。24岁的陆文婷从大学毕业后，被分配到医院当住院医生，后与从事冶金研究的傅家杰结婚，并有一儿一女。繁忙的家务、狭小的居住空间、紧张的工作和生活节奏在陆文婷身上年复一年地循环着。但是，不管多么疲劳、紧张、困难，只要面对病人的眼睛，陆文婷就忘记了一切，一天上午，她连续为焦副部长、张老汉、王小嫚作了三场手术，终于疲劳而病倒。在时而昏迷、时而清醒的过程中，各种幻想的朦胧记忆纷纷从陆文婷的意识深处闪现出来：与母亲相依为命的孤苦童年、单调而忙碌的大学生活、甜蜜的爱情、丈夫和孩子、朋友姜亚芬的出国晚宴、焦副部长夫人秦波令人难堪的不信任的目光……她以为自己再也爬不起来了。然后，经过一个月的治疗，她

终于从死神那里逃脱，在丈夫的搀扶下迎着朝阳和寒风走出了医院。作者以严峻的现实主义态度和艺术家的胆识，真实而有力地揭示出一个带有普遍性的严重社会问题———中年知识分子问题，发出了关心爱护中年知识分子的呼喊。

6.《红高粱》——高粱地里演绎的传奇色彩的生命壮歌

《红高粱》是莫言的成名作，曾荣获第4届全国中篇小说奖，被译成近20种文字在全世界发行。小说的别致之处首先体现在它的家族回忆式的叙述结构，通过"我"对爷爷余占鳌和奶奶戴凤莲，以及父亲往事的追忆，展现了民间武装伏击日本汽车队的抗日故事和"爷爷"、"奶奶"间震撼的爱情故事。小说以充满激情的语言和一幕幕英勇的故事赋予红高粱以悲壮的生命意义。余占鳌和戴凤莲是在高粱地里完成了神圣的结合，戴凤莲又是在高粱地里流尽了最后一滴血；余占鳌带着高密东北乡人应有的英雄气概坦然赴死的时候，放声高唱的是"高粱红了"，任副官在枪声中、子弹下坦然前行的时候，用口哨吹出的曲调也是"高粱红了"。语言艺术上莫言借鉴马尔克斯的魔幻现实主义手法，善用奇特新奇的比喻，如管家刘罗汉大叔被割下的耳朵"在瓷盘里活泼地跳动，打击得瓷盘叮咚叮咚响"；"子弹在低空悠闲地飞翔，贴着任副官乌黑的头发滑过去"；死神有着"高粱般深红的嘴唇和玉米般金黄的笑脸"；"白花花的肠子，像花朵一样溢出来"，这些语言使读者从习以为常的事物中获得全新的审美体验。

三、典型形象

1. 阿Q——自欺欺人的精神胜利法

阿Q是辛亥革命时期的一个流浪雇农，他没有家，住在未庄的土谷祠里，也没有固定的职业，靠打零工过日子。他没有名字甚至"连姓赵的资格都没有"。他被人冷落，经常受到别人的歧视和侮辱，一些闲人经常拿他头上的癞疮疤开玩笑。而他却自轻自贱，自欺自慰，用精神上的胜利来掩盖实际上的失败和被奴役的地位，这被称为"阿Q精神胜利法"。在一次酒后他说出自己与赵太爷是本家，被赵太爷训斥并打了嘴巴，他竟然想："现在的世界太不成话，儿子打老子……"，他自欺欺人把威风的赵太爷设想成他的儿子了，便得意起来，爬起身，唱着歌回去了。与他社会地位相同的人，本应互相同情、互相帮助，但他仍然妄自尊大，瞧不起他们。他与王胡比谁身上的虱子多时，比不过王胡，竟然将衣服摔在地上，吐一口唾沫。他得知比他穷比他瘦、比他地位低的小D顶替了他的活计后，竟然在大街上与小D打了起来。他还专门欺负小尼姑，还向赵太爷的女仆吴妈"求爱"而被打出门外。后来为了生计，被迫进城入伙偷盗。辛亥革命波及未庄时，他从县城返回，虽一向反对"造反"，但见百里闻名的举人老爷对此惊恐万状，于是也不免对革命"神往"起来，正当声称"造反"，并沉浸于幼稚而糊涂的幻想之中时，摇身一变为"革命党"的假洋鬼子扬起"哭丧棒"，不许他革命，赵家遭抢后，无辜的阿Q又突然被"革命党"抓进县大牢处决。鲁迅"哀其不幸，怒其不争"，小说通过阿Q的命运，表达了农民在封建制度的压迫和腐朽的传统思想的毒害下造成的人性的扭曲。

2. 吴荪甫——中国文学史上第一个民族资本家形象

《子夜》的轰动，因为它第一次塑造了一个典型的民族资本家形象。民族资产阶级的双重性，在他身上体现得淋漓尽致。吴荪甫是一个留学德国的留学生，接受过西方现代科学的教育，具有一个现代开放的性格。吴荪甫在林佩瑶心目中是"20世纪机械工业时代的英雄骑士和'王子'"。他有着发展民族工业的野心、魄力和手段，"富于冒险的精神、硬干的胆力"，他不仅办起钱庄、当铺、油坊、米厂、电厂等，还办起了丝厂和信托公司。他有着将企业产品推向全中国的穷乡僻壤的远大憧憬，他坚信"只要国家像个国家，政府像个政府，中国工业一定有希望"。小说中吴荪甫所有的行为都是匆匆忙忙，始终在行动。作者有意识地塑造出一个气势非凡、目标远大、有救国理想的民族资本家。但"他动辄想到保守，想到了妥协"。在他的野心受到买办金融资本家赵伯韬的阻挡时，他选择了镇压工人罢工来转嫁自身危机，同时大搞"公债投机"，妄图由此击败"公债魔王"赵伯韬，体现了阴险残酷的一面。当时的社会历史现实和民族家的固有软弱性，决定了吴荪甫失败的命运。他的悲哀不是他一个人的，而是全社会的。

3. 高觉新——新旧社会交替中的痛苦灵魂

高觉新形象是巴金的独特创造和发现，是中国现代文学史上树立的一个痛苦的灵魂的典型，在他身上表现出新旧社会交替嬗变中的复杂性、曲折性和艰巨性，是介于高家封建家长和叛逆青年之间的一个地位特殊、性格复杂的人物形象。他受到"五四"新思潮的影响，也萌生过理想和追求，憧憬过婚恋自由，却屈于封建家长的专制而断送了个人幸福。他既同情弟弟们追求个性解放的思想，不满长辈们荒唐行径，但又固守"承重"的"责任"帮长辈们劝阻弟弟们反抗，以维护高家的"秩序"。他奉行的"勿抵抗主义"和"作揖主义"只能换到一时的苟安，但最终使自己和亲人成了封建礼教的牺牲品。年轻时，与梅表妹青梅竹马，却因双方父母的不合，接受了父母的安排另娶了瑞珏。婚后他过得很幸福，有了孩子，也爱自己美丽的妻子。梅表妹出嫁外省，不到一年就成了寡妇，不久，在忧郁中病逝。高老太爷的去世，陈姨太以避血光之灾为由把即将临盆的瑞珏赶到郊外生产。瑞珏难产而死，觉新因习俗礼教无法见妻子最后一面。梅表姐特别是瑞钰的惨死，使他明白"真正夺去他妻子的还是另一种东西——是整个迷信、整个礼孝、整个制度"。终于在悲痛之下转而支持觉慧离开这个破碎的家，前往上海寻找未知的未来。

4. 莎菲女士——五四前后叛逆苦闷的知识少女

《莎菲女士的日记》是著名女作家丁玲（1904—1986）的代表作，写于1927年，是一本日记体裁的小说。作者莎菲女士为主人公，以细腻大胆、感情饱满的人物心理描写刻画了"五四"之后叛逆苦闷的知识女性的复杂性格形象。她善良果断却又刁蛮任性，面对苇弟的求爱，她从不欺骗和玩弄，因为没有爱而断然拒绝，另一方面她又经常打击、戏弄韦弟，并因此而得意。她坚强自立却又苦闷沉沦，一方面，她不愿与世俗同流合污，她勇敢地从家庭中走了出来；另一方面，她又异常苦闷沉沦，常常意志动摇，甚至借酒浇愁。她向往爱情，主动追求凌吉士，却又胆

怯退缩，将自己活在痛苦中。她愤世嫉俗，听到公寓里住客们那粗大又单调的喊伙计的声音，就感到头痛；但另一方面，又彷徨人生，常常不知道自己真的需要什么，她觉得人生"无意义"，承认自己的所作所为是不符合世俗眼光的。她热爱生命，虽患有肺病，但总是希望能享受到"生的一切"，希望"占有许多不可能的东西"；另一面却又悲观绝望，借酒浇愁，摧残身体。小说真实地展现了五四时期知识女性内心复杂的思想矛盾。

5. 祥子——满怀理想的贫苦农民的堕落

祥子是老舍小说《骆驼祥子》的主人公，他来自乡间，20世纪20年代农村经济凋敝，无以生存。他来到城市，凭借自身健壮的体格、淳朴善良、吃苦耐劳、自尊好强的品质以人力车夫为业得以立身，并拥有一辆属于自己的三轮车。不到半年，车被抢。祥子跟虎妞结婚，虎妞给祥子买了车，不久，虎妞难产而死，祥子卖车葬虎妞。邻居小福子愿意跟祥子过日子，祥子打内心喜欢小福子，决定以租车拉包月为生，但小福子因不堪被迫为妓的生活，上吊自杀。他已经变成了麻木，潦倒，狡猾，好占便宜，吃喝嫖赌，自暴自弃的行尸走肉。一个曾经是那么要强的头等车夫，最后却还是没有挣扎出悲惨的命运。祥子是旧社会贫苦劳动人民的缩影，他反映了旧社会劳动人民生活的苦难与无奈。他的悲剧命运既有深刻的社会现实原因，又离不开人物本身的性格缺陷。有学者认为祥子心灵的扭曲是他自我理想长期得不到满足的本能释放，而现实的不公正、社会的黑暗起了导火索的作用。

6. 月牙儿——不甘沉沦却难逃厄运的旧社会悲剧少女

月牙儿是老舍小说《月牙儿》的主人公。"月"是美好、纯洁的象征，老舍却取月缺之时"月牙"之形，唤"月牙儿"之名，可见疼爱之切、期望之深。然而，愈见美好的东西，却偏逢那世道，命运多舛。月牙儿纯洁善良、自尊自爱，虽家境贫困，时事恶劣，却不甘沉沦，苦苦挣扎、反抗，只求做一个自食其力的清白人。可这起码的愿望被无情的黑暗现实吞噬了，沦为暗娼，重演母亲的悲剧。不久染上重病，后被抓进感化院，度过余生。小说深刻地揭示了人生价值和美好理想被毁灭的痛楚和社会的悲哀。小说采用散文诗的笔法，充满诗意和抒情色彩；作者匠心独具地运用"月牙儿"这一自然景物渲染烘托，使人物命运更添悲剧意蕴，意境深沉，风格凄美，增强感染力。

7. 繁漪——为自身幸福而不惜飞蛾扑火

繁漪是曹禺《雷雨》中的典型形象。她出身名门，受过"五四"新思想的教育，18岁被迫嫁给了比她大十几岁的周朴园。在物质方面，可以得到一切用来满足女人虚荣心的东西；但在精神方面，却是一生的空虚，非但不能得到真正的爱情，还要被封建专制主义铐上精神枷锁。沉闷、专制、冷漠的封建家庭氛围迫使追求个性解放、向往自由的繁漪走向反抗道路，主要表现在对周朴园的反叛上。精神上的空虚使她在年轻的继子周萍身上找到寄托，希望自己能与周萍一起远走高飞。周萍对于这一段有悖伦理的母子乱伦倍感压力；繁漪的阴鸷和她的沉静忧郁，只能使他感到更加郁闷、甚至颓废。因而周萍爱上了四凤。周萍的移情别恋令繁漪心慌意乱，她试着用旧情感化周萍甚

至苦苦哀求周萍，想使他回心转意；一方面又极力反对自己亲身儿子周冲对四凤的纯洁爱情。当一切方法徒劳时，她得不到自己的爱情，她便要彻底毁灭它。她公开承认了与周萍的乱伦关系，迫使周朴园认下了侍萍，使周家复杂的血缘关系一下子真相大白，使得周萍再一次陷入兄妹乱伦的关系，在痛苦和毁恨中自杀身亡，使四凤和周冲触电身亡。繁漪也在爱与恨中燃尽之后，走到了她的末路，完成了她的悲剧，也摧毁了这个封建牢笼，同时也毁灭了一群无辜的年轻人，在悲壮的结局中深刻地揭示了封建大家庭和黑暗社会的罪恶。

8. 翠翠——爱和美的化身

翠翠是沈从文小说《边城》中的主人公，是沈从文向往的优美人性的化身与极致。翠翠自幼父母双亡，与渡船为生的外公相依为命，长期生活在山水间、渡船上，青山绿水与古朴的环境造就了翠翠清澈透明的性格，她美丽、热情、纯真，从不发愁，从不动气，又从小常看着老人向那些困惫的旅人赠饮一杯凉茶，甚至不收过渡者的赏钱，过着勤俭、宁静的生活。年岁逐增，翠翠的情感发生了微妙的变化，在一次端午节的龙舟会上邂逅当地船总的二少爷傩送，暗自倾心。傩送的哥哥天保非常喜欢美丽清纯的翠翠，宁愿放弃丰厚的财产做个摆渡人，想娶翠翠为妻。于是兄弟俩相约唱歌求婚，让翠翠选择。天保知道翠翠喜欢傩送，为了成全弟弟，外出闯滩，遇意外而死。傩送觉得对哥哥的死有责任，抛下翠翠远走他乡。外公因翠翠的婚事操心担忧，在风雨之夜去世。留下翠翠孤独地守着渡船，痴心等着傩送归来。作者通过这一形象，特别是通过这一人物在爱情生活中的态度，描绘出人世间一种纯洁美好的感情，讴歌了象征着爱与美的人性与人生。

【活动建议】

（1）选择喜欢的一部作品，观看相应的荧屏作品，阅读原著，比较异同。

（2）选择你喜欢的一个人物形象，根据自己的阅读和思考，作多元化的解读和分析。

任务三 文学巨匠枚举

【学习目标】

（1）识记外国著名的作家、作品及其文学流派，了解它们在文学史上的地位。

（2）掌握外国文学中典型人物形象及其社会意义，学会鉴赏人物的方法。

（3）培养学生阅读外国文学的兴趣和热情，形成良好的阅读习惯和文学素养。

【情景对话】

浩浩：你看过哪些外国名著？喜欢哪一类型的作品？有哪些喜欢的作家？

琪琪：我看过笛福的《鲁滨逊漂流记》、柯尔·道南的《福尔摩斯探案全集》、海明威的《老人与海》、卡夫卡的《变形记》等，还有村上春树《挪威的森林》也读过。历险的、励志的、侦探的、魔幻的、关注我们这个年龄精神世界的，我都喜欢。你呢？

浩浩：我读过雨果的《巴黎圣母院》、托尔斯泰的《安娜·卡列尼娜》、夏洛蒂·勃朗特的《简·爱》、米切尔·玛格丽特的《飘》、乔斯坦·贾德的《苏菲的世界》、海伦·凯勒的《假如给我三天光明》等，比较喜欢女性题材的小说，或女性作家的作品。

琪琪：哦。我俩阅读兴趣还是有很大的差异。以后要互相推荐好的作品啊！

浩浩：好，一定！我觉得有关文学流派方面的知识很欠缺，什么浪漫主义、批判实现主义、现代主义等，都不是很清楚。

琪琪：我也有这样的难题。不过，可以稍作了解，结合此类流派代表作的阅读，大概感知一下其写作风格即可。

【学习顾问】

在经典诗文鉴赏和现代作品赏析两部分中，已详细介绍了我国古代、现当代的重要文学家及其作品，在本部分将以外国文学史著名的作家为主。

一、外国文学流派

外国文学按地域分为欧美文学和亚非拉文学。亚非拉文学中，中学生重点关注印度作家泰戈尔的诗歌、日本作家紫式部的《源氏物语》、川端康成的《雪国》、村上春树的《挪威的森林》、哥伦比亚作家马尔克斯的《百年孤独》等作品。

欧美文学源远流长，可追溯到古希腊神话、古希腊戏剧和荷马史诗，其中《俄狄浦斯王》是古希腊悲剧的典范。

第二阶段是中世纪文学，是从罗马帝国衰亡到15世纪文艺复兴之间的文学，其思想文化上的主要特征受基督教神学影响，代表作是意大利诗人但丁的《神曲》。

第三阶段为文艺复兴时期的文学。文艺复兴是14世纪中叶至17世纪初在欧洲发生的以"人文主义"为中心的思想文化运动，提出以人为中心，肯定人的价值和尊严，倡导个性解放，反对中世纪以来"以神为中心"的愚昧迷信的神学思想。代表作为西班牙塞万提斯的《堂吉诃德》、莎士比亚的戏剧和诗歌。

第四阶段为17世纪的古典主义文学，它形成和繁荣于法国，随后扩展到欧洲其他国家，是新兴资产阶级与封建贵族在政治上妥协的产物。以法国喜剧作家莫里哀成就最高，代表作有《伪君子》《悭吝人》（也译作《吝啬鬼》）。

第五阶段为18世纪启蒙运动时期的文学。启蒙运动是一场以反对封建专制统治和教会思想束缚为中心的思想解放运动。"启蒙"是"光明"之意，当时先进的思想家认为，迄今为止，人们处于黑暗之中，应该用理性之光驱散黑暗，把人们引向光明。他们著书立说，积极地批判专制主义和宗教愚昧和封建特权主义，宣传自由、平等和民主。代表作品有英国作家丹尼尔·笛福的日记体小说《鲁滨逊漂流记》，德国作家歌德的书信体小说《少年维特之烦恼》和诗剧《浮士德》。

第六阶段为19世纪的浪漫主义文学。19世纪初的欧洲，革命和战争频仍，动乱不已，政治中的黑暗、社会的不平等，使人们感到法国大革命后确立的资本主义制度远不如启蒙思想家描绘的那样美好。社会各阶层，特别是知识分子，对启蒙思想家设想的"理性王国"深感失望，努力寻找新的精神寄托。这种社会情绪反映在文学创作领域，就产生了浪漫主义文学。代表作有英国诗人拜伦的长篇诗体小说《唐璜》，雪莱的抒情诗；德国诗人海涅的抒情诗；法国著名小说家雨果的《巴黎圣母院》《悲惨世界》《笑面人》》等，大仲马的《基督山伯爵》；美国小说家霍桑的《红字》。

第七阶段为流行于19世纪30年代之后的批判现实主义文学，它按事实描写生活，对现存秩序进行强烈批判,特别注重社会底层"小人物"的悲剧命运的刻画。多以长篇小说的形式写作，广阔而深刻、真实而生动地反映了社会风俗、人情、国民性和社会矛盾；深入地批判了资本主义社会的精神童话，把人间的一切苦难，形象地昭示给人们。批判现实主义继浪漫主义之后，成为欧洲文学的主要潮流，各国名家名作层出不穷。高尔基称它为"19世纪一个主要的，而且是最壮阔、最有益的文学流派"。法国代表作有福楼拜的《包法利夫人》，莫泊桑的《羊脂球》《漂亮朋友》，司汤达的《红与黑》，巴尔扎克的《人间喜剧》（以其中的《欧也妮·葛朗台》《高老头》最为著名），小仲马的《茶花女》；英国代表作有狄更斯的《艰难时世》《双城记》，夏洛蒂·勃朗特的《简·爱》等；俄国代表作有普希金的诗体小说《叶普盖尼·奥涅金》、长篇小说《上尉的女儿》，屠格涅夫《父与子》《猎人笔记》，果戈理的《死魂灵》，列夫托尔斯泰《战争与和平》《安娜卡·列尼娜》《复活》等，契诃夫的《变色龙》《套中人》等；丹麦的安徒生童话，匈牙利裴多菲的诗歌，挪威戏剧家易卜生的《玩偶之家》；美国代表作有惠特曼的《草叶集》，斯托夫人的《汤姆叔叔的小屋》，马克·吐温的《竞选州长》，欧·亨利的《麦琪的礼物》《最后的常青藤叶》，德莱塞的《嘉莉妹妹》《珍妮姑娘》等。

第八阶段为20世纪现实主义文学，是19世纪现实主义文学的继续发展。著名的有法国罗曼·罗兰的《约翰·克利斯朵夫》《名人传》；英国剧作家萧伯纳的《鳏夫的房屋》；俄国高尔基的《童年》《在人间》《我的大学》自传体三部曲、《母亲》，奥斯特洛夫斯基的《钢铁是怎样炼成的》，肖洛霍夫的《静静的顿河》《一个人的遭遇》等；美国小说家海明威的《永别了,武器》《老人与海》，塞林格的《麦田里的守望者》，玛格丽特·米切尔的《飘》，丹·布朗的《达芬奇密码》等。

第九阶段为现代主义文学。这种文学不主张用作品去再现生活，而是提倡从人的心理感受出发，表现生活对人的压抑和扭曲。在现代主义文学作品中，人物往往是变形的，故事往往是荒诞的，主题往往是绝望的。现代主义文学是一个总称，它有不同的流派。表现主义文学以德国小说家卡夫卡的《变形记》为代表，象征主义文学以英国艾略特的《荒原》为代表，意识流文学以法国普鲁斯特的《追忆似水年华》、英国乔伊斯的《尤利西斯》、英国伍尔夫的《墙上的斑点》为代表，魔幻现实主义文学以哥伦比亚作家马尔克斯的《百年孤独》为代表。

二、巨匠的故事与风采

1. 莎士比亚——欧洲文艺复兴文学集大成者

莎士比亚（1564—1616），英国文艺复兴时期伟大的剧作家、诗人，欧洲文艺复兴时期人文主义文学的集大成者,世界十大文豪。代表作有四大悲剧《哈姆雷特》《奥赛罗》《李尔王》《麦克白》，四大喜剧《第十二夜》《仲夏夜之梦》《威尼斯商人》《皆大欢喜》），历史剧《亨利四世》《亨利五世》《理查三世》等。还创作了大量的十四行诗。《哈姆雷特》写的是丹麦王子为父复仇记。《奥赛罗》叙述了贵族奥赛罗由于听信手下谗言，被嫉妒压倒，掐死了无辜的妻子，随后自己也悔恨自杀。《李尔王》描写了一个专制独裁的昏君，由于刚愎自用导致了悲惨的结局。《麦克白》中的野心家麦克白将军从战场上凯旋归来，由于野心的驱使和妻子的怂恿，利用国王邓肯到自己家中做客的机会弑君，自立为王，后被邓肯的儿子杀死。《罗密欧与朱丽叶》是一部反封建意识的悲剧，两人由于家族的仇恨无法结合而殉情。《威尼斯商人》是一部具有极大讽刺性的喜剧，歌颂仁爱、友谊和爱情，也反映了资本主义早期商业资产阶级与高利贷者之间的矛盾，表现了作者对资产阶级社会中金钱、法律和宗教等问题的人文主义思想。这部剧作的一个重要文学成就，就是塑造了夏洛克这一惟利是图、冷酷无情的高利贷者的典型形象，成为世界文学中四大吝啬鬼形象之一。莎士比亚戏剧语言极具形象性，大量运用铺排、比喻、夸张、双关等修辞，具有很强的感染力。

2．巴尔扎克——欧洲批判现实主义文学的奠基人

巴尔扎克（1799—1850），19世纪法国伟大的批判现实主义作家，欧洲批判现实主义文学的奠基人和杰出代表，被称为现代法国小说之父，世界十大文豪之一。他的一生与时间赛跑，以惊人的毅力创作了96部长、中、短篇小说和随笔，总名为《人间喜剧》，其中代表作为《欧也妮·葛朗台》《高老头》。《人间喜剧》分为道德研究、哲学研究、分析研究3部分。每一部分又可以分为个人生活、外省生活、巴黎生活、政治生活及乡村生活等场景。他把资产阶级社会作为一个大舞台，把资产阶级的生活比作一部丑态百出的"喜剧"，擅长塑造为贪婪、仇恨、野心等强烈情感所控制的人物，作品更被誉为"法国社会的一面镜子"。作者刻画的老葛朗台形象成为世界文学史上四大吝啬鬼之一。他做起生意来是个行家里手，常装口吃和耳聋，诱使对方上当受骗而自己稳操胜券。他家财万贯，但开销节省，每顿饭的食物，每天点的蜡烛，他都亲自定量分发。为了钱他六亲不认，克扣妻子的费用；要女儿吃清水面包；弟弟破产他无动于衷；侄儿求他，他置之不理。金钱是他唯一崇拜的上帝，独自观摩金子成了他的癖好，临终前也不忘吩咐女儿看住金子。

3．易卜生——社会问题剧的代表、欧美现代戏剧之父

易卜生（1828—1906），挪威著名的批判现实主义戏剧家，被认为是欧美现代戏剧之父，首创"社会问题剧"，代表作为《玩偶之家》《人民公敌》。《玩偶之家》曾被比作"妇女解放运动的宣言书"，主要写主人公娜拉从爱护丈夫、信赖丈夫到与丈夫决裂，最后离家出走，摆脱玩偶地位的自我觉醒过程。娜拉向丈夫严正地宣称："首先我是一个人，跟你一样的人——至少我要学做一个人。"以此作为对以男权为中心的社会传统观念的反叛。娜拉本是个备受丈夫呵护的娇美妻子，不仅有中产阶级稳定优裕的生活，也具备做母亲和妻子的幸福，却因着多年前一次背着丈夫冒名签字的举动（为的还是借钱好让丈夫出国疗养身体），引起了一场家庭风暴。刚得到晋升的丈夫受到下属（债权人）的威胁而惶恐，更因此怒斥娜拉是"坏东西"、"罪犯"、"下贱女人"。当事情解决了，丈夫快活地叫道："娜拉，我没事了，我饶恕你了。"但娜拉却不饶恕他，她已看清丈夫关心的只是他的地位和名誉，她看到了丈夫的伪善和自己的家庭地位，毅然离家出走。娜拉出走，走到哪里，剧作没有交代，留给读者无尽的想象和思考空间。

4．列夫托尔斯泰——"最清醒的现实主义"的"天才艺术家"

列夫·托尔斯泰（1828—1910），19世纪中期20世纪初俄国伟大的批判现实主义作家，是世界十大文豪之一，他被称颂为具有"最清醒的现实主义"的"天才艺术家"。代表作有长篇小说《战争与和平》《安娜·卡列尼娜》《复活》等，被称为"俄国社会的一面的镜子"。《战争与和平》以史诗般广阔与雄浑的笔触，游刃于战争与和平、心理与社会、历史与哲学、婚姻与宗教之间，生动地描写了1805至1820年俄国社会的重大历史事件。作者对生活的大面积涵盖和整体把握，对个别现象与事物整体、个人命运与周围世界的内在联系的充分揭示，使这部小说具有极大的思想和艺术容量。

《复活》讲述了一个离奇巧合的故事：贵族青年聂赫留朵夫诱奸姑母家中的养女、农家姑娘卡秋莎·玛洛斯娃，导致她沦为妓女；而当她被诬为谋财害命时，他却以陪审员的身份出席法庭审判她。小说借这个故事展示从城市到农村的社会阴暗面，对政府、法庭、监狱、教会、土地私有制和资本主义制度作了深刻的批判。

5. 罗曼·罗兰——用音乐写小说、传记文学创始人

罗曼·罗兰（1866—1944），法国批判现实主义作家，音乐评论家，社会活动家，1915 年诺贝尔文学奖得主（1916 年颁发的）。一生为争取人类自由、民主与光明进行不屈的斗争，是 20 世纪上半叶法国著名的人道主义作家。同时也是传记文学的创始人，代表作是《名人传》（包括《贝多芬传》《米开朗琪罗传》和《托尔斯泰传》），作品并没有拘泥于对传主的生平做琐碎的考述和对他们的创作历程的追溯，而是紧紧把握住这三位拥有各自领域的艺术家的共同之处，着力刻画了他们为追求真善美而长期忍受苦难的心路历程，写出了他们与命运抗争的崇高勇气和担荷全人类苦难的伟大情怀，为我们谱写了别具一格的"英雄交响曲"。长篇小说《约翰·克利斯朵夫》以贝多芬为原型，讲述了一个真诚的音乐家是如何反抗虚伪轻浮的社会，如何战胜自己心灵深处的怯懦卑鄙的阴暗面，从升华自己到完善自己，是一部描述心灵历程的史诗。它又是一部音乐的史诗，作者用他对音乐精神的深刻理解，描述了病态堕落的艺术与健康奋进的音乐之间的斗争，歌颂了一种充满生命力的音乐理念。小说的这一特点被人们归纳为"用音乐写小说"。

6. 海明威——迷惘的一代、硬汉形象

海明威（1899—1961），美国著名作家，主要作品有《太阳照常升起》《永别了，武器》《丧钟为谁而鸣》《老人与海》等。1954 年作品《老人与海》获诺贝尔文学奖。《太阳照常升起》创造了"迷惘的一代"的典型，迷惘并不代表混沌，他们在社会迷雾中思考并寻找前进的方向，最后又投身到了为正义和生存而战的反法西斯斗争中，他们经历过黑暗，才知道"太阳照常升起"。海明威作品还塑造了一批"硬汉形象"，他们有拳击师、斗牛士、猎人、渔人等，都具有一种百折不挠、坚强不屈的性格，面对暴力和死亡，面对不可改变的命运，都表现出一种从容、镇定的意志力，保持了人的尊严和勇气。《老人与海》中的桑提亚哥是硬汉形象的典型，"人可以被毁灭，但不能被打败"是他的信条。海明威被誉为美利坚民族的精神丰碑。然而 1961 年，他在家中以猎枪结束了自己的生命。有人认为海明威的自杀源自父亲那儿继承来的自杀欲望。有人认为，是获得诺贝尔奖之后"高处不胜寒"的寂寞感和无法超越的痛苦。高位截瘫的作家史铁生有一句名言："人为什么要写作？最简要的回答就是：为了不至于自杀。"史铁生为了写作而选择活着，而海明威因为不能写作而选择死亡。也有人认为，因为海明威被怀疑与古巴领导人卡斯特罗有往来，FBI 特工对他的窃听和跟踪让他焦虑不已最终导致心理崩溃而自杀。一代文学巨匠的死成为人们心中的谜。海明威还是个著名的语言艺术大师，他的写作风格以简洁著称。他尊奉美国建筑师罗德维希的名言"越少，就越多"，使作品趋于精炼，缩短了作品与读者之间的距离，提出了"冰山原则"，只表现事物的 1/8，使作品充实、含蓄、耐人寻味。据说海明威有"用一只脚站立的"写作习惯，使自己处于一种紧张状态，迫使自己尽可能简短地表达我的思想。

7. 川端康成——守望看不到颗粒的精神田野

川端康成（1899—1972），日本新感觉派作家，成名作《伊豆的舞女》，1968 年，以《雪国》《古都》《千只鹤》三部代表作获得诺贝尔文学奖。他幼年父母双亡，姐姐和祖父母也陆续病故，被称为"参加葬礼的名人"。他一生漂泊无着，心情苦闷忧郁，逐渐形成了感伤与孤独的性格，内心的痛苦与悲哀也成为他的文学底色。1972 年，他在自己的工作室口含煤气管自杀，没有留下遗书，照应了他生前曾说过的一句话"自杀而无遗书，是最好不过的了。无言的死，就是无限的活"。代表作《雪国》讲述了一位叫岛村的舞蹈艺术研究者，与一位叫驹子的艺伎及另一位萍水相逢的少女叶子之

间的爱情纠葛。驹子对应于岛村现世的、官能的、肉体的一面，叶子则对立于岛村传统的、诗意的、精神的一面。故事结尾作者安排了一场意外的火灾，叶子在大火中丧生，岛村并没有表现出应有的悲痛，相反却从叶子升天般的死亡中得到精神的升华和心灵的彻悟。叶子的形象超越肉体，象征着美丽的虚无。有人说，川端康成守望的是"一片看不到颗粒的精神田野"。这种描写"超现实的幻想"和"在幻想的世界中追求虚幻的美"正是日本新感觉派小说的本质特征。

8．马尔克斯——魔幻现实主义文学的代表

加西亚·马尔克斯（1927 年—），是哥伦比亚作家、记者和社会活动家，拉丁美洲魔幻现实主义文学的代表人物，20 世纪最有影响力的作家之一，1982 年诺贝尔文学奖得主。代表作有《百年孤独》《霍乱时期的爱情》，其中《百年孤独》被誉为"再现拉丁美洲历史社会图景的鸿篇巨著"。我国著名作家莫言评价《百年孤独》"具有骇世惊俗的艺术力量和思想力量"，作者"在用一颗悲怆的心灵，去寻找拉美迷失的温暖的精神家园"。小说以 19 世纪的哥伦比亚为历史背景，描绘了布恩迪亚家族七代人的传奇故事，家族中的第一个人因陷入孤独精神失常将被绑在树上，家族中的最后一个长着猪尾巴的男婴正被蚂蚁吃掉，最后以整个马孔多小镇瞬间消失为结局。整个家族弥漫着孤独精神，夫妻之间、父子之间、母女之间、兄弟姐妹之间，没有感情沟通，缺乏信任和了解，虽作艰苦的探索但均以失败告终，这种孤独精神成为阻碍民族向上、国家进步的一大包袱，表达了作者对整个苦难的拉丁美洲被排斥现代文明世界的进程之外的愤懑和抗议。小说以现实为基础，运用极端夸张、魔幻化的手法，融入印第安传说、东方神话、《圣经》典故等，增添小说神秘色彩。如蚂蚁在月光下的哄闹声、蛀虫啃食时的巨响以及野草生长时持续而清晰的尖叫声；美人儿蕾梅黛丝抓住床单升天；洪水浩劫及诺亚方舟的故事等。此外，象征主义的运用比较成功，例如全村人得了不眠症，失去记忆，他们不得不在物品上贴上标签。他们在牛身上贴标签道："这是牛，每天要挤它的奶；要把奶煮开加上咖啡才能做成牛奶咖啡。"作家意在提醒人们牢记容易被人遗忘的历史。

三、巨匠笔下的典型艺术形象

1．俄狄浦斯王形象——恋母情结

《俄狄浦斯王》是古希腊悲剧的典范，俄狄浦斯是典型的悲剧命运人物。忒拜国王拉伊俄斯被仇人下了"会被自己的儿子杀死"的诅咒，儿子俄狄浦斯一出生就被抛到喀泰戎的荒山中使其自然死亡，但恰巧被牧羊人解救下来，成为忒拜的邻国科林斯国王的养子。俄狄浦斯长大后，听说了自己会弑父娶母的神谕，又不知道自己是养子的身份，为避免神谕成真，便离开科林斯并发誓永不再回来。忒拜国一女妖下了"早晨用四只脚走路，中午用两只脚走路，晚上用三只脚走路的动物是什么"的谜语，因无人解开，她便吞食忒拜城的市民，全城恐慌。这时朝着忒拜城方向行走的俄狄浦斯与忒拜国王拉伊俄斯狭路相逢，冲突中他并不知情地杀死了自己的父亲。俄狄浦斯进入忒拜城之后，破解了女妖的谜语，谜底是人，早上＝幼年（爬行），中午＝青年（走路），傍晚＝老年（用拐杖），使得女妖在羞愧中自尽。于是俄狄浦斯被推被选为国王，按照习俗与失去了丈夫的王后成婚，于是应验了他将"弑父娶母"的神谕，婚后生下两个儿子和两个女儿。由于俄狄浦斯在不知

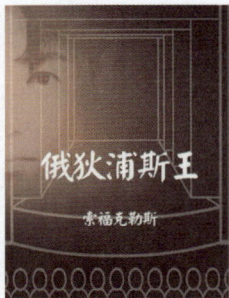

不觉间犯下了"弑父娶母"的大罪，瘟疫和饥荒降临到了忒拜城。真相解开后，王后羞愧地上吊自杀，俄狄浦斯悲愤不已刺瞎了自己的双眼，让出王位，漂泊至死。精神分析学家弗洛伊德将"恋母情结"称作"俄狄浦斯情结"。

2. 堂吉诃德——一个痴狂的没落骑士形象

塞万提斯的《堂吉诃德》以反复、夸张、对比的手法形象地描写堂吉诃德和侍从桑乔·潘萨的冒险经历，辛辣讽刺骑士制度和骑士文学。他对骑士文学入了迷，竟然骑上一匹瘦弱的老马，拿着一柄生了锈的长矛，戴着破了洞的头盔，要去当游侠，锄强扶弱，为人民打抱不平。他把旋转的风车当作巨人，冲上去和它大战一场，弄得遍体鳞伤；把羊群当作军队，冲上去厮杀，被牧童用石子打肿了脸面，打落了牙齿；把一个理发匠当作武士，给予迎头痛击，把胜利取得的铜盆当作头盔；把一群罪犯当作受迫害的绅士，杀死了押役救了他们，结果反被他们打成重伤……却从不承认失败，不怕别人的议论、讥笑和咒骂，不怕遭受侮辱和打击，甚至不怕死。清醒时他是一个人文主义的传播者，他那些荒唐事迹最终是为了拯救世人，他痛恨专制残暴，同情被压迫的劳苦大众，向往自由，把保护人的正当权利和尊严，清除人世间的不平作为自己的人生目标。

3. 哈姆莱特——复仇王子

莎士比亚的《哈姆雷特》写的是丹麦王子哈姆雷特对谋杀他的父亲、骗娶他的母亲并篡夺了王位的叔父进行复仇的故事。"一千个读者，就有一千个哈姆雷特"，可见莎翁笔下人物形象的立体性。起初哈姆雷特是一个敢于追求爱情、追求自由、勇敢、大胆的快乐王子，他高贵、优雅、有学识、有朝气。面对父王的猝死、母亲的改嫁、王位的丢失，他能为了真相勇往直前，体现他对亡父真挚的爱；敢于面对生死，面对艰苦与奢逸的抉择，挣扎之后坚持自我，坚守正义，历练成一个勇敢成熟的王子，这些文艺复兴时期人文主义者的典型形象。现实与理想发生冲突时表现为行为上的迟疑与延宕，由于他性格中孤独多虑的缺点，因过多的思考而缺乏果断的行动力，导致多次错失了杀死克劳狄斯的良机。在母亲被误毒致死，自己被毒剑刺伤后，拼出自己最后的力气杀死了他的叔父，为父亲报了仇，全剧以6个主要人物的死亡告终。

4. 卡西莫多——外表丑陋内心善良的敲钟人

卡西莫多是雨果《巴黎圣母院》中一个相貌丑陋的敲钟人，他长着几何形的脸，四方形的鼻子，向外凸的嘴，被父母遗弃在巴黎圣母院门前的畸形儿，连收养他的弗洛罗从来不把他当人看，就好比自己的奴隶一般。他外貌丑陋，但是他的内心是高尚的。爱斯梅拉达是一名吉普赛女郎，纯洁、美丽、善良，卡西莫多爱慕爱斯梅拉达却不敢表达，他害怕，从来都只能躲在暗处默默关心着她，直到她被送上绞刑架，他再也无法沉默终于挺身而出，将爱斯梅拉达救走并藏身于圣母院中，乞丐群众为救爱斯梅拉达而冲入教堂，误与卡西莫多大战，爱斯梅拉达被由克罗德带领的军队冲入圣母院所杀，卡西莫多愤然将克罗德从教堂顶楼摔落地下，最后卡西莫多抚着爱斯梅拉达的尸体殉情。爱斯梅拉达是革命者的代表，卡西莫多是底层人民的代表。法国最底层的人民向往革命甚至羡慕革命，可是他们终究不敢革命。他们把自己的命运和法国封建贵族的命运捆绑在一起，当压迫触及了他们的底

线时他们忍无可忍时，才投入到革命的洪流中去，从而改变命运。

5. 泼留希金——世界文学四大吝啬鬼形象之一

世界文学四大吝啬鬼形象，他们分别是英国莎士比亚的《威尼斯商人》中的夏洛克，法国莫里哀的《悭吝人》中的阿巴贡，法国巴尔扎克的《欧也妮·葛朗台》中的老葛朗台，俄国果戈理《死魂灵》中的泼留希金。其中吝啬之最当推的是泼留希金。他穿着看不出质地的睡衣，袖子和领口泛着光，背后拖着四片裙摆，还露着棉花团，颈子上围着不知是旧袜子、腰带还是绷带的东西。每天走在路上，检查着桥下、跳板下，但凡看见一块旧鞋底、一角碎瓦、一根铁钉，都不放过，他走过的路完全不用清扫。女儿成婚，他只送一样礼物——诅咒；他儿子从部队来信讨钱做衣服也碰了一鼻子灰，除了送他一些诅咒外，从此与儿子不再相关，而且连他的死活也毫不在意。他的粮堆和草堆都变成了真正的粪堆，只差还没人在这上面种白菜；地窖里的面粉硬得像石头一样，只好用斧头劈下来……当乞乞科夫愿意出钱购买他的死魂灵，并付给他二十卢布时，竟把乞乞科夫称作"救命恩人"，颤抖的双手抓住钞票，"仿佛手里捧着一种液体，每一瞬间都怕它流出来一样"。泼留希金是俄国没落地主的典型，是俄国封建社会行将灭亡的缩影。

6. 高老头——被金钱毁灭了的父爱形象

高老头是巴尔扎克笔下的重要文学形象，是被金钱毁灭了的父爱的典型形象。他是法国大革命时期起家的面粉商人，中年丧妻，拒绝再娶，把所有的爱都倾注在两个女儿身上。为了让她们挤进上流社会，从小给她们良好的教育，出嫁时，给了她们每人80万法郎的陪嫁，让大女儿嫁给了雷斯多伯爵，做了贵妇人；小女儿嫁给银行家纽沁根，当了金融资产阶级阔太太。他以为女儿嫁了体面人家，自己便可以受到尊重。哪知不到两年，女婿竟把他当作要不得的下流东西，把他赶出家门。高老头为了获得他们的好感，忍痛出卖了店铺，将钱一分为二给了两个女儿，自己便搬进了伏盖公寓。他想见女儿时要偷偷从厨房溜进去，或者站在她们马车经过的道路旁。两个女儿继续过着挥霍腐化的生活，只有在要钱时，才会去看她们的父亲。在她们的轮番搜刮下，高老头弹尽粮绝，一文不值，在伏盖公寓的阁楼上贫病交加、濒临死亡。临终前想见女儿一面，可两个女儿谁也没来。高老头终于明白他是被女儿抛弃了，无比悲伤地说："我把一辈子都给了她们，今天她们连一小时也不给我。"他也认识到女儿们过的那种生活，"是我一手造成的，是我惯坏了她们"。他在死前悲愤地喊道："钱能买到一切，买到女儿，买到情爱！"他凄惨地死去了，他的女儿女婿也没亲自来料理丧事。

7. 安娜——为理想爱情不惜牺牲生命的悲壮女性

安娜·卡列尼娜是托尔斯泰笔下最富有魅力的女性形象，她出生于皇室后代，是一个上流社会的贵妇人，年轻漂亮，追求个性解放和爱情自由，但因为包办婚姻，嫁给了大她20岁的卡列宁，她丈夫是一个性情冷漠、虚伪的"官僚机器"。一次在车站上，安娜和年轻军官渥伦斯基邂逅，后者为她的美貌所吸引，拼命追求。最终安娜堕入情网，毅然抛夫别子和渥伦斯基同居，她把爱情看作生命的全部。但对儿子的思念和周围环境的压力使她陷入痛苦和不安中，而且她逐渐发现渥伦斯基并非一个专情的理想

人物。在相继失去儿子和精神上最后一根支柱——渥伦斯基后，经过一次和渥伦斯基的口角，安娜发现自己再也无法在这个虚伪的社会中生活下去，绝望之余，她选择了卧轨自杀。

8. 桑提亚哥——可以被毁灭，但不能被打败的硬汉形象

桑提亚哥是《老人与海》的主人公，是海明威塑造的一系列"硬汉形象"的最高代表。古巴老渔夫桑提亚哥最鲜明的特征是富于竞争意识与挑战精神以及向强者挑战的主动性和顽强性。84天捕不到鱼仍旧毫不气馁，精神焕发，与捕获的大马林鱼搏斗了两昼夜，返航途中同鲨鱼奋力搏斗，最终，鲨鱼吃掉了他千辛万苦得来的大马林鱼的肉，仅仅留下一副大鱼的骨架。但这个"硬汉形象"在面对艰难困苦时仍然表现出坚强不屈，勇往直前，甚至视死如归的精神，即使失败了，也保持人的尊严和勇气，有着胜利者的风度，显示出坚不可摧的精神力量。

另一面，桑提亚哥对人类赖以生存的自然是谦逊的，充满温情的。他说大海是阴性的，他喜欢。大海里的一只倦鸟，一只水母，一条鱼，都能引出他慈爱的关注和悠长的回忆。他和自然对话，倾听它们的声音。他在与马林鱼搏斗时，一面不得不杀死它，一面又反复称大鱼是他的兄弟，他的朋友。大自然是他的供养者，他不得不向它索取；但他也敬畏自然生命，并尝试着承担起对自然的责任，在不侵犯他者生存权利的前提下，去实现个体生命的价值。

【活动建议】

（1）查一查你熟悉的哪些作家曾获得"诺贝尔文学奖"。

（2）以国籍为类别，概括各个国家著名的作家及其代表作品。

（3）选取你最喜欢的一部作品或一个人物形象，谈谈你的理解。

项目四

先哲与信念

同学们，提到哲学，你想到的是什么？也许大部分人想到的是枯燥乏味、晦涩难懂的高深理论，哲学真的是这样吗？

意大利的伟大学者维科说过："诗人可以说是人类的感官，而哲学家就是人类的理智。诗人凭凡俗智慧来感觉，哲学家凭玄奥智慧来理解。"对哲学家来说，他的职责就是启发人们的智慧，揭示生活的真理，帮助我们认识世界和认识自己。然而，即使是最杰出的哲学家，也不是超凡脱俗，不食人间烟火的圣人。他们也有普通人的情感、兴趣和弱点，也过着普通人的生活。

任务一 中国古代先哲

【学习目标】

通过了解中国古代先哲的个人经历、哲学思想、逸闻趣事，理解他们在哲学史上的地位和对我们产生的重大影响。

【情景对话】

浩浩：我想问您什么是哲学？

琪琪：哲学（philosophy）一词源出自古希腊文 sophia，意思是"智慧"。philo 是"爱"的意思，合起来就是 philosophia 即爱智慧的人。

浩浩：为什么要从英文和希腊文里追寻哲学一词的定义呢？中国古代难道没有哲学一词吗？

琪琪：对，中国古代并无哲学一词，也没有相对独立的哲学学科，有的只是包容于先秦子学、两汉经学、魏晋玄学、隋唐佛学和宋明理学中的相当于哲学的问题研究。但是，从词源上看，中国古代有"哲"一词，并有"哲者，智也"（《尔雅》）一说。由此可见把"哲"理解为"智"这一点上，古代中国与希腊在"哲"的语义内涵上有相同之处。正因为如此，日本明治维新时期著名哲学家西周（1829—1897）在考虑如果将西文中的"爱智慧之学"译为日文时，选定汉字的"哲"，并把"爱智慧之学"最先译为"哲学"。1887 年，清末著名学者黄遵宪最先将"哲学"一词引入中国，此后一直沿用至今。

浩浩：哦，那我得好好拜读一下中国古代先哲们的作品啦！

【学习顾问】

一、先秦著名哲学家

（一）道家鼻祖——老子

老子，姓李，名耳，字聃，又称老聃。我国古代伟大的哲学家和思想家，道家学派的创始人，其学说对我国哲学的发展具有十分重要的影响，被称为"中国哲学之父"。

1. 生平故事

据传，老子一生下来就会说话，白眉、白发、白胡子。自幼聪慧，静思好学，喜欢听国家兴衰、战争成败、祭祀占卜、观星测象之事，家里请了一位精通殷商礼乐的商容老先生教他。商容通天文地理，晓古今礼仪，深受老子一家敬重。在教授老子 3 年的过程中，商容被老子的聪慧好学深深打动。3 年期满后，商容把老子推荐给自己的师兄。商容的师兄为周朝太学博士，学识渊博，心胸旷达，爱才敬贤，以助人为乐、荐贤为任。老子进入太学，开始了如饥似渴的求知路。在太学，老子对于天文、地理、人伦等无所不学，《诗》《书》《易》《历》《礼》《乐》等无所不览，文物、典章、史书无所不习，3 年下来大有长进。博士又推荐老子入守藏室为吏。守藏室是周朝收藏典籍的地方，集天下之文，收天下之书，汗牛充栋，无所不有。老子博览泛观，渐入佳境，很快就以博学多才而声名远播。

周敬王四年（公元前516年），周王室发生内乱，老子受牵连而离职出宫。老子骑一青牛，欲出函谷关，西游秦国。函谷关守将关尹喜观天文，爱读古籍，修养深厚。他早闻老子大名，得知老子来到函谷关，于是派人清扫道路，夹道焚香，以迎老子。尹喜缠着老子，要他在此著书，写出书来才放他过关。老子没办法，找来木简，把他一直以来的想法记录下来，一共5 000字，取名《道德经》。

2. 哲学思想精华

（1）自然无为哲学。由于老子身处乱世，其在政治上主张自然无为，在个人生活态度上也主张阴柔退让。老子认为，"夫唯不争，故无尤"，即不争就不会获罪，坚持"不敢为天下先"。他认为人和事都一样，不能太强悍，然而老子的不争也有争的一面，这是一种以退为进的策略。

（2）宝贵的辩证法思想。在对自然界和人类社会的各种现象及其运动变化的观察中，老子发现了许多辩证的规律，如"有无相生，难以相成，长短相形，高下相倾，音声相和，前后相随"，推而广之，所有这些事物既对立又统一，相辅相成。老子认为，矛盾的双方不但对立统一，而且在一定条件下还能相互转化。老子的名言"祸兮福之所倚，福兮祸之所伏"说的就是这个道理。

3. 老子语录

（1）道可道，非常道。名可名，非常名。无名天地之始；有名万物之母。

（2）有无相生，难易相成，长短相形，高下相盈，音声相和，前后相随。恒也。

（3）不尚贤，使民不争；不贵难得之货，使民不为盗；不见可欲，使民心不乱。是以圣人之治，虚其心，实其腹，弱其志，强其骨。常使民无知无欲。使夫智者不敢为也。为无为，则无不治。

（4）天地不仁，以万物为刍狗；圣人不仁，以百姓为刍狗。

（5）天长地久。天地所以能长且久者，以其不自生，故能长生。是以圣人后其身而身先；外其身而身存。非以其无私邪？故能成其私。

（6）上善若水。水善利万物而不争，处众人之所恶，故几于道。

（7）持而盈之，不如其已；揣而锐之，不可长保。金玉满堂，莫之能守；富贵而骄，自遗其咎。功遂身退，天之道也。

（8）五色令人目盲；五音令人耳聋；五味令人口爽；驰骋畋猎，令人心发狂；难得之货，令人行妨。是以圣人为腹不为目，故去彼取此。

（9）宠辱若惊，贵大患若身。

（10）大道废，有仁义；智慧出，有大伪；六亲不和，有孝慈；国家昏乱，有忠臣。

（二）至圣先师——孔子

孔子，名丘，字仲尼（前551年—前479年）。我国古代伟大的思想家、政治家、教育家，儒家学派的创始人，刊修了我国的第一部编年体史书《春秋》，整理了《诗》《书》等古代典籍，其思想和学说对后世产生了极其深远的影响，被后世誉为"至圣先师"、"万世师表"。

1. 生平故事

孔子的祖先是宋国人，因避难来到相邻的鲁国。孔子的父亲叫叔

梁纥，是鲁国出名的勇士。在孔子之前，已有九女一子，其子有足疾。在当时的情况下，女子和残疾的儿子都不宜继嗣。所以叔梁纥又娶了尚不满 20 岁的严征在为妻，婚后生了孔子。由于婚后曾去丘尼山祈福，所以孔子出生后，取名孔丘。孔子 3 岁时，父亲病逝，17 岁时，母亲也离开人世。

孔子自幼勤敏好学，志向远大，15 岁立志求学，"学无常师"，据传孔子曾问礼于老子，学乐于师襄，博习诗书礼乐。20 岁时，他的学识已经非常渊博了，被当时的人称赞为"博学好礼"。30 岁时，孔子开始授徒讲学，子路、子贡、颜渊、颜路等是其较早的一批弟子，一生共收了 3 000 多弟子，最有名的有 72 人。

孔子从小心系天下，一心想从政，只不过命运坎坷，仕途总是不如意。他在鲁国从小官做起，最高做到代理国相，据说把鲁国治理得相当不错。不过后来卷入政治斗争，最后不得已离开鲁国，开始周游列国，那年他 56 岁。周游列国期间孔子更是历经坎坷。他的仁政思想与当时列国争霸的局面完全不相符，普遍受到冷遇，所以只好从这个国家迁徙到另一个国家，一直到 68 岁，在弟子的努力下，终于被迎回鲁国。回到鲁国后，孔子终于放弃了做官的想法，广收门徒，专心传道授业，一直到 73 岁去世。

2．哲学思想精华

"道"和"仁"构成了孔子哲学中的两个基本范畴。

道是一个重要的范畴，一是指事物之间固有的、必然的、本质的联系，也就是规律；二是天地万物的本源，形而上者谓之道；三是运动变化的过程。孔子晚年曾说："吾十有五而志于学，三十而立，四十而不惑，五十而知天命，六十而耳顺，七十而从心所欲，不逾矩。""至于道，据于德，依于仁，游于艺。"他一生以弘道为己任，把闻道视为超越一己之生死的大事，指出："朝闻道，夕死可矣。"

"仁"是讲人和人之间关系的。孔子的"仁者爱人"，在自我肯定的同时，也肯定了对象，也就是"己欲立而立人，己欲达而达人"，在这种彼此肯定中，体现了对人作为人的尊重，也尊重他人的自立自达。

3．孔子语录

（1）己所不欲，勿施于人。

（2）见贤思齐焉，见不贤而内自省也。

（3）三人行，必有我师焉，择其善者而从之，其不善者而改之。

（4）三军可夺帅也，匹夫不可夺志也。

（5）人无远虑，必有近忧。

（6）无欲速，无见小利。欲速，则不达；见小利，则大事不成。

（7）听其言而观其行。

（8）好仁不好学，其蔽也愚；好知不好学，其蔽也荡；好信不好学，其蔽也贼；好直不好学，其蔽也绞；好勇不好学，其蔽也乱；好刚不好学，其蔽也狂。

（9）学而时习之，不亦乐乎？有朋自远方来，不亦乐乎？人不知而不愠，不亦君子乎？

（10）知者乐水，仁者乐山。知者动，仁者静。智者乐，仁者寿。

4．知识链接：儒家学派的经典著作——《论语》

《论语》是儒家的经典著作之一，由孔子的弟子及其再传弟子编撰而成。它以语录体和对话文体为主，记录了孔子及其弟子言行，集中体现了孔子的政治主张、伦理思想、道德观念及教育原则等。与《大学》《中庸》《孟子》《诗经》《尚书》《礼记》《易经》《春秋》并称"四书五经"。

（三）道家的代表人物——庄子

庄子（前369－前286），姓庄，名周，先秦（战国）时期伟大的思想家和哲学家、思想家、文学家，道家学说的主要创始人之一。老子思想的继承和发展者。后世将他与老子并称为"老庄"。他们的哲学思想体系被思想学术界尊为"老庄哲学"。代表作品为《庄子》，名篇有《逍遥游》《齐物论》等。

1．生平故事

庄子一生洁身自爱，始终过着清贫的隐居生活，除了在一个叫漆园的城镇担任过小吏外，再没有任过其他官职的记载。

庄子是一个学识渊博的人，他身处百家争鸣的战国时期，对于各家学说无不涉览，他的学术思想既渊源于老子而又有所发展。庄子的散文在先秦诸子中独具风格。它吸收了神话创作的精神，大量采用并虚构寓言故事，想象奇特，形象生动。此外，还善于运用各种譬喻，活泼风趣，睿智深刻。行文有时像风行水上；有时像万斛源泉，随意流出，汪洋恣肆，奇趣横生。总体来说，庄子散文极具浪漫主义风格，在古代散文中罕有其比，赢得无数文人学士的仰慕。

2．哲学思想精华

庄子的思想体系是在继承了老子的道家思想的基础上而又有所发展的，但这种发展是向着更加消极和唯心方面发展。

庄子的物质生活虽然贫困，但精神生活却异常丰富：读书、漫游、观察、遐想，追求"至人无己"的自由境界。庄子的思想较为复杂：在政治上，他激烈而深刻地抨击统治阶级，赞同老子的"无为而治"，主张摈弃一切社会制度和文化知识；在思想意识上，他片面夸大一切事物的相对性，否定客观事物的差别，否定客观真理，属于主观唯心主义思想；在生活态度上，他顺应自然，追求绝对的自由。

老子所讲的"道"是一个独立的精神性的东西，是世界的本源，是客观存在的。而庄子所讲的"道"，虽然也是世界的本源，但它是可以通过修养而得到，这样"道"就成了主观的东西，我即是"道"，"道"即是我。

在认识论上，庄子把老子的对立面转化的思想引向了相对主义，否认客观真理的存在。

3．庄子语录

（1）天地有大美而不言，四时有明法而不议，万物有成理而不说。圣人者，原天地之美而达万物之理。

（2）"凡人心险于山川，难于知天。"

（3）日出而作，日入而息，逍遥于天地之间，而心意自得。

（4）"不乐寿，不哀夭，不荣通，不丑穷，不拘一世之利以为己私分，不以王天下为己处显。显则明。万物一府，死生同状。"

（5）人生天地之间，若白驹过隙，忽然而已。

（6）夫相收之与相弃亦远矣，且君子之交淡若水，小人之交甘若醴。君子淡以亲，小人甘以绝。

（7）凤兮凤兮，何德之衰也。来世不可待，往世不可追也。天下有道，圣人成焉；天下无道，圣人生焉。

（8）好面誉人者，亦好背而毁之。

（9）哀莫大于心死，而人死亦次之。

（10）吾以天地为棺椁，以日月为连璧，星辰为珠玑，万物为送赍。吾葬具岂不备邪？

（四）亚圣——孟子

孟子姓孟名轲，战国时期著名的思想家、哲学家和教育家，也是先秦儒家的代表人物，因其成就仅次于孔子，故此被称为"亚圣"，与孔子齐名，世称"孔孟"。

1. 生平故事

孟子出身于鲁国贵族，他的祖先即是鲁国晚期煊赫一时的孟孙。孟孙是庆父的后人，庆父是鲁桓公三个有名的小儿子之一，当时民谚所谓"庆父不死，鲁难未已"，指的即是其人其事，可以想像其跋扈。孟孙与庆父的两个弟弟叔牙、季友之孙——叔孙、季孙——齐名，合称"鲁国三桓"，为鲁国晚期实际的执政。这其中季孙实力最强，也最有名，《论语》："季氏将伐颛臾"，这"季氏"指的即是季孙。鲁国系周公旦的封地，因此从本姓上来说，孟子当与周天子同宗，姓"姬"。

但当孟子出生时，他的家族已趋没落。春秋晚期的大混乱，使他们的家族渐趋门庭式微，被迫从鲁迁往邹；再以后，历事维艰，到孟子幼年时，只得"赁屋而居"了。

孟子幼年丧父，全靠母亲独立拉扯；为了孟子的读书，孟母曾三次择邻而居，曾一怒断机。"孟母三迁"和"孟母断机"两个故事，颇可看见孟子幼年生活的艰难。

孟子受业于孔子的孙子子思的门人。学成后，以士的身份游说诸侯，企图推行自己的政治主张，到过梁（魏）国、齐国、宋国、滕国、鲁国。当时几个大国都致力于富国强兵，争取通过暴力的手段实现统一；孟子的仁政学说被认为是"迂远而阔于事情"，没有得到实行的机会。最后退居讲学，和他的学生一起"序《诗》《书》述仲尼之意，作《孟子》七篇"。

2. 哲学思想精华

孟子自幼受儒家思想的熏习，对儒家思想产生了浓厚的兴趣，后又"私淑孔门后学"，以继承和光大儒学为毕生追求，形成了以"民本"、"仁政"、"王道"和"性善论"为主要内容的孟子学说，为儒家学说的发展立下了不朽的功勋。

（1）民本。民本思想是孟子思想的精华所在。先秦民本思想渊源已久，《尚书·夏书·五子之歌》："民惟邦本，本固邦宁。"《谷梁传·桓公十四年》："民者，君之本也。"孟子对民本思想给以系统的发展和阐述。民本思想在孟子的政治思想中占有突出的位置。他明确提出只有"保民"才可以"王"天下，"保民而王，莫之能御也。"（《孟子·梁惠王上》）。他提出"民为贵，社稷次之，君为轻。"（《孟子·尽心下》），他认为决定统治者统治地位的政治基础是民心的向背，民心归服是统一天下的决定性因素，"桀、纣之失天下也，失其民也；失其民者，失其心也。"（《孟子·离娄上》），从某种意义上说人民比君主更重要，基于这种观点，他提出"天时不如地利，地利不如人和。"（《孟子·公孙丑下》）

（2）仁政。仁政思想是孟子政治思想的核心。孟子在孔子仁政思想的基础上进一步将其发扬光大，建立起自己完整的仁政学说体系。孟子仁政思想主要表现在养民、教民两个方面。

（3）养民。孟子的仁政就是要合理解决土地、衣食、教育等基本问题，其中最主要的是土地问题，"仁政必经界始。"（《孟子·滕文公上》），要使民以时，休养生息。

（4）教民。向人民施以教化。他屡屡说："谨庠序之教，申之以孝悌之义。"（《孟子·梁惠王上》）。"设为庠序学校以教育之。"（《孟子·滕文公上》）。"人之有道也，饱食、暖衣、逸居而无教，则近于禽兽也。圣人有忧之，使契为司徒，教以人伦。"（《孟子·滕文公上》）。他认为教化是保证社会和谐的重要措施，教化可以使人"明人伦"，从而达到"务局。"（《孟子·滕文公上》）。

（5）王道。"王道"是孟子提出的国家政治的最高理想。孟子认为民本与仁政能否实现，关系到能否实现"王道"这一目标。孟子所谓"王道"，即"以德行政者王"，他列举商汤、周文王行王道的例子："以力假仁者霸，霸必有大国；以德行仁者王，王不待大，汤以七十里，文王以百里。以力服人者，非心服也，力不赡也；以德服人者，中心悦而诚服也。"（《孟子·公孙丑上》）。在孟子看来，实行王道之治就是"保民而王"，就是"乐以天下，忧以天下。"（《孟子·梁惠王下》）。正因为孟子把实现王道作为最高的政治理想，所以凡不以"王道"治国者，便都被他视为"罪人"，视为"独夫民贼"，会遭到他的猛烈抨击。

（6）性善。人之初，性本善。性相近，习相远。在孟子思想中，性善论是其伦理思想和政治思想的根基。孟子认为，人的本性与动物本性的不同之处在于人有道德，即人生而具有仁、义、礼、智等道德品质，人们都有一种先天向善的能力，即"良知"、"良能"："人之所不学而能者，其良能也；其所不虑而知者，其良知也。孩提之童，无不知爱其亲者，及其长也，无不知敬其兄也。亲亲，仁也；敬长，义也。"（《孟子·尽心上》）意思是说，人们无须乎学就会做的，这是他们的良能；无须乎用脑筋思考就知道的，这是他们的良知。两三岁的孩童，没有不知道爱他们的父母的，等到长大了，又没有不知道尊敬其兄长的。亲爱父母便是仁，尊敬兄长便是义。

孟子学说，作为一个完整的思想体系，除了上述几点外，还有许多精彩而丰富的内容，如"养气"说，"人格修养说"，"尽心、知性、知天"说，"以意逆志"说等。孟子学说对儒家学说起到了一个承前启后、继往开来的奠基作用，他与孔子学说结合在一起，形成了中国儒学思想发展的基础——孔孟之道，成为中华传统文化的主干。

二、宋明理学的代表人物

（一）唯心主义理学家——朱熹

朱熹（1130—1200），祖籍徽州婺源（今属江西婺源县），宋高宗建炎四年（1130 年）出生于福建南剑（今福建南坪）龙溪县。南宋著名的理学家、思想家、哲学家、教育家、诗人、闽学派的代表人物，世人尊称朱子，是孔子、孟子以来最杰出的弘扬儒学的大师。朱熹是程颢、程颐的三传弟子李侗的学生，他确立了完整的客观唯心主义体系。朱熹是理学的集大成者，他极力宣扬他的"太极"即"天理"和"存天理，灭人欲"的理学思想体系。

1．生平故事

朱熹学识渊博，对经学、史学、文学、乐律乃至自然科学都有研究。其词作语言秀正，风格俊朗，无浓艳或典故堆砌之病。不少作品的用语都看得出是经过斟酌推敲的，比较讲究。

朱熹 22 岁时，官授左边功郎，被派往泉州同安县为主簿。他在任职期间，主要是认真为封建国家催收赋税，按照儒家礼教整饬民风。他纠正了当地贫民因"贫不能聘"而行的"引伴为妻"的陋习。他还积极搜集藏书，在同安建立了"经史阁"和"学宫"，招收生徒进行讲学，并以《周礼》《仪礼》和唐、宋礼制为蓝本，绘制了礼仪、器用、衣眼等图，教授学生习用。此外，也协助当局镇压过一次饥民暴动。

朱熹为官正直，能体察民情。公元 1167 年秋天，福建崇安发生大水灾，朝廷派他前往视察灾情，他曾遍访于崇安各山谷之间。在视察中，朱熹发现"肉食者漠然无意于民，直难与图事"（《文集》卷 10）。他说："若此学不明，天下事决无可为之理"（同上）。由于灾情严重，粮食无收，地方官不认真救济，到次年青黄不接之时，就在崇安发生了饥民暴动。这时，朱熹与知县诸葛廷瑞共同发起要求地方豪富用藏粟赈救饥民，他又请求朝廷以"六百斛赈济"，这才平息了饥民的暴动。由此，朱熹便想出了建立"社仓"的办法，并建议朝廷广为推行，作为解决农民在青黄不接之时的口粮问题的机构。他规定"社仓"的任务是在青黄不接之时贷谷给农民，一般取息 20%，这就可以不向豪民高利贷粮，若发生小饥，息利可以减半，若发生大饥，则可免除利息。

为此，朱熹于公元 1171 年在其家乡首创"五夫社仓"，作为试点，并上疏朝廷，建议按其办法在全国范围推行。由于此法对官僚地主和高利贷者不利，因而未能广为推行，只有极少地方，如福建建阳和浙江金华等地实行了这个措施。

2．哲学思想精华

朱熹是宋代理学的集大成者，他继承了北宋程颢、程颐的理学，完成了客观唯心主义的体系。认为理是世界的本质，"理在先，气在后"，提出"存天理，灭人欲"。

3．理气论

朱熹继承周敦颐、二程，兼采释、道各家思想，形成了一个庞大的哲学体系。这一体系的核心范畴是"理"，或称"道"、"太极"。朱熹所谓的理，有几方面互相联系的含义：①理是先于自然现象和社会现象的形而上者。②理是事物的规律。③理是伦理道德的基本准则。朱熹又称理为太极，是天地万物之理的总体。太极既包括万物之理，万物便可分别体现整个太极。这便是人人有一太极，物物有一太极。每一个人和物都以抽象的理作为它存在的根据，每一个人和物都具有完整的理，即"理一"。气是朱熹哲学体系中仅次于理的第二个范畴。它是形而下者，是有情、有状、有迹的；它具有凝聚、造作等特性。它是铸成万物的质料。天下万物都是理和质料相统一的产物。朱熹认为理和气的关系有主有次。理生气并寓于气中，理为主，为先，是第一性的，气为客，为后，属第二性。

4．动静观

朱熹主张理依气而生物，并从气展开了一分为二、动静不息的生物运动，这便是一气分做二气，动的是阳，静的是阴，又分做五气（金、木、水、火、土），散为万物。一分为二是从气分化为物过程中的重要运动形态。朱熹认为由对立统一而使事物变化无穷。他探讨了事物的成因，把运动和静止看成是一个无限连续的过程。时空的无限性又说明了动静的无限性，动静又是不可分的。这表现了朱熹思想的辩证法观点。朱熹还认为动静不但相对待、相排斥，并且相互统一。朱熹还论述了运动的相对稳定和显著变动这两种形态，他称之为"变"与"化"。他认为渐化中渗透着顿变，顿变中渗透着渐化。渐化积累，达到顿变。

5．格物致知论

朱熹用《大学》"致知在格物"的命题，探讨认识领域中的理论问题。在认识来源问题上，朱熹既讲人生而有知的先验论，也不否认见闻之知。他强调穷理离不得格物，即格物才能穷其理。朱熹探讨了知行关系。他认为知先行后，行重知轻。从知识来源上说，知在先；从社会效果上看，行为重。而且知行互发，"知之愈明，则行之愈笃；行之愈笃，则知之益明"。

6．心性理欲论

在人性论上，朱熹发挥了张载和程颐的天地之性与气质之性的观点，认为"天地之性"或"天命之性"专指理言，是至善的、完美无缺的；"气质之性"则以理与气杂而言，有善有不善，两者统一在人身上，缺一则"做人不得"。与"天命之性"和"气质之性"有联系的，还有"道心、人心"的理论。朱熹认为，"道心"出于天理或性命之正，本来便禀受得仁义礼智之心，发而为恻隐、羞恶、是非、辞让，则为善。"人心"出于形气之私，是指饥食渴饮之类。如是，虽圣人亦不能无人心。不过圣人不以人心为主，而以道心为主。他认为"道心"与"人心"的关系既矛盾又联结，"道心"需要通过"人心"来安顿，"道心"与"人心"还有主从关系，"人心"须听命于"道心"。朱熹从心性说出发，探讨了天理人欲问题。他以为人心有私欲，所以危殆；道心是天理，所以精微。因此朱熹提出了"遏人欲而存天理"的主张。朱熹承认人们正当的物质生活欲望，反对佛教笼统地倡导无欲，他反对超过延续生存条件的物质欲望。

7．美学思想

朱熹的哲学体系中含有艺术美的理论。他认为美是给人以美感的形式和道德善的统一。基于美是外在形式的美和内在道德的善相统一的观点，朱熹探讨了文与质、文与道的问题。认为文与质、文与道和谐统一才是完美的。朱熹还多次谈到乐的问题。他把乐与礼联系起来，贯穿了他把乐纳入礼以维护统治秩序的理学根本精神。朱熹对"文"、"道"关系的解决，在哲学思辨的深度上超过了前人。他对《诗经》与《楚辞》的研究，也经常表现出敏锐的审美洞察力。

8．"朱子读书法"

朱子读书法六条，即循序渐进、熟读精思、虚心涵泳、切己体察、着紧用力、居敬持志。其中循序渐进，包括3层意思：一是读书应该按照一定次序，前后不要颠倒；二是"量力所至而谨守之"；三是不可囫囵吞枣，急于求成。熟读精思即是读书既要熟读成诵，又要精于思考。虚心涵泳中的"虚心"，是指读书时要反复咀嚼，细心玩味。切己体察强调读书必须要见之于自己的实际行动，要身体力行。着紧用力包含两方面的意义：一是读书必须抓紧时间，发愤忘食，反对悠悠然；二是必须精神抖擞，勇猛奋发，反对松松垮垮。居敬持志中的"居敬"，强调读书必须精神专注，注意力高度集中。所谓"持志"，就是要树立远大志向，并以顽强的毅力长期坚守。

9．朱熹语录

（1）读书无疑者，须教有疑，有疑者，却要无疑，到这里方是长进。

（2）立身以立学为先，立学以读书为本。

（3）自修则人不得以非理相加。

（4）大凡敦厚忠信，能攻吾过者，益友也；其谄媚轻薄，傲慢亵狎，导人为恶者，损友也。

（5）守正直而佩仁义。做人要存正直之心，行仁义之德。

（6）读书有三到，谓心到、眼到、口到。

（7）思诚为修身之本，而明善又为思诚之本。

（8）以真诚为准则是自我修养的关键，弄清楚哪些是好的言行举动，又是坚持真诚的根本。

（9）自敬，则人敬之；自慢，则人慢之。

（10）少年易学老难成，一寸光阴不可轻。

（二）心学的代表人物——王守仁

王守仁（1472—1529），字伯安，别号阳明，生于明宪宗成化八年（1472 年），汉族，浙江余姚人，因被贬贵州时曾于阳明洞（今贵阳市修文县）学习，世称阳明先生、王阳明。是我国明代著名的文学家、哲学家、思想家、政治家和军事家，是程颐、程颢、朱熹、陆九渊后的另一位大儒，"心学"流派的重要代表人物。

1．生平故事

王阳明出生时，其祖父梦见他从云中而来，十分吉祥，就为他起名王云。王阳明生来聪明过人，可就是一直不会说话。五岁时，一个和尚云游路过这里，看到王阳明，摸着他的头说："好个孩儿，可惜道破。"意思说，王云这个名字道破了他的来历，造成他不会说话。于是，将其更名守仁。从此，王阳明才开始说话。

五十岁那年，王阳明已是名满天下的一代大儒，又是统兵讨贼的大帅。他在镇江时，去金山寺游玩。一路走来，只觉似曾相识，有一种很熟悉的感觉。后来，他看到一间关房（和尚闭关修炼的地方）屋门紧锁，破旧不堪，门上还贴有封条，就要求打开门进去看看。知事和尚解释说：这是五十年前圆寂老僧的肉身舍利（不腐金身）所在，五十年未曾打开，不能看的。王阳明坚决要求开门，以他当时的声望权威，知事和尚也只好开门。开门一看，圆寂老僧依然端坐在蒲团上，五十年过去依旧栩栩如生，宝相庄严。墙上写有一首偈语：五十年后王阳明，开门犹是闭门人；精灵闭后还归复，始信禅门不坏身。

原来老僧圆寂之时，已察知过去未来之事，所以特意留下偈语，提醒王阳明不要忘了自己的本来面目。

五十七岁时，王阳明病重，路过南安青龙镇丫山，去山上灵岩古寺参访。适逢寺中高僧数日前坐化，不接纳客人。后来经过交涉方才进去。来到寺中，在一间密室，看到案上一偈：五十七年王守仁，启吾钥，拂吾尘，问君欲识前程事，开门即是闭门人。看完偈语，王阳明自觉来日不多，随匆匆离去。不久，一代大儒就撒手尘寰了。

2．哲学思想精华

心外无物。王阳明的哲学主体是"心本体论"，也就是说，你所见、所闻、所感、所想，你脑子里的全部，就构成了你的全部世界。除此以外，对你来说，不存在另外一个什么世界。

或者是说，另外一个所谓的客观世界对你来说不存在任何意义。你的所见、所闻、所感、所想，构成了你世界的全部。

（1）良知。如果用我们平常定义各种概念的方法来定义"良知"，则很难说清楚。王阳明的方法是，随时随地捡现在的例子给弟子们讲解，让他们从例子中去了解什么是"良知"。王阳明的"良知"类似孟子所说的"人之初，性本善"或"隐恻之心"，说得现代一点，就是心对善恶的基本判断，或"大脑的基本机能"。每人都有"良知"，但有些人受欲望、贪婪、虚荣心等的蒙蔽，没有发挥作用。

（2）致良知。"致良知"有两个途径：一个是向内求索，一个是向外求索。向内求索是"内省"，向外求索是"事上磨练"，用我们现代的话说是"实践"。如何把软件升级，如何不停探索开发软件新的功能，发挥它的最大功用？这个过程就是"致良知"。"内省"是做减法，减少欲望，减少各种梏桎对内心的束缚，拂除各种灰尘对内心的蒙蔽，回归"本真"。"内省"有两种，一种是"冥思"、"打坐"，就是寻找自己的潜意识、寻找自己的内心，"聆听内心的声音"，弄清楚自己真正想要的是什么，真正生活的目的、生命的目的。有一个富翁和渔翁的故事：一位渔翁在海边悠闲地晒着太阳。一位老富翁看见了，奇怪地问他，你为什么不去工作挣钱？渔翁回答说，为什么要去赚钱呢？富翁说，赚到很多钱之后，你就可以悠闲地在海边晒太阳了。渔翁回答说，我现在不就在晒太阳吗？是呀，你真正想要的是什么？如果只是悠闲地晒太阳，现在就可以晒了。很多人，奋斗了一辈子最后才发现，自己奋斗来的结果，不是自己想要的。所以，问问你的内心、"聆听你内心的声音"很重要。另一种内省就是反思、反省、总结。善于总结的人才会进步。总结就是学习，也是"致良知"的一种途径。"事上磨练"就是践行自己的"良知"，使自己的行事和自己的认识协调和谐。知而不行，不是真知；行而恰当，才是真知。一个只是在理论上学习掌握了知识的人，与一个通过亲身实践获得知识的人，不可同日而语。一个从书本上学到游泳的知识，这只是书本上的知识。一个人学习了书本上的理论知识，又到水里呛了水，然后掌握了游泳的实际技能，这种技能就是"良知"，他学习游泳的过程就是"致良知"。

（3）知行合一。知行合一是王阳明最重要的哲学观点。"致良知"的过程一定要有"行"，不"行"不谓之真知。"行"就证明你真正认同了"良知"。"行"的结果又可以从知识上、心理上完善你的"良知"。"行"和"知"是不能分开的，它们是浑然一体的。知行合一，通过"行"来加深对知的认知和肯定。因为"心"就是你的世界。因此，在博弈中，可以通过对"心"的干扰，达到自己的目的。在我国古代的兵法中，有一种战略就是"激将法"，使你的情绪失常、心态失稳，从而影响你正常的思维能力。从王阳明剿匪和平反的几次经历，他没有复杂的战术，都是通过伪造证据，制造假相，传假信息，使敌人上当，按自己预期的方向发展，最后达到自己的目的。

王阳明心学最大的优势就是"心外无物"，一个内心强大的人，或者说一个通过不断"致良知"、知行合一而达到"内心强大"的人，他对世界的掌控是无以伦比的。

3．阳明语录

（1）"破山中贼易，破心中贼难。"

（2）"夫万事万物之理不外于吾心。"

（3）"心即理也。""心外无理，心外无物，心外无事。"

（4）"人心之得其正者即道心；道心之失其正者即人心。"

（5）"无善无恶心之体，有善有恶意之动，知善知恶是良知，为善去恶是格物。"

（6）"你未看此花时，此花与汝心同归于寂。你来看此花时，则此花颜色一时明白起来。便知此花不在你的心外。"

（7）"有志于圣人之学者，外孔、孟之训而他求，是舍日月之明，而希光于萤爝之微也，不亦谬乎？"

（8）"圣人与天地民物同体，儒、佛、老、庄皆我之用，是之谓大道。二是自私其身，是之谓小道。"

（9）"殃莫大于叨天之功，罪莫大于掩人之善，恶莫深于袭下之能，辱莫重于忘己之耻，四者备而祸全。"

（10）"夫学贵得之于心。求之于心而非也，虽其言之出于孔子，不敢以为是也，而况其未及孔子者乎？求之于心而是也，虽其言出于庸常，不敢以为非也，而况其出于孔子者乎？"

【活动建议】

（1）收集 1～2 个中国古代哲人的奇闻趣事，谈谈对自己的启示。

（2）结合本任务中的哲人语录，写一篇 600 字左右的哲理小论文。

任务二　西方著名哲人

【学习目标】

通过了解西方著名哲人的人生经历、哲学思想、逸闻趣事，感受西方哲学的魅力。

【情景对话】

浩浩：有人说中国哲学起源于先秦，西方哲学起源于古希腊。真的是这样吗？

琪琪：的确是这样。古希腊是西方哲学的精神家园。与东方文明不同，希腊文明更多的是一种海洋文化，哲学家一有机会就出海游学，与古埃及、巴比伦广泛进行文化交流。出现了很多如泰勒斯、毕达哥拉斯、德谟克利特、苏格拉底、柏拉图、亚里士多德等一批对西方和世界产生重大影响的哲学家。

浩浩：好像德国也是一个盛产哲学和哲学家的国度，你能告诉我德国有哪些著名哲学家吗？

琪琪：你说的没错。德国不仅诗人和音乐家多，而且德国人的严谨也是出了名的，有很多对世界产生重大影响的哲学家呢。

【学习顾问】

一、希腊著名哲学家

（一）苏格拉底——自称哲学家的第一人

苏格拉底，（前 469—前 399），著名的古希腊的思想家、哲学家、教育家，他和他的学生柏拉图，以及柏拉图的学生亚里士多德被并称为"古希腊三贤"，更被后人广泛认为是西方哲学的奠基者。

1．生平故事

苏格拉底出生于希腊雅典一个普通公民的家庭。其父是雕刻匠，母亲是助产妇。苏格拉底生来就有着扁平的鼻子，肥厚的嘴唇，凸出的眼睛，笨拙而矮小的身体。他容貌平凡，语言朴实，却具有神圣的思想。

青少年时代，苏格拉底曾跟父亲学过雕刻手艺。后来他熟读荷马史诗及其他著名诗人的作品，靠自学成了一名很有学问的人。苏格拉底一生过着艰苦的生活。无论严寒酷暑，他都穿着一件普通的单衣，经常不穿鞋，对吃饭也不讲究。但他似乎没有注意到这些，只是专心致志地做学问。他以传授知识为生，30多岁时做了一名不取报酬也不设馆的社会道德教师。

40岁左右，他成了雅典远近闻名的人物。他在雅典和当时的许多智者辩论哲学问题，主要是关于伦理道德以及教育政治方面的问题，被认为是当时最有智慧的人。

作为公民，他曾三次参军作战，当过重装步兵，在战争中表现得顽强勇敢，并不止一次在战斗中救助受了伤的士兵。此外，他还曾在雅典公民大会中担任过陪审官。

然而，在雅典恢复奴隶主民主制后，苏格拉底被控，以藐视传统宗教、引进新神、败坏青年和反对民主等罪名被判处死刑。他拒绝了朋友和学生要他乞求赦免和外出逃亡的建议，饮下毒酒自杀而死，终年70岁。

苏格拉底无论是生前还是死后，都有一大批狂热的崇拜者和一大批激烈的反对者。他一生没留下任何著作，他的行为和学说主要是通过他的学生柏拉图和色诺芬著作中的记载流传下来的。

2．哲学思想精华

自己知道自己无知他把哲学定义为"爱智慧"，他的一个重要观点是：自己知道自己无知。许多有钱人家和穷人家的子弟常常聚集在他周围，向他请教，苏格拉底却常说："我只知道自己一无所知。"他结论说："只有神才是智慧的，他的答复是要指明人的智慧是没有什么价值的或者全无价值的，神并不是在说苏格拉底，他仅仅是用我的名字作为说明，像是在说，人们啊，惟有像苏格拉底那样知道自己的智慧实际上是毫无价值的人，才是最有智慧的人。"

苏格拉底确实主张了一个新神，他是道德善、智慧真的源泉：宇宙理性的神。这个宇宙理性神是苏格拉底的哲学追求真正的善的终极根据，人能有知识，是因为人得到了神的特别关爱，被赋予了神性的一部分，因而有了灵魂，有了爱智的心灵和理智。

（1）精神助产术。苏格拉底认为一切知识，均从疑难中产生，愈求进步疑难愈多，疑难愈多进步愈大。苏格拉底承认他自己本来没有知识，而他又要教授别人知识。这个矛盾，他是这样解决的：这些知识并不是由他灌输给人的，而是人们原来已经具有的；人们已在心上怀了"胎"，不过自己还不知道，苏格拉底像一个"助产婆"，帮助别人产生知识。苏格拉底的精神助产术，集中表现在他经常采用的"诘问式"的形式中，以提问的方式揭露对方提出的各种命题、学说中的矛盾，以动摇对方论证的基础，指明对方的无知；在诘问中，苏格拉底自己并不给予正面的、积极的回答，因为他承认自己无知。这种方式一般被称为"苏格拉底的讽刺"。

（2）揭露矛盾的辩论法。苏格拉底经常和人辩论。辩论中他通过问答形式使对方纠正、放弃原来的错误观念并帮助人产生新思想。这种问答分为三步：第一步称为苏格拉底讽刺，他

认为这是使人变得聪明的一个必要的步骤，因为除非一个人很谦逊"自知其无知"，否则他不可能学到真知；第二步叫定义，在问答中经过反复诘难和归纳，从而得出明确的定义和概念；第三步叫助产术，引导学生自己进行思索，自己得出结论，正如苏格拉底自己所说，他虽无知，却能帮助别人获得知识，好象他的母亲是一个助产婆一样，虽年老不能生育，但能接生，能够帮助新的生命诞生。

苏格拉底教他的朋友欧提德谟斯也从不给他们现成的答案，而是用反问和反驳的方法使学生在不知不觉中接受他的思想影响。请看一个他和学生问答的有趣的例子：

欧提德谟斯：苏格拉底，请问什么是善行？

苏格拉底：盗窃、欺骗、把人当奴隶贩卖，这几种行为是善行还是恶行？

欧提德谟斯：是恶行。

苏格拉底：欺骗敌人是恶行吗？把俘虏来的敌人卖作奴隶是恶行吗？

欧提德谟斯：这是善行。不过，我说的是朋友而不是敌人。

苏格拉底：照你说，盗窃对朋友是恶行。但是，如果朋友要自杀，你盗窃了他准备用来自杀的工具，这是恶行吗？

欧提德谟斯：是善行。

苏格拉底：你说对朋友行骗是恶行，可是，在战争中，军队的统帅为了鼓舞士气，对士兵说援军就要到了。但实际上并无援军，这种欺骗是恶行吗？

欧提德谟斯：这是善行。

这种教学方法有其可取之处，它可以启发人的思想，使人主动地去分析、思考问题。他用辩证的方法证明真理是具体的，具有相对性，在一定条件下可以向自己的反面转化。

3．苏格拉底名言摘录

（1）无知即罪恶。

（2）别人为食而生存，我为生存而食。

（3）智慧意味着自知无知。

（4）我平生只知道一件事，我为什么是那么无知。

（5）每个人身上都有太阳，主要是如何让它发光。

（6）教育不是灌输，而是点燃火焰。

（7）问题是接生婆，它能帮助新思想的诞生。

（8）最优秀的人就是你自己。

（9）知道的越多，才知知道的越少。

（10）暗恋是世界上最美丽的爱情。

（二）柏拉图——西方哲学的奠基人

柏拉图（约前427—前347），古希腊伟大的哲学家，也是全部西方哲学乃至整个西方文化最伟大的哲学家和思想家之一，他和老师苏格拉底、学生亚里士多德并称为古希腊三大哲学家。柏拉图，从任何方面来说，是西方文学传统上最耀眼的作家之一，也是哲学史上最有洞察力、广泛影响力的作家。作为一个高地位的雅典公民，在他的工作中，他显示出对政治事件和当时的知识分子活动的专心，

但是他提出的问题是这么影响深远，他使用的处理问题的策略有丰富的暗示性和振奋性，教育了差不多每一时期的读者，某种程度上都受了他的影响。

1．生平故事

柏拉图生于雅典一个较为富裕的贵族家庭，他的父亲是阿里斯通、母亲是克里提俄涅，他在家中排行老四。他的家庭宣称是古雅典国王的后代，他也是当时雅典知名的政治家柯里西亚斯的侄子，因为他强壮的身躯而被称为柏拉图（在希腊语中，Platus 一词是"平坦、宽阔"意思）。传说柏拉图这个名字也可能是来自他流畅的口才、或因为他拥有宽广的前额。由于柏拉图出色的学习能力和其他才华，古希腊人还称赞他为阿波罗之子，并称在柏拉图还是婴儿的时候曾有蜜蜂停留在他的嘴唇上，才会使他口才如此甜蜜流畅。

柏拉图起初打算继承家族传统而从政，但后来情况发生变化。在与斯巴达的战争中，雅典民主制失利，随即"三十僭主"上台执政。

公元前 399 年，他的老师苏格拉底受审并被判死刑，柏拉图对现存的政体完全失望，于是开始游遍意大利、西西里岛、埃及、昔兰尼等地以寻求知识。据说他在 40 岁时，结束旅行返回雅典，并在雅典城外西北角创立了自己的学校——柏拉图学院，这所学院成为西方文明最早的有完整组织的高等学府之一，后世的高等学术机构也因此而得名，也是中世纪时在西方发展起来的大学的前身。学院存在了 900 多年，直到公元 529 年被查士丁尼大帝关闭为止。学院受到毕达哥拉斯的影响较大，课程设置类似于毕达哥拉斯学派的传统课题，包括算术、几何学、天文学以及声学。学院培养出了许多知识分子，其中最杰出的是亚里士多德。

2．哲学思想精华

柏拉图是西方客观唯心主义的创始人，其哲学体系博大精深，对其教学思想影响尤甚。柏拉图认为世界由"理念世界"和"现象世界"所组成。理念的世界是真实的存在，永恒不变，而人类感官所接触到的这个现实的世界，只不过是理念世界的微弱的影子，它由现象所组成，而每种现象是因时空等因素而表现出暂时变动等特征。由此出发，柏拉图提出了一种理念论和回忆说的认识论，并将它作为其教学理论的哲学基础。

柏拉图的宇宙观基本上是一种数学的宇宙观。他设想宇宙开头有两种直角三角形，一种是正方形的一半，另一种是等边三角形的一半。从这些三角形就合理地产生出 4 种正多面体，这就组成四种元素的微粒。火微粒是正四面体，气微粒是正八面体，水微粒是正二十面体，土微粒是立方体。第五种正多面体是由正五边形形成的十二面体，这是组成天上物质的第五种元素，叫做以太。整个宇宙是一个圆球，因为圆球是对称和完善的，球面上的任何一点都是一样。宇宙也是活的，运动的，有一个灵魂充溢全部空间。宇宙的运动是一种环行运动，因为圆周运动是最完善的，不需要手或脚来推动。四大元素中每一种元素在宇宙内的数量是这样的：火对气的比例等于气对水的比例和水对土的比例。万物都可以用一个数目来定名，这个数目就是表现它们所含元素的比例。

柏拉图还是西方教育史上第一个提出完整的学前教育思想并建立了完整的教育体系的人。柏拉图中年开始从事教育研究活动。他从理念先于物质而存在的哲学思想出发，在其教育体系中强调理性的锻炼。他要求 3 ～ 6 岁的儿童都要受到保姆的监护，会集在村庄的神庙里，进行游戏、听故事和童话。柏拉图认为这些都具有很大的教育意义。7 岁以后，儿童就要开始学习军人所需的各种知识和技能，包括读、写、算、骑马、投枪、射箭等。从 20 ～ 30 岁，那些对抽象思维表现特殊兴趣的学生就要继续深造，学习算术、几何、天文学与和声学等学科，以锻炼他的思考能力，使他开始探索宇宙的奥妙。柏拉图指出了每门学科对于发展抽象思维的意义。他主张未来的统治者在30岁以后，要进一步学习辩证法，以洞察理念世界。5年后，他就可以成为统治国家的哲学王了。

在他的奴隶主教育学体系中，体育占有重要的地位。柏拉图对妇女体育也很重视。他认为："做女孩的应该练习各种跳舞和角力；结婚以后，便要参加战斗演习、行营布阵和使用武器……因为一旦当所有的军队出动去打敌人的时候，她们就能保卫儿童和城市"（《柏拉图论教育》）。他认为，体育应包括教育手段和健康术。他主张身心和谐发展，强调"用体育锻炼身体，用音乐陶冶心灵"。

3．柏拉图名言摘录

（1）为着品德而去眷恋一个情人，总是一种很美的事。

（2）征服自己需要更大的勇气，其胜利也是所有胜利中最光荣的胜利。

（3）真理永远在少数人一边。

（4）思想永远是宇宙的统治者。

（5）无论如何困难，不可求人怜悯！

（6）耐心是一切聪明才智的基础。

（7）意志不纯正，则学识足以为害。

（8）不知道自己的无知，乃是双倍的无知。

（9）除非男女受着一样的教育，否则就不能使妇人有同男人一样的责任。

（10）好人之所以好是因为他是有智慧的，坏人之所以坏是因为他是愚蠢的。

（三）亚里士多德——最博学的哲学家

亚里士多德（前384—前322），古希腊斯吉塔拉人，世界古代史上最伟大的哲学家、科学家和教育家之一。是柏拉图的学生，亚历山大的老师。公元前335年，他在雅典办了一所叫吕克昂的学校，被称为逍遥学派。作为一位最伟大的、百科全书式的科学家，亚里士多德对世界的贡献无人可比。他对几乎每个学科都作出了贡献。他的写作涉及伦理学、形而上学、心理学、经济学、神学、政治学、修辞学、自然科学、教育学、诗歌、风俗，以及雅典宪法。马克思曾称亚里士多德是古希腊哲学家中最博学的人物，恩格斯称他是古代的黑格尔。

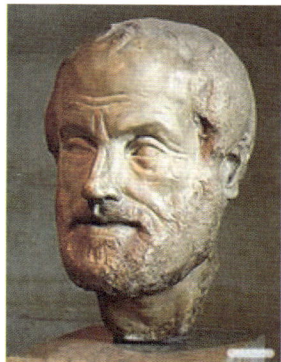

1．生平故事

亚里士多德公元前384年生于色雷斯的斯塔基拉，父亲是马其顿王的御医。亚里士多德在贵族家庭环境里长大，在18岁时，被送到雅典的柏拉图学园学习，此后20年间亚里士多德一直住在学园，直至老师柏拉图在公元前347年去世。柏拉图去世后，由于学园的新首脑比较同情柏拉图哲学中的数学倾向，令亚里士多德无法忍受，便离开雅典。

离开学园后，亚里士多德先是接受了先前的学友赫米阿斯的邀请访问小亚细亚。赫米阿斯当时是小亚细亚沿岸的密细亚的统治者。亚里士多德在那里还娶了赫米阿斯的侄女为妻。但是在公元前344年，赫米阿斯在一次暴动中被谋杀，亚里士多德不得不离开小亚细亚，和家人一起到了米提利尼。3年后，亚里士多德又被马其顿的国王腓力二世召唤回故乡，成为当时年仅13岁的亚历山大大帝的老师。根据古希腊著名传记作家普鲁塔克的记载，亚里士多德对这位未来的世界领袖灌输了道德、政治以及哲学的教育。亚里士多德也运用自己的影响力，对亚历山大大帝的思想形成起了重要的作用。正是在亚里士多德的影响下，亚历山大大帝始终对科学事业十分关心，对知识十分尊重。

公元前335年腓力去世，亚里士多德又回到雅典，并在那里建立了自己的学校。在此期间，亚里士多德边讲课，边撰写了多部哲学著作。亚里士多德讲课时有一个习惯，即边讲课，边漫步于走廊和花园，正是因为如此，学园的哲学被称为"逍遥的哲学"或者"漫步的哲学"。

亚里士多德不只研究了当时几乎所有的学科，他也对这些学科作出极大的贡献。在科学上，亚里士多德研究了解剖学、天文学、经济学、胚胎学、地理学、地质学、气象学、物理学和动物学。在哲学上亚里士多德则研究了美学、伦理学、政治、政府、形而上学、心理学以及神学。亚里士多德也研究教育、文学以及诗歌。亚里士多德的生平著作加起来几乎成了一部希腊人知识的百科全书。

亚历山大死后，雅典人开始奋起反对马其顿的统治。由于和亚历山大的关系，亚里士多德不得不因为被指控不敬神而逃亡加而西斯避难，他的学园则交给了狄奥弗拉斯图掌管。亚里士多德说他会逃离是因为"我不想让雅典人再犯下第二次毁灭哲学的罪孽。"（隐喻之前苏格拉底之死）

在一年之后的公元前322年，亚里士多德因为多年积累的一种疾病而去世。亚里士多德还留下一个遗嘱，要求将他埋葬在妻子坟边。

2．哲学思想精华

（1）朴素唯物主义和辩证法思想。亚里士多德虽然是柏拉图的学生，但却抛弃了他的老师所持的唯心主义观点。柏拉图认为理念是实物的原型，它不依赖于实物而独立存在。亚里士多德则认为实在界乃是由各种本身的形式与质料和谐一致的事物所组成的。"质料"是事物组成的材料，"形式"则是每一件事物的个别特征。就像是现在有一只鼓翅乱飞的鸡，这只鸡的"形式"是它会鼓翅、会咕咕叫、会下蛋等。当这只鸡死时，"形式"也就不再存在，唯一剩下的就是鸡的物质。柏拉图断言感觉不可能是真实知识的源泉。亚里士多德却认为知识起源于感觉。这些思想已经包含了一些唯物主义的因素。亚里士多德和柏拉图一样，认为理性方案和目的是一切自然过程的指导原理。可是亚里士多德对因果性的看法比柏拉图更为丰富，因为他接受了一些古希腊时期对这个问题的看法。他指出主要有4种，第一种是质料因，即形成物体的主要物质。第二种是形式因，即主要物质被赋予的设计图案和形状。第三种是动力因，即为实现这类设计而提供的机构和作用。第四种是目的因，即设计物体所要达到的目的。举个例子来说，制陶者的陶土为陶器提供其质料因，而陶器的设计样式则是它的形式因，制陶者的轮子和双手是动力因，而陶器打算派的用途是目的因。亚里士多德本人看中的是物体的形式因和目的因，他相信形式因蕴藏在一切自然物体和作用之内。开始这些形式因是潜伏着的，但是物体或者生物一旦有了发展，这些形式因就显露出来了。最后，物体或者生物达到完成阶段，其制成品就被用来实现原来设计的目的，即为目的因服务。他还认为，在具体事物中，没有无质料的形式，也没有无形式的质料，质料与形式的结合过程，就是潜能转化为现实的运动。这一理论表现出自发的辩证法的思想。

（2）形式逻辑。亚里士多德在哲学上最大的贡献在于创立了形式逻辑这一重要分支学科。逻辑思维是亚里士多德在众多领域建树卓越的支柱，这种思维方式自始至终贯穿于他的研究、统计和思考之中。

3．亚里士多德名言摘录

（1）教育的根是苦的，但其果实是甜的。

（2）事业是理念和实践的生动统一。

（3）真正的朋友，是一个灵魂孕育在两个躯体里。

（4）羽毛相同的鸟，自会聚在一起。

（5）在不幸中，有用的朋友更为必要；在幸运中，高尚的朋友更为必要。在不幸中，寻找朋友出于必需；在幸运中，寻找朋友出于高尚。

（6）人生颇富机会和变化。人最得意的时候，有最大的不幸光临。

（7）幸福在于自主自足之中。幸福就是至善。幸福属于满足的人们。

（8）一个国家的法治要求其现行的法律必须得到普遍的遵守和执行，而获得普遍遵守的法律应该是制定的良好的法律。

（9）我爱我师，我更爱真理。

（10）有人问：写一首好诗，是靠天才呢，还是靠艺术？我的看法是：苦学而没有丰富的天才，有天才而没有训练，都归无用；两者应该相互为用，相互结合。

二、德国古典哲学代表人物

在西方哲学史上，德国哲学至少占了近现代哲学的一半。从莱布尼茨、康德、黑格尔，直到叔本华、马克思、尼采、胡塞尔、海德格尔、维特根斯坦，这些哲学家都被认作是头等重要的哲学家。

黑格尔——最庞大哲学体系的创立者

格奥尔格·威廉·弗里德里希·黑格尔（1770—1831），是德国哲学中由康德启始的那个运动的顶峰；虽然他对康德时常有所批评，假使原来没有康德的学说体系，决不会产生他的体系。黑格尔的影响固然现在渐渐衰退了，但以往影响一向是很大的，而且不仅限于德国。19世纪末年，在美国和英国，一流的学院哲学家大多都是黑格尔派。

1．生平故事

黑格尔出生于德国一个绅士家庭，父亲为市税务局书记官。13岁时，母亲去世。中学毕业后，黑格尔进入神学院学习，期间对哲学产生浓厚兴趣。1793年，神学院毕业后，做过几年家庭教师。1801年起，进入大学任教。1808年底，黑格尔到纽伦堡大学担任哲学教授和中学校长。1816年至1817年，任海德堡大学校长。1818年，任柏林大学教授，主讲哲学。1830年，被提升为校长，成为普鲁士王朝的精神领袖。1831年的一场霍乱夺去了声名如日中天的黑格尔的生命。

2．哲学思想精华

黑格尔哲学在中国的影响，已有百余年历史，对中国文化精神的现代构建起着十分重要的作用。其哲学思想中的科学、理性、民主、法治精神以及美的、伦理的思想，是新文化的种子。

（1）能动的辩证法思想。黑格尔的辩证法思想是一种能动性思想，他在《精神现象学》导言里讲：最重要的就是要把实体理解为主体。实体就是我们通常讲的一个实在的东西，主体就是我们通常讲的这个东西的能动性。在黑格尔看来，如果一个东西真的是实体的话，那么它的实体只不过是主体的能动性的一种表现而已。

（2）辩证理性，即彻底的理性主义和逻辑主义。黑格尔的辩证法把自由的超越性和规范的必然性结合在一起，它是以往西方哲学发展的集大成。西方哲学从古希腊以来，就有强调人的自由这一方面，也有强调人的规范的另一方面，有些人强调自由的突破性的力量，有些人强调规范的力量，那么黑格尔把两者辩证地结合在一起，使它成为了辩证理性。

西方讲的理性，首先着眼于它的规范性。所谓逻辑理性，就是逻各斯中心主义。后现代批评理性就是批评它的逻各斯中心主义，把理性看得太重要了。理性就意味着逻各斯。但是这个逻各斯是如何得来的呢？逻各斯恰好是通过一种超越才能得来，首先是对感性的超越才能得来。更高的规范需要更高的超越，更大的统一性就要超越很多的杂多的东西才能获得，所以逻各斯的规范性恰好是通过"努斯"的超越性所获得的。超越到更高的层次，才能建立起普遍的规范，否则就要受到感性的干扰，陷在感性的汪洋大海里面不得超脱。所以它们是不可分的。反过来，如何才是真正的超越呢？为所欲为，打破一切规范，怎么都行，这是后现代的精神。

（3）逻辑、认识论和本体论"三统一"。黑格尔把"绝对观念"或"绝对精神"看作世界的本原。绝对精神并不是超越于世界之上的东西，自然、人类社会和人的精神现象都是它在不同发展阶段上的表现形式。因此，事物的更替、发展、永恒的生命过程，就是绝对精神本身。

黑格尔哲学的任务和目的，就是要展示通过自然、社会和思维体现出来的绝对精神，揭示它的发展过程及其规律性，实际上是在探讨思维与存在的辩证关系，在唯心主义基础上揭示二者的辩证统一。

围绕这个基本命题，黑格尔建立起令人叹为观止的客观唯心主义体系，主要讲述绝对精神自我发展的3个阶段：逻辑学、自然哲学、精神哲学。黑格尔在论述每一个概念、事物和整个体系的发展中自始至终都贯彻了这种辩证法的原则。这是人类思想史上最惊人的大胆思考之一。

他的著作集德国古典哲学之大成，创立了一个完整的客观唯心主义哲学体系。认为"绝对观念"是宇宙之源，万物之本。世界的运动变化乃是"绝对观念"自我发展的结果，认为他自己的哲学就是"绝对观念"的最高表现，普鲁士王国是体现"绝对观念"的最好国家制度。

在他的唯心主义哲学体系中，提出了有价值的辩证法思想，认为整个自然的、历史的和精神的世界是一个过程，是在不断地运动、变化和发展着的，而其内部矛盾乃是发展的源泉。马克思、恩格斯批判地继承了黑格尔辩证法的合理内核，创立了唯物辩证法。

3．黑格尔名言摘录

（1）运伟大之思者，必行伟大之迷途。

（2）背起行囊，独自旅行。做一个孤独的散步者。

（3）如果说音乐是流动的建筑，那建筑物则是凝固的音乐。

（4）悲观的头脑，乐观的意志。

（5）目标有价值，生活才有价值。

（6）在纯粹光明中就像在纯粹黑暗中一样，看不清什么东西。

（7）人是靠思想站立起来的。

（8）最大的天才尽管朝朝暮暮躺在青草地上，让微风吹来，眼望着天空，温柔的灵感也始终不光顾他。

（9）如果你生活在一种无法抗拒的、无法改变的痛苦里，那么这种痛苦将是你的幸福！给自己一个希望和勇气，大喊没有什么大不了的！慷慨地说句"大不了就是一死"！

（10）一个深刻的灵魂，即使痛苦，也是美的。

三、马克思唯物辩证法观点介绍

1．唯物辩证法的根本观点是矛盾的观点

马克思主义哲学认为：世界是普遍联系和永恒发展的，联系的根本内容是矛盾，发展的根本动力也是矛盾，没有矛盾就没有世界。矛盾规律即对立统一规律，它揭示了事物发展的源泉和动力，提供了理解一切现存事物的"自己运动"的钥匙。世界上的一切事物都包含着两个方面，这两个方面既相互对立，又相互统一。矛盾就是反映事物内部对立和统一关系的哲学范畴，简言之，矛盾就是对立统一。矛盾的对立属性是斗争性,矛盾的统一属性是同一性,它们是矛盾所固有的相反相成的两种基本属性。矛盾的普遍性，是指矛盾存在于一切事物中，不包含矛盾的事物是不存在的，即事事有矛盾；矛盾贯穿于每一事物发展过程的始终，每一事物从产生到灭亡都存在着自始至终的矛盾运动，即时时有矛盾。

在复杂事物的发展过程中，存在着许多矛盾，其中必有一种矛盾，它的存在和发展,决定或影响着其他矛盾的存在和发展。这种在事物发展过程中处于支配地位、对事物发展起决定作用的矛盾就是主要矛盾。其他处于从属地位、对事物发展不起决定作用的矛盾则是次要矛盾。主要矛盾和次要矛盾相互依赖、相互影响，并在一定条件下相互转化。

主要矛盾和次要矛盾、矛盾的主要方面和次要方面辩证关系的原理要求我们，要坚持一分为二的矛盾分析法，坚持两点论和重点论相统一的认识方法。坚持两点论，就是在认识复杂事物的发展过程时，既要看到主要矛盾，又要看到次要矛盾；在认识某一矛盾时，既要看到矛盾的主要方面，又要看到矛盾的次要方面。坚持重点论，就是在认识复杂事物的发展过程时，要着重把握主要矛盾，"牵牛要牵牛鼻子";在认识某一矛盾时要着重把握矛盾的主要方面，要抓住主流。辩证法的两点论是有重点的两点论，而不是均衡论;重点论是看到两点中的重点，而不是一点论。我们要坚持两点论与重点论相结合的方法，反对形而上学的一点论和均衡论。

具体问题具体分析是我们正确解决矛盾的关键。我们认识矛盾的目的是为了正确解决矛盾。事物的矛盾各不相同，决定了解决矛盾的方法也不可能千篇一律。只有对具体问题进行具体分析，把握事物矛盾的特殊性，才能找到解决矛盾的正确方法。"对症下药"、"一把钥匙开一把锁"，就是指针对不同的问题，采取不同的措施。

2．唯物辩证法的总特征是联系的观点与发展的观点

世界上的一切事物都不是孤立存在的，而是和周围其他事物联系着。每一事物都是普遍联系的部分或环节，整个世界是一个普遍联系的有机整体。事物的联系具有普遍性、客观性和多样性。

自然界、人类社会和人的认识都处在永恒的变化发展之中，发展运动是绝对的。发展的实质是事物的前进和上升，是新事物的产生和旧事物的灭亡。如果没有这种发展，就不会有缤纷秀丽的自然界，就不会有生生不息的人类社会，也不会有日新月异的现代科技。事物发展的前途是光明的，道路是曲折的。量变和质变是事物发展过程中两种不同的状态。量变是指事物数量的增减和场所的变更，是一种渐进的、不显著的变化。通常人们在生活中看到的统一、相持、平衡和静止等，都是事物在量变过程中所呈现的状态。

3．马克思名言摘录

（1）真诚的、十分理智的友谊是人生的无价之宝。

（2）友谊像清晨的雾一样纯洁，奉承并不能得到它，友谊只能用忠实去巩固。

（3）在选择职业时，我们应该遵循的主要方针是人类的幸福和我们自身的完美。

（4）时间是人类发展的空间。

（5）时间就是能力等待发展的地盘。

（6）一切节省，归根到底都归结为时间的节省。

（7）劳动创造世界。

（8）在科学上没有平坦的大道，只有不畏劳苦艰险沿着陡峭山路攀登的人，才有希望达到光辉的顶点。

（9）万事开头难，每门科学都是如此。

（10）历史把那些为了广大的目标而工作，因而使自己变得高尚的人看作是伟大的人；经验则把使最大多数人幸福的人称赞为最幸福的人。

【活动建议】

（1）推荐一位对自己有影响的西方哲学家，说说他的与众不同。

（2）与同学分享一些西方哲学家的名言，说说自己的感悟。

任务三　传统精神要义

【学习目标】

了解我国传统民族精神的深刻内涵，认识在现代社会生活中传统民族精神的表现和重要作用，树立热爱和发扬优秀传统精神的意识。

【情景对话】

琪琪：我觉得我们杭州不仅景美，人更美。

浩浩：这个观点怎么理解，快说来听听！

琪琪：你看我们杭州有"最美妈妈"吴菊萍，"最美司机"吴斌，他们真是我们杭州的骄傲呀。

浩浩：其实在全国出现了很多最美现象，感动中国十大人物评选活动在全国开展以来，涌现了太多太多这样的"最美"，他们来自各个地区、各个行业，感动了全中国。

琪琪：你怎么看近年来的"最美"现象？

浩浩：这些"最美"现象都有一个共同的特点，就是在他们身上，我们都看到了传统美德精神，是我们民族的骄傲。

琪琪：我们中华民族是一个有着伟大民族精神的民族，让我们一起来领略吧。

【学习顾问】

一、民族精神的内涵

何谓民族精神？民族精神是反映在长期的历史进程和积淀中形成的民族意识、民族文化、民族习俗、民族性格、民族信仰、民族宗教，民族价值观念和价值追求等共同特质，是指民族传统文化中维系、协调、指导、推动民族生存和发展的精粹思想，是一个民族生命力、创造力和凝聚力的集中体现，是一个民族赖以生存、共同生活、共同发展的核心和灵魂。

二、我国民族精神的核心

党的十六大报告指出："在五千多年的发展中，中华民族形成了以爱国主义为核心的团结统一、爱好和平、勤劳勇敢，自强不息的伟大民族精神。""一个民族，一个国家没有自己的精神支柱，就没有生机凝聚力。""建设有中国特色的社会主义事业，是一项充满艰辛、充满创造的壮丽事业，伟大事业需要并将产生崇高的精神。崇高的精神支撑和推动着伟大的事业。没有坚强精神的民族，是没有前途的。面对新世纪、新形势、新任务，特别需要在全党和全社会大力宣传和弘扬解放思想、实事求是的精神，紧跟时代、勇于创新的精神，知难而进、一往无前的精神，艰苦奋斗、务求实效的精神，淡泊名利、无私奉献的精神。要日复一日、年复一年地不断用这些精神武装全党和全国各族人民，使之成为大家的自觉追求，成为抓住机遇、加快发展，实现社会主义现代化，实现中华民族伟大复兴的巨大精神动力。"

数千年来，伟大的中华民族精神植根于民族历史的土壤之中，具有深厚的根基，具有生生不息、薪火相传的历史传承性。从5千年前的中华祖先到21世纪的中国国民，在绵延亘古的文明创造中培育出的民族精神光彩夺目、普照人间。诸如"以公灭私"、"天下为公"的尚公精神，"发奋忘食、乐以忘忧"、"锲而不舍、金石可镂"的刚健有为、自强不息精神，"三军可以夺帅也，匹夫不可以夺志"、"富贵不能淫、贫贱不能移、威武不能屈"的高尚情操和民族气节，"先天下之忧而忧，后天下之乐而乐"、"天下兴记，匹夫有责"的以天下为己任的忧国忧民的责任感和爱国主义精神，"崇尚仁义、厚德载物"的雍容大度、包容万物的宽容精神，"以和为贵、协和万邦"的博大胸襟，"穷则变，变则通，通则久"的革故鼎新的变革精神；"路漫漫其修远兮，吾将上下而求索"的不懈追求精神；刻苦自励，"头悬梁、锥刺股"的勤学精神等，都是中华民族最宝贵的财富。

中国共产党领导中国人民在争取民族独立、国家富强的艰苦卓绝的斗争中，不但继承和弘扬了民族精神，而且丰富和发展了民族精神，不断增添新的内容。如在新民主主义革命中的井冈山精神、长征精神、延安精神、红岩精神、西柏坡精神等，惊天动地，气贯长虹。解放以后，在社会主义建设和改革中，我国人民用智慧和生命弘扬光大了一幅幅壮丽的中华民族新的精神，包括：伟大的抗美援朝精神，即"祖国和人民的利益高于一切，为了祖国和民族的尊严而奋不顾身的爱国主义精神，英勇顽强、舍生忘死的革命英雄主义精神，不畏艰难困苦，始终保持高昂士气的革命乐观主义精神，为完成祖国和人民赋予的使命，慷慨奉献自己一切的革命忠诚精神，以及为了人类和平与正义事业而奋斗的国际主义精神。"1998年的"抗洪精神"，即"万众一心、众志成城，不怕困难、顽强拼搏，坚忍不拔、敢于胜利"的伟大精神；"两弹一星"精神，即"热爱祖国、无私奉献、自力更生、大力协同、努力攀登"的崇高精神，以及"求真务实、开拓创新"的科学精神；2003年抗击"非典"精神，即"万众一心、众志成城、团结互助、和衷共济、迎难而上，敢于胜利"的精神。

"在他心里，国为重，家为轻，科学最重，名利最轻。5年归国路，10年两弹成。开创祖国航天，他是先行人，劈荆斩棘，把智慧锻造成阶梯，留给后来的攀登者。他是知识的宝藏，是科学的旗帜，是中华民族知识分子的典范。"他就是我国两弹一星元勋钱学森。

三、我国民族精神的重要作用

中华民族历经磨难而不衰，靠的正是包括"万众一心、众志成城、敢于胜利"在内的伟大民族精神，靠的是亿万人民强大的民族凝聚力和向心力。正是凭着这种精神的力量，我们面对一个又一个灾难，迎接一个又一个挑战，愈挫愈坚，百折不挠、勇往直前。正是这种伟大的民族精神，使中国人民克服了一个个困难，战胜了一个个灾害。

纵观历史，人类社会的发展总是伴随着与各种困难、灾害的斗争而奋力前进，从来都不是一帆风顺的，人类的生存发展总是不断面临着严峻的考验。当今中国仍然如此，仍然面临着各方面的挑战和严峻的考验。

从国际形势看，政治多极化和经济全球化的趋势日益明显，高新科技的发展日新月异，综合国力的竞争日趋激烈。近年来西方国家借助经济全球化及高新技术的优势，把西方文化、西方价值观传播到中国，其中有许多腐朽的、黄色的、反动的东西。我们必须高扬中华民族精神，武装广大青少年，抵制消极的、有害的文化，吸纳积极的、健康的文化。

从国内形势看，我国正面临全面建设小康社会，加快社会主义现代化建设，实现中华民族伟大复兴的发展时期。实现社会主义现代化建设第三步战略目标依然任重而道远。我国劳动力素质不高，因此劳动生产率很低，仅相当于日本的1/40，美国的1/50。我国是人口大国，人才弱国，人力资源大国，人力资本弱国。要建设强大的社会主义现代化国家，必须走科教兴国、人才强国之路。关键是培养人才，提高劳动力素质，这一历史的责任落在一代代青少年身上。我们要激励青少年学生继承和弘扬民族精神，努力学习、刻苦钻研，全面提高自身素质，勇攀科学文化高峰。青少年学生在求知成才、全面发展的进程中，必须有艰苦奋斗、锲而不舍的精神，顽强拼搏、不怕困难的精神，必须有高度的责任心、事业心、报效祖国的奉献精神。这些正是中华民族精神的精髓。只有用伟大的民族精神武装青少年，激励青少年，才能促进他们迅速成才，才有源源不断的成才动力。

新时期中国人发扬着"特别能吃苦、特别能战斗、特别能攻关、特别能奉献"的载人航天精神，取得了卓越的成就。

中华民族精神源远流长、博大精深、内涵丰富，延衍升华，在不同的时代有不同的内容和体现。邓小平在 20 世纪 80 年代号召全党全国人民要"发扬革命和拼命精神，严守纪律和自我牺牲精神，大公无私和先人后己精神，压倒一切敌人、压倒一切困难的精神，坚持革命乐观主义，排除万难去争取胜利的精神"。江泽民在 20 世纪 90 年代提出 64 字创业精神，即"解放思想、实事求是，积极探索，勇于创新，艰苦奋斗、知难而进，学习外国、自强不息，谦虚谨慎、不骄不躁，同心同德、顾全大局，勤俭节约、清正廉洁，励精图治、无私奉献"。

民族精神不是自发形成和传承的，而要宣传、弘扬、培育，尤其是在外来文化广泛传入，猛烈冲击的今天，加强教育尤为重要。邓小平说："要懂得些中国历史，这是中国发展的一个精神动力。"我们青少年应利用各种形式，各种渠道，了解中华民族的悠久历史，了解各个历史时期中华民族的奋斗历史，光荣传统，优秀文化，以及可歌可泣的杰出人物，民族精神的时代特点，了解中华民族饱经沧桑、艰难曲折的历史。

我们青少年是祖国的未来，是民族的希望。青少年兴则国家兴，青少年强则国家强，让以爱国主义为核心的民族精神在我们青少年中深深扎根。

我们青少年要有国际眼光、国际意识、国际胸怀，放眼世界，放眼未来。民族精神决不是本土精神。民族精神要为本土、本国的发展服务，要善于学习和吸取全世界的一切文明成果，我国现时代的民族精神要体现改革开放、市场经济的特点，体现社会主义现代化建设的特点，并推动改革开放、市场经济的发展，推动现代化建设。

【活动建议】

（1）在香港大学，不少内地来的学生英语极佳，英文的流行歌曲也唱的比中文好，却常常看不起自己所在的国家，一开口就是批判，还未毕业，就在香港的外资机构四处觅职，且非外资不去。我们应该怎么看待这一现象？我们应该如何正确看待中华传统文化？

（2）收集近几年感动中国的人物故事，与同学分享他们身上所散发出来的传统精神。寻访你所在的学校、校区、单位中的感人故事，以他们为榜样，激励自己。

项目五

艺术与民俗

　　艺术是开启人类心灵的钥匙，它是人类走向文明旅程不可缺少的支柱，我们的祖先给我们留下了许多令人惊叹的艺术瑰宝，从而使我们可以在这多彩的艺术世界里恣意遨游。可当今社会，各种文化繁杂林立，艺术表现形式五花八门、良莠不齐。该选择传承什么样的文化、欣赏什么样的艺术是摆在广大青少年朋友面前的一个现实难题。中华民族千百年来的优秀文化日渐被冷落、忽视，它们的博大与精深需要我们掠去当今社会的浮躁与喧哗才能再次展现。作为中华民族的子孙后代，我们有权也有义务传承这些精华！本章节旨在向广大青少年朋友们介绍中华民间的传统艺术与风俗。

任务一 中国民间艺术

【学习目标】

通过本任务的学习，了解中国民间艺术的含义、种类、特点等内容，提升民间艺术审美能力。

【情景对话】

琪琪：浩浩，你最喜欢的艺术表现形式有哪些？

浩浩：我喜欢街舞、HIP-POP说唱音乐、COSPLAY等一些时尚的东西啊！

琪琪：那你为啥喜欢这些呢？

浩浩：具体也说不清，就觉得玩这些东西特别带劲儿！觉得可以释放活力，觉得很放松、有意思！

琪琪：那你了解中国民间艺术吗？

浩浩：不了解！

琪琪：那你知道京剧吗？

浩浩：知道，但不感兴趣，整天咿咿呀呀，节奏太慢了，没有耐心听下去！

琪琪：这可是我们的国粹哦！

浩浩：知道，不过说实话对这些东西我真心不是很了解，似乎也没什么途径详细去了解。平时我的圈子里很少有人接触这些东西。包括媒体似乎介绍的也很少，也许是喜欢的人少吧！我印象中，这些东西只有老年人才会喜欢的，对吧？

琪琪：今天我向你介绍一本有关中国民间艺术的读本你会有兴趣看吗？

浩浩：应该会的吧，只要不是太枯燥，毕竟这是我们我们中华民族自己传承下来的东西！

【学习顾问】

主题一 民间工艺美术

一、民间工艺

1. 剪纸

剪纸又叫刻纸，是中国汉族最古老的民间艺术之一，它的历史可追溯到公元6世纪。窗花或剪画的区别在于创作时，有的用剪子，有的用刻刀，虽然工具有别，但创作出来的艺术作品基本相同，人们统称为剪纸。剪纸是一种镂空艺术，其在视觉上给人以透空的感觉和艺术享受。其载体可以是纸张、金银箔、树皮、树叶、布、皮、革等片状材料。

剪纸起源于古人祭祖祈神的活动，至今已有2000多年的发展史。剪纸发明于公元前西汉时代（公元前3世纪），当时人们运用薄片材料，通过镂空雕刻的技法制成工艺品，该工艺在未出现纸时就已流行，即以雕、镂、剔、刻、剪的技法在金箔、皮革、绢帛，甚至在树叶上剪刻纹样。战国时期用皮革镂花，银箔镂空刻花，原理都与剪纸同出一辙，他们的出现都为民间剪纸的形成奠定了一定的基础。民间剪纸善于把多种物象组合在一起，并产生出理想中的美好结果。民间剪纸之所以能够得以长久广泛的流传，纳福迎祥的表现功能是其主要原因。人们祈求丰衣足食、人丁兴旺、健康长寿、万事如意，这种朴素的愿望，便借托剪纸传达出来。

2. 皮影

皮影戏又叫"影子戏"或"灯影戏",是一种以兽皮或纸板做成的人物剪影,在灯光照射下用隔亮布进行演戏,是我国民间广为流传的傀儡戏之一。表演时,艺人们在白色幕布后面,一边操纵戏曲人物,一边用当地流行的曲调唱述故事,同时配以打击乐器和弦乐,有浓厚的乡土气息。皮影戏是中国汉族民间的一门古老传统艺术,老北京人都叫它"驴皮影"。

皮影戏最早诞生于两千年前的西汉,从清人入关至清末民初,中国皮影戏艺术发展到了鼎盛时期,很多皮影艺人子承父业,数代相传。无论是从影人造型制作、影戏演技唱腔和流行地域上讲,在这个时期都达到了历史的巅峰。中国皮影艺术是我国民间工艺美术与戏曲巧妙结合而成的独特艺术品种,是中华民族艺术殿堂里不可或缺的一颗明珠。在过去电影、电视等媒体尚未发达的年代,皮影戏曾是十分受欢迎的民间娱乐活动之一。可目前,随着娱乐方式的多样化发展,皮影戏的现状不容乐观。当年的皮影制作和表演艺人如今都已年逾百岁,这门精湛的技艺面临失传。中国皮影被世界各国的博物馆争相收藏,同时也是中国政府与其他国家领导人相互往来时的馈赠佳品。

二、民间绘画

1. 年画

年画又称"喜画",始于古代的门神画。年画因一年更换或张贴后可供一年欣赏之用,故称"年画"。它是中国特有的一种绘画体裁,也是中国农村老百姓喜闻乐见的艺术形式。旧时人们盛行在室内贴年画,户上贴门神,以祝愿新年吉庆,驱凶迎祥。传统民间年画多用木板水印制作。

年画是中国的一种古老民间艺术,和春联一样,起源于"门神"。据《山海经》载称:唐太宗李世民生病时,梦里常听到鬼哭神嚎之声,以至夜不成眠。这时,大将秦叔宝、尉迟恭二人自告奋勇,全身披挂地站立宫门两侧,结果宫中果然平安无事。李世民认为两位大将太辛苦了,心中过意不去,遂命画工将他俩人的威武形象绘在宫门上,称为"门神"。东汉蔡邕《独断》记载，汉代民间已有门上贴"神荼"、"郁垒"神像，到宋代演变为木板年画。后来，民间争相仿效，几经演变，形成了自己的独特风格，便是现今的年画了。

2. 木版画

木版画属于版画四大版种（凸、凹、平、漏）中的凸版，凸版画是指在制版过程中，使版画呈现凹凸两部分，其中凸面是作为意象图形着墨而能印刷出图像的部分，凹面是不能着墨且要清除干净的部分。先将油墨着色于版面凸出部分，然后覆印纸于版面，印刷出来的版画为凸版画。凸版画这一形式中运用得最普遍的就是木版画，其余如图章、手指纹捺印、拓片以及过去用于报刊印刷的铅印都属于凸版印刷范畴。

我国民族版画艺术的兴衰经历了漫长而艰苦的道路。追溯版画的由来，从史前原始岩画彩陶图纹到记录于甲骨的殷商文字，从镌刻青铜器上的金文到汉画像石刻，以及秦代肖形印章的广泛使用，可以说这一切都为我国雕版印刷的出现做了长时间的充分准备。雕版印刷术最早出现于何时虽无明确的文字记载，但大英帝国博物馆所藏我国唐代咸通九年（公元 868 年）金刚般若经的扉页画，是现存世界上最古老的木刻版画作品之一。

主题二　民间舞蹈

一、汉族民间舞蹈

1. 秧歌

秧歌系汉族舞蹈，源于插秧耕地的劳动生活，又与祭祀农神、祈求丰收所唱的颂歌有关。秧歌流行于我国北方汉族地区，主要于农历正月十五元宵节时在广场上表演，是一种集歌、舞、戏为一体的综合艺术形式。

秧歌起于西域的"姎哥偎郎"，在向东部传播时遇上了带有驱傩因子的汉族元宵社火，于是在东、西部结合处，青海、甘肃、宁夏、陕北及内蒙一带，产生了以"姎哥"为主要角色的化妆表演形式。当这种民间歌舞向东南传播时，由于姎哥、羊哥、扬高等不易理解，于是便借用了南方种稻插秧之歌。秧歌大概产生于宋代，最初叫"讶鼓"。秧歌舞表演起来，生动活泼、形式多样、红火热闹、气氛热烈。每逢重大节日，例如新年、元宵等，人们都会组织秧歌队，互相拜年问好、祝福娱乐。

2. 舞狮

舞狮又称"狮子舞"、"狮灯"、"舞狮子"，是一种亚洲民间传统表演艺术，表演者在锣鼓音乐伴奏下，装扮成狮子的样子，作出狮子的各种形态动作。中国民俗传统认为舞狮可以驱邪辟鬼，每逢喜庆节日，比如新张庆典、迎春赛会等人们都喜欢敲锣打鼓，舞狮助庆。狮子在中国人心目中为瑞兽，象征着吉祥如意，从而在舞狮活动中寄托着民众消灾除害、求吉纳福的美好意愿。

舞狮有着悠久的历史，它是中国与西域之间文化交流的产物。早在1 900年前，波斯使者把狮子等动物运到中国境内，随着人们对狮子的喜爱，已经不满足于将狮子的艺术形象停留在立门墩、屋檐、石栏、印章、年画等一些静态物体上，他们要让狮子活起来，于是便创造了模拟狮子行为的舞蹈，再加以改进和发展便成为中华民族一门独特的艺术。

二、少数民族舞蹈

1. 土家族摆手舞

摆手舞是土家族古老的传统舞蹈，土家语叫"舍巴"或"舍巴巴"，它集舞蹈艺术与体育健身于一体，有"东方迪斯科"之称。摆手舞活动是土家族人缅怀祖先、追忆民族迁徙的艰辛、再现田园生活的恬静等内容的大型舞蹈史诗，其服装和道具也蕴含着本民族的文化元素。

土家族摆手舞源远流长，至今已有一千多年前的历史。摆手舞主要流传在鄂、湘、渝交界的酉水流域，反映土家人的生产生活，如狩猎舞表现狩猎活动和摹拟禽兽活动姿态，包括"赶猴子"、"拖野鸡尾巴"、"犀牛望月"、"磨鹰闪翅"、"跳蛤蟆"等十多种动作。摆手舞于2006

年被列入中国第一批国家级非物质文化遗产名录。

2. 朝鲜族农乐舞

朝鲜族民间舞蹈之一"农乐舞"俗称"农乐"，是一种融音乐、舞蹈、演唱为一体的综合性的民族民间艺术，是表现朝鲜族农民喜庆丰收的传统舞蹈。表演时，吹打各种民间乐器的演员伴随着音乐旋律，翩翩起舞，边舞边鼓。该舞蹈流传于吉林、黑龙江、辽宁等朝鲜族聚居区，深受朝鲜族农民的喜爱。朝鲜民族能歌善舞，无论年节喜庆，还是家庭聚会，男女老幼伴随着沉稳的鼓点与伽倻琴翩跹起舞。中国朝鲜族农乐舞于 2009 年被联合国教科文组织批准列入《人类非物质文化遗产代表作名录》。

农乐舞具有悠久的历史，可追溯到古朝鲜时代春播秋收时的祭天仪式中的"踩地神"。在原始种族的狩猎劳动和祭祀活动中已略具雏形，随着农耕时期水田劳动的发展使农乐舞日渐丰富完善，并被作为推动生产的一种手段承袭下来。早先的农乐舞带有一些宗教色彩，如在农历年初巡回邻村跳农乐舞时，有祈天的"场院巫"，经过井旁时表演"井巫"，过桥时表演"桥巫"。农乐舞模拟生产方面的动作有"雀步"，它是农乐舞的基本步伐，舞中手持小鼓和鼓棒弓身碎步前进的动作，即是从狩猎时代的猎人瞄准野兽放箭动作中模仿而来的，后来又发展为骑马射箭的动作。农乐舞中最特殊的技巧就是转动系有飘带的象帽，据说这是从狩猎时代使用工具诱捕野兽的活动中演变而来。

主题三　民　间　戏　曲

1. 京剧

京剧又称京戏，在台湾又称平剧、国剧，京剧是在北京形成的戏曲剧种之最，至今已有200 年的历史，是中国影响最大的戏曲剧种，分布地以北京为中心，遍及全国。京剧耐人寻味，韵味醇厚。京剧表演的 4 种艺术手法：唱、念、做、打，也是京剧表演四项基本功。京剧角色的行当划分比较严格，早期分为生、旦、净、末、丑、武行、流行（龙套）七行，以后归为生、旦、净、丑四大行。京剧从全国300多个戏曲剧种中脱颖而出，与豫剧、越剧同为中国戏曲三鼎甲，其中京剧为榜首，被视为中国国粹。

清代乾隆五十五年起，原在南方演出的三庆、四喜、春台、和春四大徽班陆续进入北京，他们与来自湖北的汉调艺人合作，同时接受了昆曲、秦腔的部分剧目、曲调和表演方法，又吸收了一些地方民间曲调，通过不断的交流、融合，最终形成京剧。京剧流播全国，影响甚广，有"国剧"之称；它走遍世界各地，成为介绍、传播中国传统文化的重要手段。

2. 豫剧

豫剧是发源于河南省的一个戏曲剧种，中国五大剧种（京剧、豫剧、越剧、评剧、黄梅戏）之一，居中国各地域戏曲之首。豫剧以唱腔铿锵大气、抑扬有度、行腔酣畅、吐字清晰、韵味醇美、生动活泼、善于表达人物内心情感著称，凭借其高度的艺术性而广受各界人士欢迎。因其音乐伴奏用枣木梆子打拍，故早期得名河南梆子，新中国成立后，河南梆子被官方正式命名为"豫剧"。豫剧于2006年经国务院批准被列入第一批国家级非物质文化遗产名录。

豫剧的起源最早有3种说法，一说：明末秦腔与蒲州梆子传入河南后，与当地民歌、小调结合而成；二说：由北曲弦索调直接发展而成；三说：在河南民间演唱艺术，特别是明朝中后期，在中原地区盛行的时尚小令基础上，吸收弦索等艺术后发展而成。但经各方面的专家广泛调查和论证，最终发现豫剧最早的诞生地是在古都开封和周边各县。

3. 越剧

越剧发源于浙江绍兴嵊州，发祥于上海。汉族戏剧之一，中国五大剧种之一，全国第三大剧种。清末起源于浙江嵊州（古代越国首都），由当地民间歌曲发展而成，在发展中汲取了昆曲、话剧、绍剧等特色剧种之大成。越剧流派唱腔由曲调和唱法两大部分组成，在曲调的组织上，各派都有与众不同的手法和技巧，通过旋律、节奏以及板眼的变化，形成各自的基本风格。越剧是影响最广的地方剧种，2006年经国务院批准被列入第一批国家级非物质文化遗产名录。

越剧最初是从曲艺"落地唱书"发展而成的。清咸丰十二年（1852）由嵊县西乡马塘村农民金其柄所创。浙江嵊县以马塘村为主一带流行的说唱形式（以马塘村为主，为越剧起源，因而越剧应有近 150 年的历史），开始演变为在农村草台演出的戏曲形式。艺人初始均为半农半艺的男性农民，故早称男班，之后其经历了由男子越剧到女子越剧为主的历史性演变。历称小歌班、的笃班、绍兴戏剧、绍兴文戏、髦儿小歌班、绍剧、嵊剧、剡剧。1925 年 9 月 17 日上海《申报》演出广告中首次用"越剧"称之。1938 年始，多数戏班、剧团称"越剧"。新中国成立后才全部统一称"越剧"。

【至理箴言】

只有民族的，才是世界的！——鲁迅《且介亭杂文集》

【活动建议】

（1）自制一只以家乡景点或者特产为主题的风筝，并选择合适的天气和场所放飞风筝（具体制作流程及材料可咨询长辈或通过互联网查询）。

（2）请上网搜索著名舞蹈家杨丽萍的作品《雀之灵》、京剧名段《霸王别姬》、越剧名段《桃花扇》等视频进行欣赏。

任务二　中国民间风俗

【学习目标】

通过本任务的学习，了解中国民间风俗的基本内涵、种类、特点等内容，提升对民间风俗的认知与理解。

【情景对话】

琪琪：浩浩，你喜欢看穿越剧吗？

浩浩：喜欢啊！

琪琪：为什么？

浩浩：因为觉得好奇啊，古代人的风俗习惯和我们现代人的差距很大啊！

琪琪：浩浩，你现在最爱穿的衣服是什么风格的？

浩浩：嘻哈风格的！

琪琪：为什么？

浩浩：觉得很酷、穿着也很舒服，玩滑板或者跳街舞的时候很拉风的。

琪琪：那你知道我们国家的古代人是穿什么样的衣服的吗？

浩浩：当然知道啊，电视里常可以看到过的啊，就是那种长长的，特别烦琐的，看着也觉得蛮有意思的，可惜不适合生活节奏快的现代人穿着。

琪琪：你现在和朋友间最常用的聊天方式是什么？

浩浩：用通讯工具啊，如微信、QQ等即时通讯软件。这样的接触方式没有距离感！最新的聊天工具功能也越来越完善，很好玩的。

琪琪：那你知道古时候人们之间是怎样联系的吗？

浩浩：不清楚，呵呵，那时应该什么通讯工具都没有吧？

琪琪：那你有兴趣了解我们民族古时候的一些民俗文化吗？

浩浩：可以啊。

琪琪：那就让我们一起去领略下中国传统的民俗文化。

【学习顾问】

民俗是世代相传的民间生活风俗。中国是一个具有悠久历史民俗传统的国家，在中国境内土生土长的各民族中，都有广大人民群众创造的各类民俗文化，代代传承，这些民俗不仅丰富了人们的生活，还增加了民族凝聚力。民俗起源于人类社会群体生活的需要，在各个民族、时代和地域中不断形成、扩大和演变，为人民的日常生活服务。民俗就是这样一种来自于人民，传承于人民，规范人民，又深藏在人民的行为、语言和心理中的基本力量。

主题一　民　间　服　饰

一、汉族服饰

1. 汉服

汉服又称汉衣冠，中国汉族的传统服饰，又称汉装、华服，从黄帝即位（约西元前2698）至明末（公元17世纪中叶）这4000多年中，以华夏礼仪文化为中心，通过历代汉人王朝推崇周礼、象天法地而形成千年不变的礼仪衣冠体系。汉服是从"黄帝尧舜垂衣裳而天下治"的衣裳发展而来。汉族服饰的风格是庄重、大气、飘逸、灵动。汉族服饰几千年来的总体风格是以清淡平易为主，充分体现了汉民族柔静安逸和娴雅超脱、泰然自若的民族性格，以及平淡自然、含蓄委婉、典雅清新的审美情趣。

汉服·曲裾

汉服·褙子

汉服·袄裙

2. 旗袍

旗袍作为世界上影响最大、流传最广的中国传统服装，是中国灿烂辉煌的传统服饰的代表作，虽然其定义和产生的时间至今还存有诸多争议，但它仍然是中国悠久的服饰文化中最绚烂的现象与形式之一。古典旗装大多采用平直的线条，衣身宽松，两边开叉，胸腰围度与衣裙的尺寸比例较为接近。旗袍的外观特征一般要求全部或部分具有以下特征：右衽大襟的开襟或半开襟形式，立领盘纽、摆侧开衩、单片衣料、衣身连袖的平面裁剪等。旗袍的流派分为京派与海派，代表着艺术、文化上的两种风格。

风行于 20 世纪 20 年代的旗袍，脱胎于清代满族妇女服装，是由民国妇女在穿着中吸收西洋服装式样不断改进而定型的。从 20 世纪 20 年代至 40 年代末，中国旗袍款式几经变化，使旗袍彻底摆脱了老式样，让女性体态和曲线美充分显现出来，为女性解放立了一功。20 世纪 30 年代和 40 年代是旗袍的黄金时代，也是近代中国女装最为光辉灿烂的时期。建国初期，人们对衣着美的追求已完全转化成了对革命工作的狂热，旗袍所代表的悠闲、舒适的淑女形象在这种氛围里失去了生存空间。20 世纪 80 年代后随着传统文化的复兴，以及影视选美等因素影响，旗袍逐渐复兴，影响力传播到世界各地。

二、少数民族服饰

1. 苗族服饰

苗族是一个发源于中国的国际性的民族，在中国主要分布在贵州、湖南、云南、湖北、海南、广西等省（区）。苗族聚居的苗岭山脉和武陵山脉气候温和，山环水绕，大小田坝点缀其间。苗族服饰在苗语中称"呕欠"，主要由童装、便装、盛装组成。

苗族的衣服又叫苗服，黔东南苗服不下 200 种，是我国和世界上苗族服饰种类最多、保存最好的区域，被称为"苗族服饰博物馆"。苗族服饰从总体来看，保持着中国民间的织、绣、挑、染等传统工艺技法，往往在运用一种主要的工艺手法的同时，穿插使用其他的工艺手法，或者挑中带绣，或者染中带绣，或者织绣结合，从而使这些花团锦簇，流光溢彩，显示出鲜明的民族艺术特色。从内容上看，服饰图案大多取材于日常生活中各种活生生的物象，有表意和识别族类、支系及语言的重要作用，这些形象记录被专家学者称为"穿在身上的史诗"。从造型上看，采用中国传统的线描式或近乎线描式的、以单线为纹样轮廓的造型手法。从制作技艺看，服饰发展史上的 5 种形制，即编制型、织制型、缝制型、拼合型和剪裁型，在黔东南苗族服饰中均有范例，历史层级关系清晰，堪称服饰制作史陈列馆。从用色上看，她们善于选用多种强烈的对比色彩，努力追求颜色的浓郁和厚重的艳丽感，一般均为红、黑、白、黄、蓝五种。从构图上看，它并不强调突出主题，只注重适应服装的整体感的要求。从形式上看，分为盛装和便装。盛装，为节日礼宾和婚嫁时穿着的服装，繁复华丽，集中体现苗族服饰的艺术水平。

2. 朝鲜族服饰

朝鲜族人比较喜欢素白色服装，以示清洁、干净、朴素、大方，故朝鲜族自古有"白衣民族"之称，自称"白衣同胞"。妇女穿短衣长裙，这也是朝鲜族妇女服装的一大特色。中国的朝鲜族大部分是清末陆续从朝鲜半岛移居东北逐渐形成的一个少数民族，所以，探索朝鲜族服装的历史渊源应从朝鲜半岛的服装入手。朝鲜半岛服装受中国唐朝服饰的影响较大。朝鲜人着装整齐、干净，并认为这是一种道德。三国末期，贵族男子穿宽大的裤子、短上衣，腰间系腰带；贵族中的女子则穿长裙和齐臀的上衣。其后，又受到蒙古文化的影响，女子的上衣缩短，裙子上提到腰。15世纪时，女子的裙子再度上提，在腋下系定，上衣缩短，与妇女所穿的朝鲜族服装相近。中国朝鲜族在初期，多居于偏僻的山村，服饰的原料以自种自织的麻布和土布为主，尤其是中国改革开放以来，与朝鲜和韩国的经济、文化的交流不断加强，更加促进了朝鲜族服装的发展。

主题二　民 间 建 筑

1. 四合院

　　四合院又称四合房，是中国的一种传统合院式建筑，其格局为一个院子，四面建有房屋，通常由正房、东西厢房和倒座房组成，从四面将庭院合围在中间，故名四合院。四合院历史悠久，早在 3000 多年前的中国西周时期就有完整的四合院出现。山西岐山凤雏村周原遗址出土的两进院落建筑遗迹，是中国已知最早、最严整的四合院实例。

　　北京是四合院最常见也最有特色的城市，提起四合院，常常就是指北京四合院。北京四合院的特点是，绝大多数为单层建筑，当中围成的院落接近正方形，四面各房屋独立，以廊相连，院门多开在东南方位。从空中俯瞰北京城，可以看到一片灰瓦的房屋围着一个四方的院子。院子里绿葱葱的树木给灰色的房屋做点缀，也给四合院里的人们提供了树荫。北京的四合院现在已经和北京胡同一起，成为北京传统文化和民俗的代表，成为北京城市建筑形象的标志。除北京外，中国北方其他地方也以四合院为主要的民居形式，由于气候、建筑材料、文化传统等因素的影响，不同地区的四合院也有不同的特色。

2. 土楼

　　土楼是世界物质文化遗产，它是利用未经焙烧的按一定比例的沙质黏土和黏质沙土拌合而成的泥土，以夹墙板夯筑而成墙体（少数以土坯砖砌墙）、柱梁等构架全部采用木料的楼屋，简言之，就是以生土版筑墙作为承重系统的任何两层以上的房屋。土楼的起源，可以追溯到公元 10 世纪（唐末宋初），客家民系在闽粤赣边区形成时期。漳州土楼研究专家曾五岳先生认为福建圆土楼发源于九龙江中下游及比邻地区，是漳州先民抗倭的产物。

　　土楼属于集体性建筑，其最大的特点在于其造型大，无论从远处还是走到跟前，土楼都以其庞大的单体式建筑令人震惊，其体积之大，堪称民居之最。从历史学及建筑学的研究来看，土楼的建筑方式是出于族群安全而采取的一种自卫式的居住样式。在当时外有倭寇入侵，内有年年内战的情势之下，举族迁移的客家人不远千里来到他乡，选择一种既有利于家族团聚，又能防御战争的建筑方式便被采纳下来。同一个祖先的子孙们在一幢土楼里形成一个独立的社会，共存共荣，共亡共辱。所以御外凝内大概是土楼最恰当的归纳。

主题三　民间节日

一、汉族节日

1. 春节

春节是中国民间最隆重最富有特色的传统节日，也是最热闹的一个古老节日之一。一般指正月初一，是一年的第一天，又叫阴历年，俗称"过年"。但在民间，传统意义上的春节是指从腊月初八的腊祭或腊月二十三或二十四的祭灶，一直到正月十九，其中以除夕和正月初一为高潮。在春节期间，中国的汉族和很多少数民族都要举行各种活动以示庆祝。这些活动均以祭祀神佛、祭奠祖先、除旧布新、迎禧接福、祈求丰年为主要内容。活动丰富多彩，带有浓郁的民族特色。

2. 元宵节

农历正月十五元宵节又称"上元节"、春灯节，是中国汉族民族传统节日。正月是农历的元月，古人称夜为"宵"，而十五日又是一年中第一个月圆之夜，所以称正月十五为元宵节，又称小正月、元夕或灯节，是春节之后的第一个重要节日。元宵节在不同地区素有不同的风俗。汉族常在元宵节张灯结彩、猜灯谜、耍龙灯、踩高跷、舞狮子、划旱船、吃元宵、走百病等；少数民族则在这一日开展偷菜、欢庆狩猎胜利归来等活动。

3. 清明节

清明节是中国民间传统节日，是中国重要的"时年八节"（上元、清明、立夏、端午、中元、中秋、冬至、除夕）之一，一般是在公历 4 月 5 号前后，节期很长，有 10 日前 8 日后及 10 日前 10 日后两种说法，这近 20 天内均属清明节。清明节原是指春分后 15 天，1935 年中华民国政府明定 4 月 5 日为国定假日清明节，也叫民族扫墓节。2006 年经中华人民共和国国务院批准，清明节被列入第一批国家级非物质文化遗产名录。

清明节的习俗是丰富有趣的，除了讲究禁火、扫墓，还有踏青、荡秋千、踢蹴鞠、打马球、插柳等一系列风俗体育活动。相传这是因为寒食节要寒食禁火，为了防止寒食冷餐伤身，所以大家来参加一些体育活动，以锻炼身体。清明节，民间忌使针，忌洗衣，大部分地区妇女忌行路。傍晚以前，要在大门前洒一条灰线，据说可以阻止鬼魂进宅。因此，这个节日中既有祭扫新坟生离死别的悲酸泪，又有踏青游玩的欢笑声，是一个富有特色的节日。

4. 端午节

端午节又称端阳节，为每年的农历五月初五日。端午节在中国人民中仍是一个十分盛行的隆重节日。2006 年该民俗经国务院批准被列入第一批国家级非物质文化遗产名录，2009 年被联合国教科文组织批准列入人类非物质文化遗产代表作名录的 76 个项目，这是中国首个入选世界非遗的节日。

"端"字有"初始"的意思，因此"端五"就是"初五"。而按照历法五月正是"午"月，因此"端五"也就渐渐演变成了"端午"。传说端午节是为了纪念战国时代楚国诗人屈原，他在五月初五这天投汨罗江自尽殉国。端午节在民间有许多有趣的风俗，例如身上佩戴香囊、门前挂艾草、菖蒲、榕枝等，吃五黄（五黄指黄瓜、黄鳝、黄鱼、咸鸭蛋黄、雄黄酒）、包粽子、划龙舟等。

5. 中秋节

中秋节是中国传统节日之一，为每年农历八月十五，传说是为了纪念嫦娥奔月。八月为秋季的第二个月，古时称为仲秋，因处于秋季之中和八月之中，故民间称为中秋，又称秋夕、八月节、八月半、月夕、月节，又因为这一天月亮满圆，象征团圆，又称为团圆节。中秋节在我国是一种十分古老的习俗，汉族人时常在这一天祭月、赏月、拜月，并食用著名的食品——月饼。而在我国少数民族地区人们更是结合当地的习俗在这一天开展串月、跳月、闹月等一系列活动。

二、少数民族节日

1. 火把节

火把节是彝族、白族、纳西族、基诺族、拉祜族等火把节民族的古老而重要的传统节日，有着深厚的民俗文化内涵，蜚声海内外，被称为"东方的狂欢节"。不同的民族举行火把节的时间也不同，大多是在农历的6月24四，主要活动有斗牛、斗羊、斗鸡、赛马、摔跤、歌舞表演、选美等。

火把节在凉山彝语中称为"都则"，即"祭火"的意思。火把节的原生形态，简而言之就是古老的火崇拜。整片彝族地区的火把节会持续大半个月，火把节的活动内容主要包括斗牛、赛马、斗羊、斗鸡、选美。凉山彝族火把节是中国首批公布的非物质文化遗产名录之一，是中国十大民俗节日和四川十大名节，已被联合国教科文组织列入"2010年世界非物质文化遗产审批项目"。

2. 泼水节

泼水节是傣族最隆重的节日，也是云南少数民族中影响面最大，参加人数最多的节日。泼水节是傣族的新年，相当于公历的四月中旬，一般持续3～7天。第一天傣语叫"麦日"，与农历的除夕相似；第二天傣语叫"恼日"（空日）；第三天是新年，叫"叭网玛"，意为岁首，人们把这一天视为最美好、最吉祥的日子。泼水节源于印度，是古婆罗门教的一种仪式，后为佛教所吸收，约在公元12世纪末至13世纪初经缅甸随佛教传入中国云南傣族地区。随着佛教在傣族地区影响的加深，泼水节成为一种民族习俗流传下来，至今已数百年。在泼水节流传的过程中，傣族人民逐渐将之与自己的民族神话传说结合起来，赋予了泼水节更为神奇的意蕴和民族的色彩。

【至理箴言】

历史给我们的最好的东西就是它所激起的热情。——歌德（德）《歌德的格言和感想集》

【活动建议】

（1）尝试制作元宵或者包粽子（制作流程及材料准备可以咨询家中长辈或者通过互联网查询）。

（2）在天气条件允许的情况下，可组织同学或朋友共同感受泼水节的乐趣。

任务三 民俗文化举例

【学习目标】

通过本任务的学习，了解浙江民间艺术与风俗的基本种类、内涵及特点，提升对家乡民间艺术与风俗的认知、理解与热爱。

【情景对话】

琪琪：浩浩，你喜爱自己的家乡吗？

浩浩：当然了！

琪琪：那你爱它的什么？

浩浩：嗯……让我想想！首先浙江经济比较发达，作为浙江人觉得挺自豪的；其次我觉得自己的家乡气候挺不错的，自然风光也好，全国各地的人来浙江旅行都觉得我们这儿很美！

琪琪：那你对自己家乡的民俗文化有了解吗？

浩浩：嗯……首先我觉得浙江的方言很多、很有特色，每个地市的语言都不相同；另外，浙江的小吃也很独特，越剧也挺有名……对了，还有每个地方都有一些当地的传说，这应该也属于民俗文化范畴的吧？

琪琪：非常对！我们作为浙江的年青人，对于家乡的民间艺术与风俗应该多了解些，也更应该将它们传承下去。

【学习顾问】

浙江省简称"浙"，省会杭州，地处中国东南沿海长江三角洲南翼，东临东海，南接福建，西与江西、安徽相连，北与上海、江苏接壤。浙江历史悠久，文化灿烂，是中国古代文明的发祥地之一，吴越文化的重要发祥地。早在5万年前的旧石器时代，浙江就有原始人类"建德人"活动；境内有距今7 000年的河姆渡文化、距今6 000年的马家浜文化和距今5 000年的良渚文化。拥有杭州和绍兴等 7 座国家历史文化名城，被誉为"丝绸之府"、"鱼米之乡"和"文物之邦"。

主题一　浙江民间艺术

一、浙江民乐

1. 嘉善田歌

"嘉善田歌"是浙江民歌中的主要品种之一，由 7 种不同曲调组成，即《滴落声》《落秧歌》《棣头歌》《羊骚歌》《嗨罗调》《急急歌》《平调》。这 7 种曲调既可单独演唱，也可以"田歌班"的形式数曲联唱。曲调极富江南水乡特色。歌词多用"吴音俚语，谐音双关"。嘉善田歌历来受到重视和传承，20 世纪 50 年代田歌联唱《黄浦太湖结成亲》，在省内获奖后，录制唱片，并由中央广播电台作为常播曲目。20 世纪 60 年代田歌女声独唱《送粮》，全国流行并一直传唱到 90 年代。

2. 舟山渔民号子

浙江舟山渔场是我国主要渔场之一。旧时捕鱼业没有机械化，渔船上的一切工序，全靠手工操作，各种工序都要喊号子以统一行动，调节情绪。长期以来，遂形成了丰富的渔民号子。舟山渔民号子已形成系列曲调，曲趣粗犷豪爽，在风格上有着鲜明的个性及地方特色，是浙江省重要的民歌品种之一。由于机械化捕鱼业的发展，劳动方式的改变，渔民号子已失去了它存在的基础，因而其逐渐湮灭，几近绝响。

3. 畲族民歌

浙江省的畲族主要分布在丽水、温州与衢州、杭州境内。景宁畲族自治县是全国唯一的县级畲族自治区。唱山歌是畲族人民劳动和生活中一种最为重要的文化活动形式，男女老少，大都善歌。畲族有"盘歌"（对歌）的习俗，每每长夜盘歌，通宵达旦。其曲调与汉族颇有不同，极富畲族特点。曲调形态，全国约 8 种，浙江就有 6 种，浙江的畲族民歌在全国畲族民歌中极具代表性。

二、浙江民舞

1. 奉化布龙

奉化布龙因起源于奉化而得名，是浙江省具有代表性的，全国很有影响的龙舞之一。《奉化布龙》迄今有 300 多年的历史，是从敬神、请神、娱神的活动，逐步演变成为富有特色的民间舞蹈。

2. 青田鱼灯

青田鱼灯是青田民间传统的舞蹈。据传说《青田鱼灯》的形成与明代开国功臣青田县南田人刘基有关。因而遂在历史的演变中形成具有独特军事操习风格的民间舞蹈。该舞以走阵图为主，通过阵图与动作的配合表现淡水鱼类的生活习性和军阵特点。舞蹈热情朴素，道具制作精美，动作粗犷奔放，体现着吉祥如意、连年有鱼（余）、国泰民安的美好愿望。

3. 淳安竹马

淳安竹马是浙江省"竹马舞"中具有代表性的民间舞蹈。竹马舞具有悠久的历史，早在宋代吴自牧《梦粱录》中就已记述了南宋都城临安（杭州）的"竹马舞队"的活动情况。《淳安竹马》的产生又有一说与北宋宣和二年（1120）方腊农民起义军传说有关，故而当地在每年正月十五元宵节彩灯中均增添了纸马灯，以超度神马与英雄，后来又吸收了睦剧（地方戏，俗称"三脚戏"）的某些艺术特点，使竹马由最初的神马独舞逐渐发展成群舞这一更加丰富的表现形式。

三、浙江民间戏曲

1. 杭剧

杭剧又称"武林调"、"武林班"。因杭州古称武林，故其调称为"武林调"，其戏班称为"武林班"。杭剧在坐唱曲艺"宣卷"基础上形成，1923年正式搬上舞台演出，抗日战争以前颇为兴旺，流传杭、沪、甬一带。解放后尚有三四个剧团，后来仅存一个专业剧团，剧目以《独占花魁》、《李慧娘》、《银瓶》最为有名。文化大革命时剧团被撤销，至今未被恢复。近几年只有黄龙越剧团排演了几个杭剧折子戏，并在黄龙洞演出。

2. 西安高腔

西安高腔因衢州古称西安而得名。有人认为，是明代"弋阳腔"、"四平腔"等的后裔，又受"义乌腔"、"余姚腔"的影响，于明末清初形成地方化的西安高腔，约有400年的历史。明末清初，独立组班演出，是独立的古老声腔、剧种。清中叶乱弹兴起以后，开始衰落，与昆曲、乱弹组成"三合班"，在以衢州为中心的周边地区演出。抗日战争以前，西安高腔在舞台上消亡。中华人民共和国成立以后，将流落农村的高腔艺人江和义请到浙江婺剧团，口传了一批西安（衢州）高腔和西吴（金华）高腔的剧目，并举办了训练班，排演了《米栏敲窗》、《槐荫记》等剧目。此后，西安高腔成为婺剧的一种声腔，但从未排演新剧目，已中断数十年。现尚有少数老艺人，急需进行抢救和保护。

3. 永嘉昆剧

明嘉靖、隆庆年间，昆山腔经过改革发展成昆曲（水磨昆山腔）以后，分化成雅、俗两部分，雅昆曲称为"正昆"，俗昆曲称为"草昆"。永嘉昆剧则是俗昆曲（草昆）的一部分，是地方化、通俗化的昆剧。解放后只有永嘉县一个昆剧团，温州古称永嘉，故称永嘉昆剧。因明代五大声腔是从温州的南戏发展衍变而来的，温州既是南戏的发源地，又是明嘉靖年间海盐腔流传地区，因此，有人认为在永嘉昆剧中，不但可能保留有"海盐腔"的遗音，而且可能还保留早期"温州腔"的遗音，所演剧目有扮演南宋祖杰故事的《对金牌》，具有特殊的历史价值和学术价值。永嘉昆剧表演风格十分古朴而细腻，比较生活化。其《荆钗记·见娘》《琵琶记·吃糠》的独特表演，受到昆曲界的赞誉。

四、浙江民间曲艺

1. 杭州小热昏

杭州小热昏俗称"卖梨膏糖"，1958 年因适应舞台演出需要，曾改称"小锣书"。为清光绪三十年（1904）杭州人杜宝林所始创，因其艺名"小热昏"，学唱从艺者众，故杭州小热昏成为曲种名称。原为露天的说唱艺术，说唱者兼卖梨膏糖，以逗笑为艺术手段，用风趣幽默的语言，有说有唱。流行于江、浙、沪的独脚戏（俗称滑稽）由小热昏衍变发展而成。而杭州小热昏仍独立流行于杭州及金华、宁波部分地区。曲种的基本曲调有"锣先锋"、"三敲赋"和"东乡调"，现"三敲赋"、"东乡调"已成绝响。演唱者仅存杜宝林第四、五、六代的 3 位艺人，面临消亡，众多传统曲目将失传。

2. 宁波走书

宁波走书称为"莲花文书"，又称"犁铧文书"，1956 年定名"宁波走书"。形成于清光绪年间（1875 — 1908）的余姚农村，清末明初流传入宁波城区，继又向镇海、舟山地区拓展。20 世纪五、六十年代演唱区域甚广，除宁波、舟山地区外，还演唱于台州地区的临海、天台、黄岩和杭州等地，至 90 年代初开始衰落。宁波走书有说有唱，说唱并重，用宁波地方语言说唱，辅以形体动作。常用的基本曲调有四平调、马头调、赋调等。四弦胡琴是主奏乐器，伴奏者有时为主唱者帮腔，是具有独特风格的曲艺走唱形式。今曲种存少量民间职业艺人从艺，个别有成就的老艺人已年至古稀，近 30 部传统曲目濒临失传。

3. 绍兴莲花落

绍兴莲花落约产生于光绪初年（1878—1883），民国四年（1919），"绍兴莲花落"从农村走向城镇，曲种基本形成。建国前濒临消亡，建国后有少量艺人演唱。20世纪70年代后期由于涌现了几位在群众中有影响的演员，又进行曲目上的创新和表演上的改革，成为具有地方特色和有全国影响的曲种之一。绍兴莲花落多为一人用绍兴方言说唱，语言生动活泼，唱词通俗易懂。说、唱并重，演唱者手执纸折扇作道具，三敲板击节。基本曲调简而流畅，特色鲜明。四弦胡琴为主奏乐器，辅以琵琶等伴奏。流行于绍兴、上虞、嵊州、诸暨、新昌和杭州周边县（市）、区。

五、浙江民间工艺

1. 都锦生织锦

杭州织锦在明代就闻名全国，至清代，与南京"云锦"、苏州"宋锦"、四川"蜀锦"齐名。"都锦生织锦"是杭州著名的织锦之一。1922年爱国工业家都锦生在杭州创立"都锦生丝织厂"。都锦生丝织厂在继承传统杭州织锦工艺的基础上，不断创新改进，研制出五彩锦绣、经纬起花丝织风景画等工艺，将中国画与西洋画的表现形式通过织锦工艺体现出来，形成特有的艺术风格。

2. 王星记扇

杭州雅扇自古有名，尤其是南宋迁都临安（即杭州）后，制扇工艺更为发达。明清以后，杭扇生产更为兴旺，当时的杭扇，与丝绸、茶叶齐名，被视为"杭产三绝"，现以王星记扇为杭扇代表。杭州王星记扇庄（现杭州王星记扇厂前身）创办于清光绪元年（1875），创始人王星斋，故扇庄又名"王星斋扇庄"。

3. 西湖绸伞

西湖绸伞是杭州特有的传统手工艺品，既实用又具有观赏性。西湖绸伞创制于1932年，当时杭州都锦生丝织厂的艺人受日本绢伞的启发，采用杭嘉湖特有的丝绸及富阳出产的淡竹制作，经刷花工艺把西湖风景图案装饰在伞面上，获得成功，故称西湖绸伞。西湖绸伞以纯手工制作的方式生产，现杭州西湖伞厂和个体作坊有艺人传承这项传统手工艺的制作。

4. 龙泉宝剑

龙泉宝剑是名闻中外的民间艺术珍品，因产地龙泉而得名，相传春秋时期欧冶子铸剑于此。清末龙泉宝剑制作已很兴旺，拥有众多的剑铺，其中以"千字号"、"万字号"、"沈广隆"著名。龙泉宝剑的制作具有一套精湛的锻造宝剑的传统技艺，制剑老艺人，都有一手绝活，从原料到成品需要28道工序，剑与鞘的工艺极为考究，使龙泉宝剑具有极高的观赏性与工艺性，尤以"龙凤七星剑"为代表。龙泉的铸剑工艺在我国及世界兵器刀剑发展史上有着重要的影响和地位，而成为中华剑文化的宝贵遗产。

5. 东阳木雕

东阳木雕出于东阳，因地得名。它始于唐，发展于宋，鼎盛于明清，已有1 300余年的历史。为浙江著名的"三雕"之一，居中国四大民间木雕之首，是中国最负盛名的传统木雕品种。

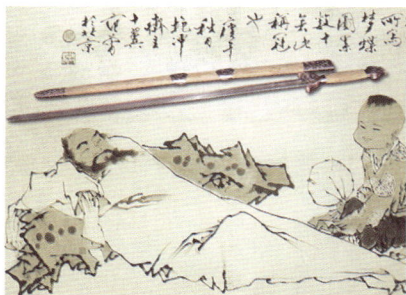

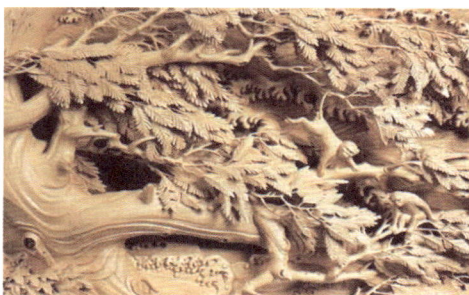

主题二 浙江民间风俗

1. 南宗祭孔

衢州南宗孔氏家庙始建于南宋绍兴六年（1136）。"靖康之乱"时，孔府后裔随宋室南迁，定居衢州而建庙。祭孔仪礼是孔府后裔祭祀祖先孔子、历代帝王行尊圣之礼的传统祭祀典礼，在国内外有重大影响。南宋以来，南宗祭孔仪式经久不衰，历代均有重大活动，历来认为是与北宗曲阜祭孔相提并论的重大仪礼。有关南宗祭孔的仪式格局、祭器、程序是儒家文化的重大组成部分。

2. 德清扫蚕花地

扫蚕花地是一种以歌舞表演为主要特征的传统民俗事象，主要流传在德清一带。清代、民国年间，当地蚕农为了祈求蚕桑生产丰收，在每年的春节、元宵、清明期间，都要请职业或半职业的艺人到自己家中养蚕的场所举行"扫蚕花地"仪式。这种民俗活动由来已久，据说与古代蚕神信仰和祛除蚕桑病祟的驱赶巫术有一定的渊源关系，因而保存了十分丰富的传统文化内涵。后世流变而成为歌舞。通常由一女子边唱边舞，边上有人伴奏。唱词内容多为祝愿蚕茧丰收和叙述养蚕劳动生产的全过程，并表演扫地、糊窗、掸蚕蚁、采桑叶、喂蚕、捉蚕换匾、上山、采茧等一系列与养蚕生产有关的动作。

3.海盐骚子

海盐骚子是一种与民间信仰紧密结合在一起的民间文艺样式，又称"烧纸"、"赞神歌"、"奉文书"。明清、民国时期盛传在海盐各地。与海盐毗邻的许多地区也有类似的民俗流播。它的主要特征是：由职业或半职业的歌手（巫师）应邀为民众主持某种祭祀仪式，祈福求佑，驱鬼逐疫。祭祀的格局为"请神—酬神—送神"。在酬神部分，除了精心安排的香烛、供品以外，还特别重视由歌手在神前作各种精彩的民间文艺表演。表演样式多种多样，有歌、舞、说唱、戏、杂技、民间工艺等，而又以歌唱吟诵为主。

【至理箴言】

君自故乡来，应知故乡事。——唐·王维《杂诗三首》

【活动建议】

对家乡现存的一种民俗文化样式开展人文寻根活动，写一篇2 000字左右的调查报告。

项目六

文化与文明

　　"文化"是一个耳熟能详的常见词汇，但它究竟蕴含着怎样的深刻内涵呢？"文明"是我们不断追求的目标。它与"文化"之间有着怎样的内在联系呢？通过本项目的学习，我们将共同探究中华文化的博大精深，寻访我们身边的文化现象，揭晓人类文明演进的曲折历程……

任务一　中华文化贡献

【学习目标】

了解中华文化在对世界文化交流中影响巨大的瓷器与丝绸之路的发展历程，从中感受中华文化的精妙，激发对祖国灿烂文化的热爱之情。

【情境对话】

浩浩：考考你，在英语里"中国"怎么说？

琪琪：这还不简单，China。

浩浩：那"瓷器"又怎么说呢？

琪琪：也是 china 呀。

浩浩：这两个怎么会是同样的单词呢？

琪琪：让我来告诉你"瓷器与中国"的故事吧！

【学习顾问】

主题一　瓷器与中国

中国是瓷器的故乡，瓷器的发明是中华民族对世界文明的伟大贡献，在英文中"瓷器"（china）一词已成为"中国"的代名词。

中国首先发明和使用高岭土等烧制传统工艺和日用品。早在 8 000 年前的新石器时代，中国的先民就已经制造和使用陶器。在制陶工艺发展的基础上，于 3 500 多年前（商代中期），创造出了原始瓷器。经过长期的改进，在公元 2 世纪的汉代末期烧制出成熟的青瓷。以后，瓷器由中国传播到其他国家，中国因此有了"瓷之国"的称号。

一、中国瓷器的发展史

中国最早出现的瓷器是青瓷。商代青瓷已具备了胎质灰白、温度达 1100℃以上、胎基本烧结、吸水性较弱等瓷的基本特征。春秋战国时期，商业发达，城邑规模扩大，瓷器的烧制更加集中和专业化。在造型上有精致的加工，多仿青铜器。

秦汉两代，政治、经济、文化空前繁荣，瓷器生产也出现了新的局面。在长期制陶烧瓷的实践中，对原料的选择，坯泥的淘洗，器物的成形，施釉直至烧窑等技术，都有明显的改进和提高，形成了完整的工艺体系。到东汉晚期，终于烧成了成熟的青瓷。中国瓷器的出现，是对世界文明的一大贡献。

三国时期的青瓷仍保留着前代的许多特点，它的胎质坚硬细腻，呈淡灰色，釉质纯净，以淡青色为主，施釉均匀。器物上的装饰常见的有弦纹、水波纹、铺首、方格网纹和耳面印叶脉纹等，并在谷仓上堆塑各种人物、飞禽、走兽等，极为生动。

西晋的制瓷技术益加精巧，既实用又美观，青瓷的用途也扩大到人们日常生活用的酒器、餐具和卫生用具等各个方面。东晋人口南移，南方出现城市繁荣的景象，社会上对瓷器的需要量进一步增加。这时南方青瓷造型趋向简朴，装饰减少，有些器物只作简单的褐色斑点。

白瓷的烧制始于 6 世纪的北齐。隋统一全国，经济、文化有了较大发展，瓷器生产除了继承北朝的青瓷外，还成功地完成了白瓷的烧制。这样，中国瓷器便由青瓷发展到了白瓷的阶段，为以后彩瓷的出现创造了物质和技术条件。唐代建立了更加繁荣昌盛的大帝国。瓷器的生产不仅满足国内各大都市市场上的需要，还远销到国外。当时的邢窑白瓷与越窑青瓷分别代表了南北两大瓷窑系统。邢窑白瓷质地坚硬，制作精致，胎釉洁白如雪。在它的影响下，北方又出现了另一个著名的白瓷窑——定窑。

北宋结束五代十国的分裂局面，商品经济相应地发展起来，各方面对瓷器的需要量增加，制作技术又有较大发展：①宫廷皇室需用的高级瓷器，由官办瓷窑烧制。②广大城乡民众所需要的日用瓷器，由南北各地民间瓷窑进行生产。③对外贸易用瓷，瓷窑主要集中在广东、福建、浙江等沿海地区。烧制有仿龙泉窑的青瓷和仿景德镇窑的青白瓷两大类，它们分别属于龙泉窑系与青白瓷系。民间瓷窑的大量兴起，是宋代瓷器大发展的一个重要标志。

元代瓷器虽然继承了宋代南北各个主要瓷窑的生产，但北方瓷窑没有多大的创新之作，在数量与质量上均不如宋代。南方的龙泉窑与景德镇窑则超过宋代，得到了较大发展。

明代在景德镇设置专为生产御器的官窑，又对民窑采取"官搭民烧"即"有命则供，无命则止"等手段，来为宫廷烧制瓷器，民窑得到普遍发展，景德镇成为全国瓷器的烧造中心。清代也在景德镇设御瓷厂，但烧瓷主要都在民窑。清康熙时继承与发展了五彩，并创烧了"珐琅彩"。清雍正时期又烧制出"粉彩"。清乾隆时的突出成就是转心瓶的烧制，以及成功地仿烧漆、木、铜器物和各种果品等。清代瓷器，集历代烧瓷之大成并创造性地加以发展，达到了中国瓷器烧造的历史高峰。

二、中国瓷器的传播史

进入中世纪后，伴随着中国瓷器的外销，中国又开始以"瓷国"享誉于世。从 8 世纪末开始，中国陶瓷开始向外输出。经晚唐五代到宋初，达到了一个高潮。这一阶段输出的陶瓷品种有唐三彩、邢窑（包括定窑）白瓷、越窑青瓷、长沙窑彩绘瓷和橄榄釉青瓷（即广东近海一带的窑口生产的碗和作为储藏容器的罐）。输出的地区与国别有：东北亚的朝鲜与日本；东南亚的新加坡、泰国、马来西亚、印度尼西亚、菲律宾；南亚的斯里兰卡、巴基斯坦和印度；西亚的伊朗、伊拉克、沙特阿拉伯、阿曼；北非的埃及；东非的肯尼亚和坦桑尼亚。此时海上交通路线主要有两条，一是从扬州或明州（今宁波）经朝鲜或直达日本的航线；二是从广州出发、到东南亚各国，或出马六甲海峡、进入印度洋，经斯里兰卡、印度、巴基斯坦到波斯湾的航线。当时有些船只继续沿阿拉伯半岛西航可达非洲。前述亚非各国中世纪遗迹出土晚唐五代宋初的瓷器，就是经过这两条航线而运输的。

宋元到明初是中国瓷输出的第二个阶段。这时向外国输出的瓷器品种主要是龙泉青瓷、景德镇青白瓷、青花瓷、釉里红瓷、釉下黑彩瓷、吉州窑瓷、赣州窑瓷、福建、两广一些窑所产青瓷，建窑黑瓷、浙江金华铁店窑仿钧釉瓷，磁州窑瓷，定窑瓷，耀州窑瓷等。宋元外销瓷输往的国家较前大为增加，有东北亚、东南亚的全部国家，南亚和西亚的大部分国家，非洲东海岸各国及内陆的津巴布韦等国。宋、元、明初时期的航线，主要有航行到东北亚、东南亚诸国的航线及通往波斯湾等地的印度洋航线。这时期中国航海的成就主要表现在印度洋航线上。一是可从波斯湾沿海岸向西行进而到达红海的吉达港，然后上岸陆行至麦加；也可以在苏丹边界的埃得哈布港上岸，驮行至尼罗河，再顺河而下到福斯塔特（古开罗）；还可以从红海口越曼德海峡到东非诸国。二是开辟了从马尔代夫马累港直达非洲东海岸的横渡印度洋的航线。

明代中晚期至清初的200余年是中国瓷器外销的黄金时期。输出的瓷器主要是景德镇青花瓷、彩瓷、广东石湾瓷、福建德化白瓷和青花瓷、安溪青花瓷等。其中较精致的外销瓷多是国外定烧产品，其造型和装饰图案多属西方色彩，还有些在纹饰中绘有家族、公司、团体、城市等图案标志，称为纹章瓷。这时期的外销瓷数量很大，17世纪每年输出约20万件，18世纪最多时每年约达百万件。输出的国家有东亚的朝鲜半岛和日本、东南亚及欧美诸国。运输路线一条是从中国福建、广东沿海港口西行达非洲，继而绕过好望角，沿非洲西海岸航行达西欧诸国；另一条是从福建漳州、厦门诸港至菲律宾马尼拉，然后越太平洋东行至墨西哥的阿卡普尔科港，上岸后陆行，经墨西哥城达大西洋岸港口韦腊克鲁斯港，再上船东行达西欧诸国。在17和18世纪，中国瓷器通过海路行销全世界，成为世界性的商品，对人类历史的发展起了积极作用。

三、著名窑址瓷器

1. 景德镇

据元蒋祁《陶记略》记载，南朝时期即已有瓷业，唐代已烧白瓷。北宋初年，向京师贡白瓷，宋真宗景德年间贡瓷得到赏识，改镇名为景德镇，并设置监镇，由官监民烧，创烧出影青瓷。元代在景德镇设立"浮梁瓷局"，监烧瓷器，创烧出卵白色的"枢府"釉瓷及釉下彩的青花、釉里红瓷器。明清时期，景德镇成为中国著名的制瓷中心。明代在此设置御器厂，专门烧造宫廷用瓷，御器厂控制了最熟练的工匠、垄断优质瓷土和釉料，对制瓷工艺过程制订统一的、精细的分工，规定了各道工序的规格，使制瓷水平大为提高。明代主要烧造青花瓷器，同时创烧出点彩、釉下彩、釉上彩、斗彩等多种彩瓷品种。清代康熙、雍正、乾隆时期，由于帝王对瓷器的奢求，在仿制古代名窑瓷器，创造新品种，仿造其他手工业品及制作专供外销的外国形式的"洋器"等方面都获得成功。青花及多种彩瓷品种，闻名中外。清代监窑官唐英亲自参与烧造，并总结经验，编写出《陶成纪事碑》和《陶冶图说》两部清代制瓷工艺史的重要资料。

2. 宋代五大名窑

汝窑是北宋后期宋徽宗年间建立的官窑，前后不足20年。窑址在河南汝州神垕镇（一说在河南省宝丰清凉寺），因此而得名。汝窑以青瓷为主，釉色有粉青、豆青、卵青、虾青等，汝窑瓷胎体较薄，釉层较厚，有玉石般的质感，釉面有很细的开片。汝窑瓷采用支钉支烧法，瓷器底部留下细小的支钉痕迹。器形多仿造古代青铜器式样，以洗、炉、尊、盘等为主。汝窑传世作品不足百件，因此非常珍贵。

官窑是宋徽宗政和年间在京师汴梁建造的，窑址至今未发现。官窑主要烧制青瓷，大观年间，釉色以月色、粉青、大绿3种颜色最为流行。官瓷胎体较厚，天青色釉略带粉红颜色，釉面开大纹片。这是因胎、釉受热后膨胀系数不同产生的效果。瓷器足部无釉，烧成后是铁黑色，口部釉薄，微显胎骨，即通常所说的"紫口铁足"。这是北宋官窑瓷器的典型特征。北宋官窑瓷器传世很少，十分珍稀名贵。

定窑为民窑。始建于唐，兴盛于北宋，终于元代，烧造时间近七百余年。窑址分布于河北曲阳县磁涧、燕川以及灵山诸村镇，这里唐代属定州，故称为定窑。定窑以烧白瓷为主，瓷质细腻，质薄有光，釉色润泽如玉。黑釉、酱釉称为"黑定"、"紫定"，也别具特色，制作精湛，造型典雅。花纹千姿百态，有用刀刻成的划花，用针剔成的绣花，特技制成的"竹丝刷纹"，"泪痕纹"等。出土的定窑瓷片中，发现刻有"官"、"尚食局"等字样，这说明定窑的一部分产品是为官府和宫廷烧造的。

钧窑分为官钧窑、民钧窑。官钧窑是宋徽宗年间继汝窑之后建立的第二座官窑。钧窑广泛分布于河南禹县（时称钧州），故名钧窑，以县城内的八卦洞窑和钧台窑最有名，烧制各种皇室用瓷。钧瓷两次烧成，第一次素烧，出窑后施釉彩，二次再烧。钧瓷的釉色为一绝，千变万化，红、蓝、青、白、紫交相融汇，灿若云霞，宋代诗人曾以"夕阳紫翠忽成岚"赞美之。这是因为在烧制过程中，配料掺入铜的气化物造成的艺术效果，此为中国制瓷史上的一大发明，称为"窑变"。因钧瓷釉层厚，在烧制过程中，釉料自然流淌以填补裂纹，出窑后形成有规则的流动线条，非常类似蚯蚓在泥土中爬行的痕迹，故称之为"蚯蚓走泥纹"。钧窑瓷主要是供北宋末年"花石纲"之需，以花盆最为出色。

哥窑是宋代南方五大名窑之一，确切窑场至今尚没有发现。据历史传说为章生一、章生二兄弟在两浙路处州、龙泉县各建一窑，哥哥建的窑称为"哥窑"，弟弟建的窑称为"弟窑"，也称章窑、龙泉窑。有的专家认为传世的宫藏哥窑瓷，实际上是南宋时修内司官窑烧制的。哥窑的主要特征是釉面有大大小小不规则的开裂纹片，俗称"开片"或"文武片"。细小如鱼子的叫"鱼子纹"，开片呈弧形的叫"蟹爪纹"，开片大小相同的叫"百圾碎"。小纹片的纹理呈金黄色，大纹片的纹理呈铁黑色，故有"金丝铁线"之说。其中仿北宋官窑的瓷器为黑胎，也具有"紫口铁足"。哥窑瓷胎体有厚有薄，釉色主要有粉青、月白、米黄数种，釉面光泽如肤之微汗，是为上品。器形以洗、炉、盘、碗为多。

3．青花瓷

青花瓷（blue and white porcelain）又称白地青花瓷，常简称青花，是中国瓷器的主流品种之一，属釉下彩瓷。青花瓷是用含氧化钴的钴矿为原料，在陶瓷坯体上描绘纹饰，再罩上一层透明釉，经高温还原焰一次烧成。钴料烧成后呈蓝色，具有着色力强、发色鲜艳、烧成率高、成色稳定的特点。原始青花瓷于唐宋已见端倪，成熟的青花瓷则出现在元代景德镇的湖田窑。明代青花成为瓷器的主流。清康熙时发展到了顶峰。明清时期，还创烧了青花五彩、孔雀绿釉青花、豆青釉青花、青花红彩、黄地青花、哥釉青花等衍生品种。

瓷器在欧洲人眼中是中国的代名词，可见其对中国文化影响之巨大。通过学习，深刻感受先人们在制瓷工艺中所体现出来的聪明才智。

主题二 丝 绸 之 路

一、丝绸之路的由来

概括地讲，丝绸之路是自古以来，从东亚开始，经中亚、西亚进而连结欧洲及北非的这条东西方交通线路的总称。丝绸之路，在世界史上有重大的意义。这是亚欧大陆的交通动脉，是中国、印度、希腊3种主要文化的交汇的桥梁。

西汉时期由张骞首次打通的丝路被称为"凿空之旅"。西汉末年，在匈奴的袭扰下，丝绸之路中断。73年，东汉时的班超又重新打通隔绝58年的西域。并将这条路线首次延伸到欧洲，罗马帝国也首次顺着丝路来到的当时的东汉洛阳。在通过这条漫漫长路进行贸易的货物中，中国的丝绸最具代表性，"丝绸之路"因此得名。丝绸之路不仅是古代亚欧互通有无的商贸大道，还是促进亚欧各国和中国的友好往来、沟通东西方文化的友谊之路。历史的上一些著名人物，如出使西域的张骞、投笔从戎的班超、永平求法的佛教东渡、西天取经的玄奘都与这条路有关。

自从张骞通西域以后，中国和中亚及欧洲的商业往来迅速增加。通过这条贯穿亚欧的大道，中国的丝、绸、绫、缎、绢等丝制品，源源不断地运向中亚和欧洲，因此，希腊、罗马人称中国为赛里斯国，称中国人为赛里斯人。所谓"赛里斯"即"丝绸"之意。19世纪末，德国地质学家李希霍芬将行走的这条东西大道誉为"丝绸之路"。德国人胡特森在多年研究的基础上，撰写成专著《丝路》。从此，丝绸之路这一称谓得到世界的承认。

二、丝绸之路的路径

1. 陆路

北方陆上丝路指由黄河中下游通达西域的商路，包括草原森林丝路、沙漠绿洲丝路。前者存在于先秦时期，后者繁荣于汉唐。沙漠绿洲丝路延续千余年，沿线文物遗存多，是丝路的主干道。草原森林丝路从黄河中游北上，穿蒙古高原，越西伯利亚平原南部至中亚分两支，一支西南行达波斯转西行，另一支西行翻拉尔山越伏尔加河抵黑海滨。两路在西亚会合抵地中海沿岸国家。沙漠绿洲丝路是北方丝路的主干道，全长7 000多千米，分东、中、西3段。东段自长安至敦煌，较之中西段相对稳定，但洛阳、长安以西又分3线。

（1）北线由长安（东汉时往东延伸至洛阳）、沿渭河至虢县（今宝鸡），过汧县（今陇县），越六盘山固原和海原，沿祖厉河，在靖远渡黄河至姑臧（今武威），路程较短，沿途供给条件差，是早期的路线。

（2）南线由长安（东汉时由洛阳）沿渭河过陇关、上邽（今天水）、狄道（今临洮）、枹罕（今河州），由永靖渡黄河，穿西宁，越大斗拔谷（今偏都口）至张掖。

（3）中线与南线在上邽分道，过陇山，至金城郡（今兰州），渡黄河，溯庄浪河，翻乌鞘岭至姑臧。南线补给条件虽好，但绕道较长，因此中线后来成为主要干线。

南北中三线会合后，由张掖经酒泉、瓜州至敦煌。中段。敦煌至葱岭（今帕米尔高原）或怛罗斯（今哈萨克斯坦的江布尔城）。

自玉门关、阳关出西域有两道：从鄯善，傍南山北，波河西行，至莎车为南道，南道西逾葱岭则出大月氏、安息。自车师前王庭（今吐鲁番），随北山，波河西行至疏勒（今喀什）为北道。北道西逾葱岭则出大宛、康居、奄蔡（黑海、咸海间）。北道上有两条重要岔道：一是由焉耆西南行，穿塔克拉玛干沙漠至南道的于阗；一是从龟兹（今库车）西行过姑墨（阿克苏）、温宿（乌什），翻拔达岭（别垒里山口），经赤谷城（乌孙首府），西行至怛罗斯。由于南北两道穿行在白龙堆、哈拉顺和塔克拉玛干大沙漠，条件恶劣，道路艰难。东汉时在北道之北另开一道，隋唐时成为一条重要通道，称新北道。原来的汉北道改称中道。新北道由敦煌西北行，经伊吾（哈密）、蒲类海（今巴里坤湖）、北庭（吉木萨尔）、轮台（半泉）、弓月城（霍城）、碎叶（托克玛克）至怛罗斯。西段。葱岭（或怛罗斯）至罗马。

丝路西段涉及范围较广，包括中亚、南亚、西亚和欧洲，历史上的国家众多，民族关系复杂，因而路线常有变化，大体可分为南、中、北3道：

（1）南道由葱岭西行，越兴都库什山至阿富汗喀布尔后分两路，一路西行至赫拉特，与经兰氏城而来的中道相会，再西行穿巴格达、大马士革，抵地中海东岸西顿或贝鲁特，由海路转至罗马；另一路从白沙瓦南下抵南亚。

（2）中道（汉北道）越葱岭至兰氏城西北行，一条与南道会合，一条过德黑兰与南道会合。

（3）北新道也分两支，一经钹汗（今费尔干纳）、康（今撒马尔罕）、安（今布哈拉）至木鹿与中道会西行；一经怛罗斯，沿锡尔河西北行，绕过咸海、里海北岸，至亚速海东岸的塔那，由水路转刻赤，抵君士坦丁堡（今伊斯坦布尔）。

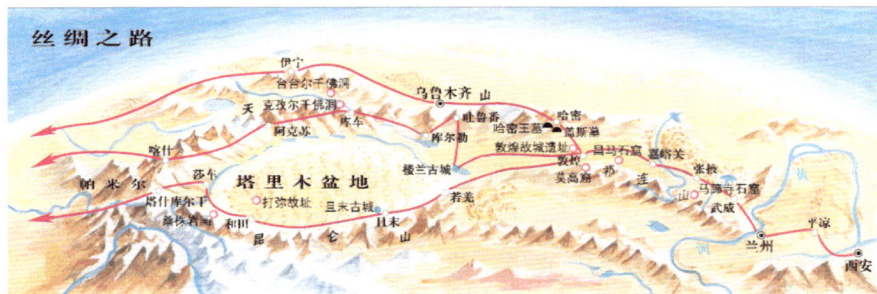

2．海路

海上丝绸之路形成于汉武帝之时。从中国出发，向西航行的南海航线是海上丝绸之路的主线。与此同时，还有一条由中国向东到达朝鲜半岛和日本列岛的东海航线，它在海上丝绸之路中占次要的地位。关于汉代丝绸之路的南海航线，《汉书·地理志》记载汉武帝派遣的使者和应募的商人出海贸易的航程说：自日南（今越南中部）或徐闻（今属广东）、合浦（今属广西）乘船出海，顺中南半岛东岸南行，经5个月抵达湄

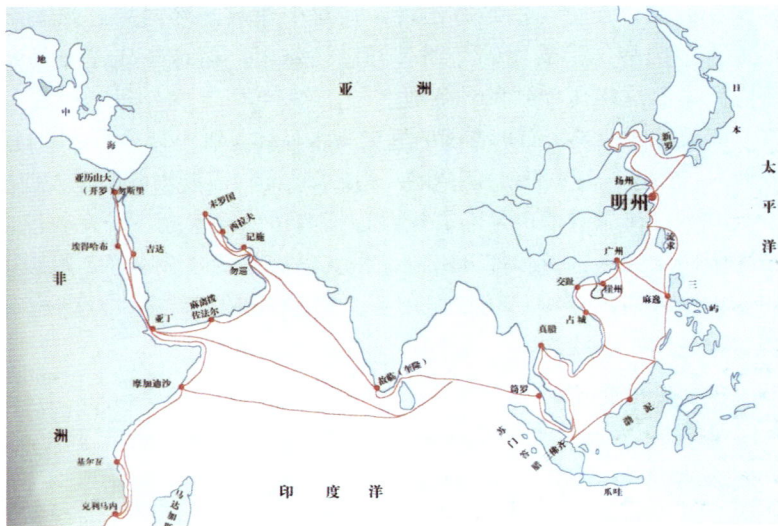

公河三角洲的都元（今越南南部的迪石）。复沿中南半岛的西岸北行，经 4 个月航抵湄南河口的邑卢（今泰国之佛统）。自此南下沿马来半岛东岸，经二十余日驶抵湛离（今泰国之巴蜀），在此弃船登岸，横越地峡，步行十余日，抵达夫首都卢（今缅甸之丹那沙林）。再登船向西航行于印度洋，经两个多月到达黄支国（今印度东南海岸之康契普腊姆）。回国时，由黄支南下至已不程国（今斯里兰卡），然后向东直航，经 8 个月驶抵马六甲海峡，泊于皮宗（今新加坡西面之皮散岛），最后再航行两个多月，由皮宗驶达日南郡的象林县境（今所在今越南维川县南的茶荞）。广州、泉州在唐、宋、元时，侨居的外商多达万人，乃至十万人以上。

历代海上丝路，亦可分三大航线：

（1）东洋航线由中国沿海港至朝鲜、日本。

（2）南洋航线由中国沿海港至东南亚诸国。

（3）西洋航线由中国沿海港至南亚、阿拉伯和东非沿海诸国。

三、丝绸之路的意义

丝绸之路的开辟是人类文明史上的一个伟大创举，也是古代东西方最长的国际交通路线，它是丝路沿线多民族的共同创造，所以又称为友谊之路。丝绸之路的开辟，有力地促进了东西方的经济文化交流，对促成汉朝的兴盛产生了积极的作用。这条丝绸之路，至今仍是中西交往的一条重要通路。

1．商品交流

正如"丝绸之路"的名称，在这条逾 7 000 km 的长路上，丝绸与同样原产中国的瓷器一样，成为当时一个东亚强盛文明的象征。各国元首及贵族曾一度以穿着用腓尼基红染过的中国丝绸，家中使用瓷器为富有荣耀的象征。葡萄、核桃、胡萝卜、胡椒、胡豆、菠菜（又称波斯菜）、黄瓜（汉时称胡瓜）、石榴等的传播为东亚人的日常饮食增添了更多的选择。西域特产的葡萄酒经过历史的发展融入到中国的传统酒文化当中。商队从中国主要运出铁器、金器、银器、镜子和其他豪华制品。

2．文化交流

造纸术曾经为中国古代科技领先于世界作出了巨大的贡献。随着丝绸之路的开辟，纸制品开始在西域以及更远的地方出现。在对中亚政治格局具有强大影响力的怛罗斯战役中，阿拉伯人将中国战俘沿着丝绸之路带回撒马尔罕，而这些战俘中就有长于造纸术的中国工匠。最终造纸术就这样传播到世界各地。

西域地区沙漠密布，各国的繁荣与水往往是脱不开关系的。自汉朝派遣军队屯积在西域发展农业时，流传于山区的坎儿井和井渠技术被同样需要水源的军人使用，并逐步流传至更远的国家。

中国古代印刷术也是沿着丝路逐渐西传的技术之一。在敦煌、吐鲁番等地，已经发现了用于雕版印刷的木刻板和部分纸制品。其中唐代的《金刚经》雕版残本如今仍保存于英国。这说明印刷术在唐代至少已传播至中亚。13 世纪时期，不少欧洲旅行者沿丝绸之路来到中国，并将这种技术带回欧洲。

3．宗教交流

佛教于公元前 87 年传入西域于阗以后，公元前 60 年至公元前 10 年左右自佛教圣地于阗向西或北方向传播到叶城、莎车、塔什库尔干、喀什、阿克苏、库车、焉首等西域之"丝绸之路"北路各地和向东北方向传播到且末、若羌、米兰、楼兰等西域之"丝绸之路"南北路诸地是理所当然之事。除了佛教,拜火教、摩尼教和景教也随着丝绸之路来到中国,取得了很多人的信仰。并沿着丝绸之路的分支,传播到韩国、日本与其他亚洲国家。

波斯琐罗亚斯德教于前5至前1世纪沿丝路向东方传播,被认为是最早传入西域的宗教。波斯亚斯德教是古代波斯帝国的国教,在阿拉伯帝国兴起后被迫东移。其宗教风俗则被维吾尔族、塔吉克族所保留,成为一种民族文化的风俗。

古"丝绸之路"已经成为历史,但其在中国历史上开始的中西文明的接触碰撞,并在以后的历次碰撞中相互激发、相互学习,互相从对方的体系中汲取本文化发展需要的养分,相互滋润,使人类在征服与被征服中不断向前发展。如果能把"丝绸之路"理解为一种文化而不是单一层面上的技术途径,将更有助于我们理解为什么在众多的传播途径中"丝绸之路"是如此让人难以释怀。

【知识延展】

中国古代文化成就巨大

天文地理

天象记录:日食、流星、新星和超新星、彗星、五星连珠、太阳黑子石刻纪录。

历法成就:《太初历》《大明历》《大衍历》《授时历》。

天文仪器:圭表、日晷、漏刻、浑仪、浑天仪、地动仪、浑象简仪、仰仪。

著名天文学家:甘德、落下闳、张衡、祖冲之、张遂(僧一行)、郭守敬、沈括。

天文著作:《甘石星经》《灵宪》。

著名地理学家:裴秀、郦道元、徐霞客、魏源。

地理成就:制图六体、风的观测和仪器、降水的观测和仪器、湿度的观测和仪器、云的观测和云图集、《水经注》《徐霞客游记》《海国图志》。

古代数学

成就:算筹、算盘、十进制的使用、分数和小数的最早运用、九九表、负数的使用、圆周率的计算、二进制思想的开创国、大衍求一术。

著作:《周髀算经》《九章算术》《海岛算经》《孙子算经》。

数学家:刘徽、张衡、祖冲之、秦九韶。

古代军事

军事思想:孙子兵法、六韬司马法、孙膑兵法、尉缭、吴子。

军事发明:古代战车马镫的发明与流传、中国古代火箭火药喷火装置、弩的发明和流传。

人物:兵圣孙武、民族英雄岳飞、诸葛亮。

传统医学

中医概况:中医的历史、中医基础理论、中药基础。

诊法与疗法:四诊法、针灸、刮痧、推拿、拔火罐。

食疗与养生食疗的含义:食物的四性与五味药膳。

中医养生佳品:茶、药酒。

特色发明:针灸铜人、中医针具、舌苔模型、内经图、铁球、五禽戏、太极拳。

古代名医：钱乙、葛洪、王冰、皇甫谧、王叔和、滑伯仁、淳于意、李时珍、李东垣、扁鹊戴思恭、张子和、张仲景、巢元方、孙思邈、孙一奎、华佗、刘完素。

古代农业

中国古代的水利工程：都江堰、郑白渠、引漳十二渠、它山堰、灵渠、后套八大渠、邗沟。

古代农具：中国水车、骨耜石铲、铁锄、铁犁。

古代农业科技人物：贾思勰、徐光启、宋应星。

农业技术成就：《齐民要术》《天工开物》《农政全书》。

古代建筑

早在周代就已开始了城市规划。

古代机械

著作：《考工记》《远西奇器图说录最》。

物件：司母戊方鼎；方板链泵、水力大纺车、皮带传动；交通工具橹、舵与轮船、指南车、记里鼓车、独轮车。

纺织印染

中国古代纺织、中国古代服饰、中国丝织艺术、中国刺绣艺术、中国古代印染、古代矿物颜料染织品种、古代丝绸发展、丝绸染整工艺、中国四大名绣、天然织物染料。

航海技术

造船发明：帆船尾舵橹、车船、龙骨结构、水密隔舱。

航海发明：航海罗盘、牵星术、计程仪、针路。

航海大事记：徐福东渡日本、汉代的海上丝绸之路、鉴真东渡日本、郑和下西洋。

造纸印刷

造纸术原始的书写材料、纸的发明过程、造纸技术的发展、蔡伦改进造纸术、造纸术的传播。

人物：蔡伦、毕昇、王祯、胡正言。

印刷术：印刷术的发明、雕版印刷术的发明、活字印刷术的发明、印刷技术的传播。

特色发明：宣纸、笔墨的发明、印章拓印、套印及彩色印刷、纸币。

古代哲学

哲学流派：道家、儒家、法家、名家、墨家、阴阳家。

思想家：老子、孔子、韩非子、墨子、庄子、孟子。

哲学著作：《道德经》《论语》《易经》。

哲学关键词：道、阴阳、八卦、五行、太极、天人合一。

古代工艺

瓷器、家具、青铜、陶器、雕塑、漆器、纹饰、文房四宝、景泰蓝、木雕、剪纸、钟鼎、风筝、唐三彩、灯彩、年画、纸扎艺术、扇子、玉器、石雕、竹雕等。

【活动建议】

通过小组合作学习的方式，从"知识延展"中选择自己感兴趣的内容，借助于课外读物、网络工具，查找相关资料，撰写一份小论文，并利用班会时间进行交流展示。

任务二　文化现象举例

【学习目标】

知晓文化的基本含义，了解茶文化、食文化的相关知识，并能由此及彼，激发探究其他文化现象的浓厚兴趣。

【情境对话】

浩浩：这么热的天，你在书房里看什么书呀？这么专心致志！

琪琪：这两天我正在学习茶道。爸爸书房里有一本《茶经》，我来研究一下。

浩浩：是不是被称为茶圣的唐代陆羽所写的那部《茶经》呀？

琪琪：是的，听说陆羽为了研究茶道，在杭州余杭的径山生活了好多年呢！

浩浩：那我们就一起来研究一下茶文化吧！

【学习顾问】

主题一　茶　文　化

一、简介

中国是茶的故乡，也是茶文化的发源地。茶及对茶的研究，在中国已有四五千年的历史，且长盛不衰，传遍全球。中国茶文化倡导"天下茶人是一家"，糅合佛、儒、道诸派思想，独成一体，是中国文化中的一朵奇葩。

中国素有礼仪之邦之称谓，茶文化的精神内涵即是通过沏茶、赏茶、闻茶、饮茶、品茶等习惯和中华的文化内涵和礼仪相结合形成的一种具有鲜明中国文化特征的一种文化现象，也可以说是一种礼节现象。

种茶、饮茶仅是茶文化形成的前提条件，还必须有文人的参与和文化的内涵。唐代陆羽所著《茶经》系统地总结了唐代以及唐以前茶叶生产、饮用的经验，提出了精行俭德的茶道精神。陆羽和皎然等一批文化人非常重视茶的精神享受和道德规范，讲究饮茶用具、饮茶用水和煮茶艺术，并与儒、道、佛哲学思想交融，而逐渐使茶进入人们的精神领域。在一些士大夫和文人雅士的饮茶过程中，还创作了很多茶诗，仅在《全唐诗》中，流传至今的就有百余位诗人的四百余首，从而奠定中华茶文化的基础。

二、"茶"字的起源与流变

传说在公元前2737年，神农上山采药，边采边尝，不知不觉中已尝了近72种中草药。草药中的毒性令他觉得口干舌燥，浑身非常的不舒服，于是便坐在树下休息，正在这时，几片树叶飘落在他面前，凭着往常的习惯，他又捡起树叶放入口中尝试，可是令他惊奇的是，过了一会儿神农开始觉得身体舒畅起来，口也不渴了，浑身好像一下子轻松下来，而口中的树叶还留给他一口的清香。这是一则关于茶的神话故事。

在古代史料中，茶的名称很多，但"茶"则是正名，"茶"字在中唐之前一般都写作"荼"字。"荼"字有一字多义的性质，表示茶叶，是其中一项。由于茶叶生产的发展，饮茶的普及程度越来越高，茶的文字的使用频率也越来越高，因此，民间的书写者，为了将茶的意义表达的更加清楚、直观，于是，就把"茶"字减去一划，成了我们看到的"茶"字。

"茶"字从"荼"中简化出来的萌芽，始发于汉代，古汉印中，有些"荼"字已减去一笔，成为"茶"字之形了。不仅字形，"茶"的读音在西汉已经确立。如湖南省的茶陵，西汉时曾是刘欣的领地，俗称"茶"王城，是当时长沙国13个属县之一，称为"荼"陵县。在《汉书·地理志》中，"荼"陵的"荼"，颜师古注为：音弋奢反，又音丈加反。这个反切注音，就是现在"茶"字的读音。从这个现象看，"茶"字读音的确立，要早于"茶"字字形的确立。

中国地大物博，民族众多，因而在语言和文字上也是异彩纷呈，对同一事物有多种称呼，对同一称呼又有多种写法。

在古代史料中，有关茶的名称很多，到了中唐时，茶的音、形、义已趋于统一，后来，又因陆羽《茶经》的广为流传，"茶"的字形进一步得到确立，直至今天。

三、茶类

1. 绿茶

绿茶是中国产量最多的一类茶叶，也是不经过发酵的茶，即将鲜叶经过摊晾后直接下到二三百摄氏度的热锅里炒制，以保持其绿色的特点。绿茶具有香高、味醇、形美等特点。其制作工艺都经过杀青—揉捻—干燥的过程，也有些绿茶是不经过揉捻的，外形呈扁片状，如西湖龙井等。由于加工时杀青和干燥的方法不同，绿茶又可分为炒青绿茶（龙井）、烘青绿茶（黄山毛峰）、蒸青绿茶（恩施玉露）和晒青绿茶（滇绿）。中国绿茶花色品种之多居世界之首，每年出口数万吨，占世界茶叶市场绿茶贸易量的70%左右。我国传统绿茶——眉茶和珠茶深受国内外消费者的欢迎。中国绿茶十大名茶是西湖龙井、太湖碧螺春、黄山毛峰、六安瓜片、信阳毛尖、太平猴魁、庐山云雾、四川蒙顶、顾渚紫笋茶。

2. 红茶

红茶与绿茶的区别，在于加工方法不同。红茶加工时不经杀青，而且萎凋，使鲜叶失去一部分水分，再揉捻（揉搓成条或切成颗粒），然后发酵，使所含的茶多酚氧化，变成红色的化合物。这种化合物一部分溶于水，一部分不溶于水，而积累在叶片中，从而形成红汤、红叶。红茶主要有小种红茶（正山小种，外山小种）、工夫红茶（祁红）和红碎茶三大类。中国红茶品种主要有：祁红—产于安徽祁门至德及江西浮梁等地；滇红—产于云南临沧、佛海、顺宁等地；霍红—产于安徽六安、霍山等地；宜红—产于江苏宜兴；越红—产于湖南安化（湖南省安化茶厂）、新化、桃源等地；川红—产于四川宜宾、高县等地；吴红—产于广东英德等地。其中尤以祁门红茶最为著名。

3. 黑茶

黑茶原来主要销往边区，原料粗老，加工时堆积发酵时间较长，使叶色呈暗褐色。是藏、蒙、维吾尔等兄弟民族不可缺少的日常必需品。有"湖南黑茶"、"湖北老青茶"、"广西六堡茶"，四川的"西路边茶"、"藏茶"，云南的"紧茶"、"饼茶"、"方茶"、"圆茶"等品种。云南普洱茶和湖南的安化黑茶就是中国传统的经典黑茶。普洱茶又分两种，一是传统普洱茶也就是生茶，是以云南特有的

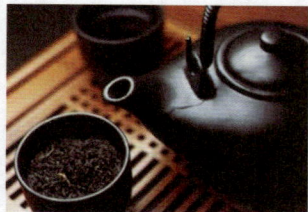

大叶种晒青毛茶，经蒸压自然干燥一定时间贮放形成的特色茶；另一种也就是现代普洱茶（熟茶），是经过潮水微生物固态发酵形成的。安化黑茶也分两种，一种是黑砖茶，形似砖块，经发酵后由砖模压制而成；另一种是千两茶，形似树桩，经发酵、蒸制后由多层竹篾捆压而成，每件按 16 两古市称计重 1 000 两。黑茶具有降脂、减肥和降血压的功效，在东南亚和日本很普及，简称"减肥茶"、"瘦身茶"。

4. 乌龙茶

乌龙茶也就是青茶，是一类介于红绿茶之间的半发酵茶。即制作时适当发酵，使叶片稍有红变，是介于绿茶与红茶之间的一种茶类。它既有绿茶的鲜爽，又有红茶的浓醇。因其叶片中间为绿色，叶缘呈红色，故有"绿叶红镶边"之称。乌龙茶在六大类茶中工艺最复杂费时，其中做青工序是形成乌龙茶品质的关键步骤。乌龙茶泡法也很讲究，所以喝乌龙茶也被人称为喝功夫茶。主要花色有：武夷岩茶；武夷肉桂；闽北水仙；铁观音；白毛猴；八角亭龙须茶；黄金桂；本山；毛蟹；永春佛手；安溪色种；凤凰水仙；台湾乌龙；台湾包种；大红袍；铁罗汉；白冠鸡；水金龟。

5. 黄茶

君山银针茶就属于黄茶。在制茶过程中，经过闷堆渥黄，因而形成黄叶、黄汤。分"黄芽茶"（包括湖南洞庭湖君山银芽、四川雅安、名山县的蒙顶黄芽、安徽霍山的霍内芽）、"黄小茶"（包括湖南岳阳的北港、湖南宁乡的沩山毛尖、浙江平阳的平阳黄汤、湖北远安的鹿苑）、"黄大茶"（包括的广东大叶青、安徽的霍山黄大茶）三类。黄茶的制法有点像绿茶，不过中间需要闷黄工序。主要花色有：君山银针；蒙顶黄芽；北港毛尖；鹿苑毛尖；霍山黄芽；沩江白毛尖；温州黄汤；皖西黄大茶；广东大叶青；海马宫茶。

6. 白茶

白茶是中国的特产，主要是通过萎凋、干燥制成的。白茶外形、香气和滋味都是非常好的。它加工时不炒不揉，只将细嫩、叶背满茸毛的茶叶晒干或用文火烘干，而使白色茸毛完整地保留下来。白茶主要产于福建的福鼎、政和、松溪和建阳等县，有"银针"、"白牡丹"、"贡眉"、"寿眉"几种。

7. 花茶

又名香片，利用茶善于吸收异味的特点，将有香味的鲜花和新茶一起闷，茶将香味吸收后再把干花筛除，制成的花茶香味浓郁，茶汤色深，深得偏好重口味的中国北方人喜爱。最普通的花茶是用茉莉花制的茉莉花茶，普通花茶都是用绿茶制作，也有用红茶制作的。

四、茶道

茶文化是茶艺与精神的结合，并通过茶艺表现精神。兴于中国唐代，盛于宋、明代，衰于清代。中国茶道的主要内容讲究五境之美，即茶叶、茶水、火候、茶具、环境。

茶文化要遵循一定的法则。唐代为克服 9 难，即造、别、器、火、水、炙、末、煮、饮。

宋代为三点与三不点品茶，"三点"为新茶、甘泉、洁器为一，天气好为一，风流儒雅、气味相投的佳客为一。"三不点"为茶不新、泉不甘、器不洁，是为一不；景色不好，为一不；品茶者缺乏教养举止粗鲁又为一不，共为三不。碰到这种情况，最好是不作艺术的品饮，以免败兴。

中国茶道的发展过程：

（1）煎茶：把茶末投入壶中和水一块煎煮。唐代的煎茶是茶的最早艺术品尝形式。

（2）点茶，斗茶：较之于唐代煎茶，宋人更喜爱典雅精致的点茶艺术。由于宋代饮茶之风炽热，所以还风行评比调茶技术和茶质优劣的"斗茶"，亦称"茗战"。我国斗茶始于唐而盛于宋，随着贡茶的兴起应运而生。

（3）泡茶：元代人已开始普遍使用茶叶或茶末煎煮饮茶，不加或少加调料。这种简便、纯粹的"清饮"方式被越来越多的人接受，加上后来的沸水冲泡法，到了明代，就形成了"泡茶"这种饮茶方式，一直沿用至今。

五、品茶内涵

茶文化是中华传统优秀文化的组成部分，其内容十分丰富，涉及科技教育、文化艺术、医学保健、历史考古、经济贸易、餐饮旅游和新闻出版等学科与行业，包含茶叶专著、茶叶期刊、茶与诗词、茶与歌舞、茶与小说、茶与美术、茶与婚礼、茶与祭祀、茶与禅教、茶与楹联、茶与谚语、茶事掌故、茶与故事、饮茶习俗、茶艺表演、陶瓷茶具、茶馆茶楼、冲泡技艺、茶食茶疗、茶事博览和茶事旅游等21个方面。

茶文化的社会功能主要表现在发扬传统美德、展示文化艺术、修身养性、陶冶情操、促进民族团结、表现社会进步和发展经济贸易等。传统美德是经过几千年积淀下来的被历代人们所推崇的美好道德，是民族精神和社会风尚的体现。茶文化具有的传统主要有热爱祖国、无私奉献、坚韧不拔、谦虚礼貌、勤奋节俭和相敬互让等。

陆羽的《茶经》是古代茶人勤奋读书、刻苦学习、潜心求索、百折不挠精神的结晶。以茶待客、以茶代酒，"清茶一杯也醉人"就是汉民族珍惜劳动成果、勤奋节俭的真实反映。以茶字当头排列茶文化的社会功能有"以茶思源、以茶待客、以茶会友、以茶联谊、以茶廉政、以茶育人、以茶代酒、以茶健身、以茶入诗、以茶入艺、以茶入画、以茶起舞、以茶歌吟、以茶兴文、以茶作礼、以茶兴农、以茶促贸和以茶致富。茶是中国的骄傲，民族的自尊、自信和自豪。饮茶可以思源。世界著名科技史家李约瑟博士将中国茶叶作为中国四大发明（火药、造纸、指南针和印刷术）之后对人类的第五个重大贡献。

唐代陆羽《茶经》是世界第一部茶书。中国茶文化对世界影响功能显著。以茶会友是茶文化最广泛的社会功能之一。茶文化对现代社会的作用主要有5个方面：

（1）茶文化以德为中心，重视人的群体价值，倡导无私奉献，反对见利忘义和唯利是图。主张义重于利，注重协调人与人之间的相互关系，提倡对人尊敬，重视修生养德，有利于人的心态平衡，解决现代人的精神困惑，提高人的文化素质。

（2）茶文化是应对人生挑战的益友。在激烈的社会竞争，市场竞争下，紧张的工作、应酬、复杂的人际关系，以及各类依附在人们身上的压力都很大。参与茶文化，可以放松精神和身心一番，以应对人生的挑战。

（3）有利于社区文明建设。改革开放后茶文化的传播表明，茶文化是有改变社会不正当消费活动、创建精神文明、促进社会进步的作用。

（4）对提高人们生活质量，丰富文化生活的作用明显。茶文化具有知识性、趣味性和康乐性，品尝名茶、茶具、茶点，观看茶俗茶艺，都给人一种美的享受。

（5）促进开放，推进国际文化交流。国际茶文化的频繁交流，使茶文化跨越国界，广交天下，成为人类文明的共同精神财富。

茶是中华民族的举国之饮。发于神农，闻于鲁周公，兴于唐朝，盛于宋代。中国茶文化糅合了中国儒、道、佛诸派思想，独成一体，是世界文化中的一朵奇葩，她芬芳而甘醇。千百年来，她伴随着中华文明的发展而发展。中国茶文化既是饮茶的艺术，也是生活的艺术，更是人生的艺术。

主题二　食　文　化

一、演进史

有巢氏（旧石器时代）：当时人们不懂人工取火和熟食。饮食状况是茹毛饮血，不属于饮食文化。

燧人氏：钻木取火，从此熟食，进入石烹时代。主要烹调方法：①炮，即钻火使果肉而燔之；②煲：用泥裹后烧；③用石臼盛水、食，用烧红的石子烫熟食物；④焙炒：把石片烧热，再把植物种子放在上面炒。

伏羲氏：在饮食上，结网罟以教佃渔，养牺牲以充庖厨。

神农氏：是中国农业的开创者，尝百草，开创古医药学，发明耒耜，教民稼穑。陶具使人们第一次拥有了炊具和容器，为制作发酵性食品提供了可能，如酒、醋、酪等。鼎是最早的炊具之一。

黄帝：中华民族的饮食状况又有了改善，皇帝作灶，始为灶神，集中火力节省燃料，使食物速熟，而广泛使用在秦汉时期。蒸盐业是黄帝臣子宿沙氏发明，从此人们不仅懂得了烹还懂得调，有益人的健康。

周秦时期：是中国饮食文化的成形时期，以谷物蔬菜为主食。春秋战国时期，自产的谷物菜疏基本都有了，当时旱田作业主要是稷、黍、麦、菽、麻。菽和麻都是百姓穷人吃的。南方还有稻。

汉代：中国饮食文化的丰富时期，归功于汉代中西（西域）饮食文化的交流，引进石榴、芝麻、葡萄、胡桃（即核桃）、西瓜、甜瓜、黄瓜、菠菜、胡萝卜、茴香、芹菜、胡豆、扁豆、苜蓿、莴笋、大葱、大蒜，还传入煎炸等一些烹调方法。淮南王刘安发明豆腐，使豆类的营养得到消化，物美价廉，可做出许多种菜肴。东汉还发明了植物油。

唐宋：饮食文化的高峰，过分讲究"素蒸声音部、罔川图小样"。

明清：饮食文化的又一高峰，是唐宋食俗的继续和发展，同时又混入满蒙的特点，饮食结构有了很大变化。满汉全席代表了清代饮食文化的最高水平。

二、内涵

中华饮食文化的深层内涵可以概括成4个字：精、美、情、礼。这4个字反映了饮食活动过程中饮食品质、审美体验、情感活动、社会功能等所包含的独特文化意蕴，也反映了饮食文化与中华优秀传统文化的密切联系。

精：是对中华饮食文化的内在品质的概括。孔子说过："食不厌精，脍不厌细"。这反映了先民对于饮食的精品意识。当然，这可能仅仅局限于某些贵族阶层。但是，这种精品意识作为一种文化精神，却越来越广泛、越来越深入地渗透、贯彻到整个饮食活动过程中。选料、烹调、配伍乃至饮食环境，都体现着一个"精"字。

美：体现了饮食文化的审美特征。中华饮食之所以能够征服世界，其重要原因之一就在于它美。这种美，是指中国饮食活动形式与内容的完美统一，是指它给人们所带来的审美愉悦和精神享受。首先是味道美。孙中山先生讲"辨味不精，则烹调之术不妙"，将对"味"的审美视作烹调的第一要义。

情：这是对中华饮食文化社会心理功能的概括。饮食实际上是人与人之间情感交流的媒介，是一种别开生面的社交活动。一边吃饭，一边聊天，可以做生意、交流信息、采访。朋友离合，送往迎来，人们都习惯于在饭桌上表达惜别或欢迎的心情，感情上的风波，人们也往往借酒菜平息。这是饮食活动对于社会心理的调节功能。中华饮食之所以具有"抒情"功能，是因为"饮德食和、万邦同乐"的哲学思想和由此而出现的具有民族特点的饮食方式。

礼：是指饮食活动的礼仪性。中国饮食讲究"礼，这与我们的传统文化有很大关系。生老病死、送往迎来、祭神敬祖都是礼。《礼记·礼运》中说："夫礼之初，始诸饮食。""三礼"中几乎没有一页不曾提到祭祀中的酒和食物。礼指一种秩序和规范。坐席的方向、箸匙的排列、上菜的次序……都体现着"礼"。我们谈"礼"，不要简单地将它看作一种礼仪，而应该将它理解成一种精神，一种内在的伦理精神。这种"礼"的精神，贯穿在饮食活动过程中，从而构成中国饮食文明的逻辑起点。

"精、美、情、礼"分别从不同的角度概括了中华饮食文化的基本内涵，换言之，这4个方面有机地构成了中华饮食文化这个整体概念。精与美侧重于饮食的形象和品质，而情与礼，则侧重于饮食的心态、习俗和社会功能。但是，它们不是孤立地存在，而是相互依存、互为因果的。唯其"精"，才能有完整的"美"；唯其"美"，才能激发"情"；唯有"情"，才能有合乎时代风尚的"礼"。四者环环相生、完美统一，便形成中华饮食文化的最高境界。我们只有准确把握"精、美、情、礼"，才能深刻地理解中华饮食文化，也才能更好地继承和弘扬中华饮食文化。

三、技巧

数千年来，中餐积累了精湛的烹调技艺，仅烹调的操作方法就有：烧、炸、烤、烩、熘、炖、爆、煸、熏、卤、煎、汆、贴、蒸等近百种，从而形成了各式各样、千差万别、风味各异的菜系和品种。据不完全统计，现在全国约有各式菜肴一万多种。著名的清宫廷宴席菜肴"满汉全席"，仅此一桌的冷热大菜就有120余种。以这种大菜为代表的中国食文化，显示出华丽、气派的"天朝"和"帝王"心态，表现出中国传统文化的普遍特点。

四、菜系

中国是一个餐饮文化大国，长期以来在某一地区由于地理环境、气候物产、文化传统以及民族习俗等因素的影响，形成有一定亲缘承袭关系、菜点风味相近，知名度较高，并为部分群众喜爱的地方风味著名流派，形成众所周知的代表中华美食文化的十大菜系：苏菜、川菜、鲁菜、粤菜、楚菜、浙菜、湘菜、闽菜、徽菜、京菜。

1. 苏菜

江苏菜历史悠久，品种繁多。相传，我国古代第一位厨祖彭铿就出生于徐州城。

特点：烹调技艺以炖、焖、煨著称；重视调汤，保持原汁。原为江浙菜系，是中国长江中下游地区的著名菜系，其覆盖地域甚广，包括现今江苏、浙江、安徽、上海，以及江西、河南部分地区，它有"东南第一佳味"、"天下之至美"之誉，声誉远播海内外。淮扬菜是江苏菜系中最有名气的菜种。淮扬菜以扬州、淮安为中心，以大运河为主，南至镇江，北至洪泽湖、淮河一带，东至沿海地区的地方风味菜。淮扬菜选料严谨，讲究鲜活，主料突出，刀工精细，擅长炖、焖、烧、烤，重视调汤，讲究原汁原味，并精于造型，瓜果雕刻栩栩如生。口味咸淡适中，南北皆宜，并可烹制"全鳝席"。淮扬细点，造型美观，口味繁多，制作精巧，清新味美，四季有别。

名菜：主要有"镇江肴肉"，"扬州煮干丝"、"文思豆腐"，"金陵盐水鸭"，"霸王别姬"，"无锡肉骨头"，"梁溪脆鳝"，"松鼠桂鱼"，"母油船鸭"，"黄泥煨鸡"等数百种。

2．川菜

据史书记载，川菜起源于古代的巴国和蜀国。自秦朝至三国时期，成都逐渐成为四川地区的政治、经济、文化中心，使川菜得到较大发展。早在一千多年前，西晋文学家左思所著《蜀都赋》中便有"金垒中坐，肴隔四陈，觞以清酊，鲜以紫鳞"的描述。唐宋时期，川菜更为脍炙人口。诗人陆游曾有"玉食峨眉木耳，金齑丙穴鱼"的诗句赞美川菜。元、明、清建都北京后，随着入川官吏增多，大批北京厨师前往成都落户，经营饮食业，因而川菜又得到了进一步发展，逐渐成为我国的主要地方菜系。

（1）特点：在于味型多样，变化精妙。辣椒、胡椒、花椒、豆瓣酱等是主要调味品，不同的配比，化出了麻辣、酸辣、椒麻、麻酱、蒜泥、芥末、红油、糖醋、鱼香、怪味等各种味型，无不厚实醇浓，具有"一菜一格"、"百菜百味"的特殊风味，各式菜点无不脍炙人口。川菜是中国最有特色的菜系，因此全国闻名，有成都、重庆两个流派。

（2）名菜："宫保鸡丁"，"麻婆豆腐"，"灯影牛肉"，"樟茶鸭子"，"毛肚火锅"，"鱼香肉丝"等300多种。

3．鲁菜

鲁菜是我国最早的地方风味菜。古齐鲁为孔、孟故乡，自古以来是我国文化发祥地之一。饮食文明较为发达，而且历史悠久。据记载，早在春秋时期，烹饪技术就比较发达。当时被称为中国古代厨圣的易牙，就是齐桓公的宠臣，他是以烹饪调味之妙而著称于世。

（1）特点：胶东地方菜，以烹制各种海鲜菜驰名。它的烹调技术来自福山菜，烹调方法擅长"爆、炸、扒、蒸"，口味以鲜为主，偏重清淡，味浓厚、嗜葱蒜，尤以烹制海鲜，汤菜和各种动物内脏为长。济南菜尤重制汤，清汤、奶汤的使用及熬制都有严格规定，菜品以清鲜脆嫩著称。胶东菜起源于福山、烟台、青岛，以烹饪海鲜见长，口味以鲜嫩为主，偏重清淡，讲究花色。孔府菜是"食不厌精，脍不厌细"的

具体体现,其用料之精广、筵席之丰盛堪与过去皇朝宫廷御膳相比。山东菜调味极重、纯正醇浓,少有复杂的合成滋味,一菜一味,尽力体现原料的本味。另一特征是面食品种极多,小麦、玉米、甘薯、黄豆、高粱、小米均可制成风味各异的面食,成为筵席名点。鲁菜是形成最早的菜系,它对其他菜系的产生有重要的影响,因此鲁菜为八大菜系之首。

（2）名菜：炸山蝎、德州脱骨扒鸡、原壳扒鲍鱼、九转大肠、油爆大蛤、红烧海螺、糖醋黄河鲤鱼等。

4. 粤菜

据唐代《通历》记载,广州最早叫"楚庭"。秦始皇统一全国正式称为广州。由于它地处珠江三角洲,水上交通四通八达,所以很早便是岭南政治、经济、文化中心。唐代时,广州已成为世界上最著名的港口,饮食文化也比较发达。

由于广东是我国最早对外通商的口岸之一,在长期与西文国家经济往来和文化交流中吸收了一些西菜烹调方法,加上外地酒菜馆在广州大批出现,促进了粤菜的形成和发展。加之广东处在东南沿海,珠江三角洲气候温和,物产丰富,可供食用的动物、植物品种繁多。广东菜历来以选料广博,菜肴新颖奇异而冠于全国,故有"食在广州"之称,名扬四海。由广州菜、潮州菜、东江菜组成,此外还有海南地区风味。

（1）特点：历来以选料广博,菜肴新颖奇异而冠于全国,故有"食在广州"之称,名扬四海。粤菜的主要特点在烹调上以炒、烩、煎烤、局著称,讲究鲜、嫩、爽、滑、口味上以生,脆、鲜、淡为主。曾有"五滋"（香、松、臭、肥、浓）、"六味"（酸、甜、苦、咸、辣、鲜）之说。

（2）名菜："脆皮烤乳猪"、"龙虎斗"、"太爷鸡"、"东江盐局鸡"、"潮州烧鹰鹅"、"猴脑汤"等上百种。

5. 楚菜

楚菜又称鄂菜、荆菜,历史最为悠久的地方菜系之一,起源于江汉平原,屈原在《楚辞》篇中就有记载,楚宫佳宴中有20多个楚地名食——为国内有文字记载最早的宫廷筵席菜单,著名的曾侯乙墓中竟一次出土一百多件各式各样的饮食器具,可知楚菜在春秋战国时期已具独立菜系雏形,经汉魏唐宋渐进发展,成熟于明清时期,跻身中国十大菜系之列。

（1）特点：《史记》中曾记载了楚地"地势饶食,无饥馑之患"。湖北被称"千湖之省",楚菜以湖北得天独厚的淡水河鲜为本,鱼馔为主,汁浓芡亮,香鲜微辣,注重本色、原汁原味,菜式丰富,筵席众多,擅长蒸、煨、炸、烧、炒等烹调方法,特点是汁浓、芡稠、口重、味纯,民间看馔以煨汤、蒸菜、肉糕、鱼丸和米制品小吃为主体,具有滚、烂、鲜、醇、香、嫩、足"七美"之说。

（2）派系：楚菜由汉、荆、黄、襄四大风味流派组成。

（3）名菜："清蒸武昌鱼"、"蟹黄鱼翅"、"莲藕排骨汤"、"精武鸭脖"、"沔阳三蒸"、"红菜苔炒腊肉"、"播龙菜"、"皮条鳝鱼"等两百余种之多。

6．浙菜

浙江烹饪已有几千年的历史。浙菜富有江南特色，历史悠久，源远流长，是中国著名的地方菜种。浙菜起源于新石器时代的河姆渡文化，经越国先民的开拓积累，汉唐时期的成熟定型，宋元时期的繁荣和明清时期的发展，浙江菜的基本风格已经形成。

（1）特点：鲜嫩软滑，香醇绵糯，清爽不腻。浙江菜有悠久的历史，它的风味包括杭州、宁波和温州、金华4个地方的菜点特色。杭州菜重视原料的鲜、活、嫩，以鱼、虾、时令蔬菜为主，讲究刀工，口味清鲜，突出本味。宁波菜咸鲜合一，以烹制海鲜见长，讲究鲜嫩软滑，重原味，强调入味。浙江菜具有色彩鲜明，味美滑嫩，脆软清爽，菜式小巧玲珑、清俊秀丽的特点。它以炖、炸、焖、蒸见长，重原汁原味。浙江点心中的团子、糕、羹、面点品种多，口味佳。

（2）派系：主要有杭州、宁波、温州、金华4个流派所组成，各自带有浓厚的地方特色。

杭州：是全国著名风景区，宋室南渡后，帝王将相、才子佳人游览杭州风景者日益增多，饮食业应运而生。其制作精细，变化多样，并喜欢以风景名胜来命名菜肴，烹调方法以爆、炒、烩、炸为主，清鲜爽脆。

宁波：地处沿海，特点是"咸鲜合一"，口味"咸、鲜、臭"，以蒸、红烧、炖制海鲜见长，讲求鲜嫩软滑，注重大汤大水，保持原汁原味。

温州：古称"瓯"，地处浙南沿海，当地的语言、风俗和饮食方面，都自成一体，别具一格，素以"东瓯名镇"著称。温州菜又称"瓯菜"，瓯菜则以海鲜入馔为主，口味清鲜，淡而不薄，烹调讲究"二轻一重"，即轻油、轻芡、重刀工。

金华：素有粮仓的美誉，土地肥沃，山丘连绵，物产丰饶，饮食历史悠久，浙菜是全国8大菜系之一，而金华菜则是浙菜的重要组成部分。烹调方法，以烧、蒸、炖、煨、炸为主。金华菜以火腿菜为核心，在外地颇有名气。仅火腿菜品种就达300多道。火腿菜烹饪不宜红烧、干烧、卤烩，在调配料中忌用酱油、茴香、桂皮等；也不宜挂糊、上浆，讲究保持火腿独特色香味。

（3）名菜：西湖醋鱼、赛蟹羹、干炸响铃、荷叶粉蒸肉、西湖莼菜汤、龙井虾仁、杭州煨鸡、火踵蹄膀、冰糖甲鱼、锅烧河鳗、腐皮包黄鱼、苔菜小方烤、火膧金鸡、荷叶粉蒸肉、彩熘全黄鱼、网油包鹅肝、黄鱼鱼肚、苔菜拖黄鱼等数千种。

7．湘菜

据史书记载，湘菜的两汉以前就有。到西汉时代，长沙已经是封建王朝政治、经济和文化较集中的一个主要城市，特产丰富，经济发达，烹饪技术已发展到一定的水平。1974年，在长沙马王堆出土的西汉古墓中，发现了许多同烹饪技术相关的资料。其中有迄今最早的一批竹简菜单，它记录了103种名贵菜品和炖、焖、煨、烧、炒、熘、煎、熏、腊等九类烹调方法。唐宋时期长沙又是文人荟萃之地。到明清时期，湘菜又有了新的发展。

（1）特征：是我国历史悠久的一个地方风味菜。湖南菜最大特色一是辣，二是腊。湘菜特别讲究调味，尤重酸辣、咸香、清香、浓鲜。夏天炎热，其味重清淡、香鲜。冬天湿冷，味重热辣、浓鲜。

（2）派系：由湘江流域、洞庭湖区和湘西山区3种地方风味组成。

湘江流域的菜以长沙、衡阳、湘潭为中心。它的特点是用料广泛、制作精细、品种繁多；口味上注重香鲜、酸辣、软嫩，在制作上以煨、炖腊、蒸、炒诸法见称。

洞庭湖区的菜以烹制河鲜和家禽家畜见长，多用炖、烧、腊的制作方法，其特点是芡大油厚、咸辣香软。

湘西菜擅长制作山珍野味，烟熏腊肉和各种腌肉，口味侧重于咸、香、酸、辣。由于湖南地处亚热带，气候多变、春季金雨，夏季炎热，冬季寒冷。

（3）名菜："东安子鸡"、"组庵鱼翅"、"腊味合蒸"、"面包全鸭"、"麻辣子鸡"、"龟羊汤"、"吉首酸肉"、"五元神仙鸡"、"冰糖湘莲"等数百种。

8. 徽菜

徽菜的形成与江南古徽州独特的地理环境、人文环境、饮食习俗密切相关。绿树丛荫、沟壑纵横、气候宜人的徽州自然环境，为徽菜提供了取之不尽、用之不竭的徽菜原料。得天独厚的条件成为徽菜发展的有力物质保障，同时徽州名目繁多的风俗礼仪、时节活动，也有力地促进了徽菜的形成和发展。在绩溪民间宴席中，县城有六大盘、十碗细点四，岭北有吃四盘、一品锅，岭南有九碗六、十碗八等。

（1）特点：讲究火功，善烹野味，量大油重，朴素实惠，保持原汁原味；不少菜肴都是取用木炭小火炖、煨而成，汤清味醇，原锅上席，香气四溢；皖南虽水产不多，但烹制经腌制的"臭桂鱼"知名度很高。沿江菜以芜湖、安庆地区为代表，以后也传到合肥地区，它以烹制河鲜、家畜见长，讲究刀工，注意色、形，善用糖调味，尤以烟熏菜肴别具一格。沿淮菜以蚌埠、宿县、阜阳等地为代表，菜肴讲究咸中带辣，汤汁色浓口重，亦惯用香菜配色和调味。

（2）名菜：火腿炖甲鱼，红烧果子狸、腌鲜鳜鱼、黄山炖鸽、腌鲜鳜鱼、问政山笋、虎皮毛豆腐等上百种。

9. 闽菜

《福建通志》早有"茶、笋、山木之饶遍天下，鱼盐蜃哈匹富青齐"的记载。在一千多年前，这里利用山珍海产烹制各种珍馐佳肴，脍炙人口,逐步形成了闽菜独具一格的特点。《闽产录异》就记载了"梅鱼以姜、蒜、冬菜、火腿炖之基红糟、酸菜、雪里蕻煮之皆美品。""雪鱼佐酒，鲜者、炸者、腌者、冻者俱可。"等烹调方法。这些传统烹调方法，一直沿传至今。

（1）特点：以海味为主要原料，注重甜酸咸香、色美味鲜。闽菜是以福州、闽南、闽西三地区地方风味菜为主形成的菜系。福州菜清鲜、爽淡，偏于甜酸，尤其讲究调汤，另一特色是善于用红糖作配料，具有防变质、去腥、增香、生味、调色作用。闽南菜以厦门为代表，同样具有清鲜爽淡的特色，讲究佐料长于使用辣椒酱、沙菜酱、芥末酱等调料。闽西位于粤、闽、赣三省交界

处，以客家菜为主体，多以山区特有的奇味异品作原料，有浓厚山乡色彩。闽菜以炸、熘、焖、炒、炖、蒸为特色，尤以烹制海鲜见长，刀工精妙，入趣于味，汤菜居多，具有鲜、香、烂、淡并稍带甜酸辣的独特风味。福建小吃点心另有一功，它取材于沿海浅滩的各式海产品，配以特色调味而成，堪称美味。

（2）派系：闽菜起源于福建闽侯县。它是由福州、泉州、厦门等地的地方菜发展而成的。福州菜清鲜，淡爽，偏于甜酸。尤其讲究调汤，汤鲜、味美，汤菜品种多，具有传统特色。还有善用红糟作配料制作的各式风味特色菜。闽南菜以讲究作料，善用甜辣著称。闽西菜则偏咸辣、咸辣，有浓厚的山区风味特色。

（3）名菜："醉糟鸡"、"糟汁川海蚌"、"橘味加力鱼"、"佛跳墙"、"炒西施舌"、"东壁龙珠"、"爆炒地猴"等数百种。

10．京菜

"北京菜"是由北京地方风味菜，以牛羊肉为主的清真菜，以明清皇家传出的宫廷菜，及做工精细、善烹海味的谭家菜，还有其他省市的菜肴组成。

（1）特征：京菜口味浓厚清鳟，质感多样，菜品繁多，四季分明，有完善、独特的烹调技法，以爆、炒、熘、烤、涮、焖、蒸、氽、煮见长。形成京菜特色的主要原因是北京为全国首府，物华天宝，人杰地灵。全国各风味菜技师多汇于此，菜肴原料天南地北，山珍海味、时令蔬菜应有尽有。

（2）名菜："北京烤鸭"、"涮羊肉"、"烤肉"、"富贵鸡"、"水晶肘子"、"酥鱼"等

饮食是人类生存与发展的第一需要，也是社会生活的基本形式之一。然而不同的文化背景，有着不同的饮食观念和饮食习俗，最终形成不同的饮食文化。中国饮食文化的历史源远流长，博大精深。它经历了几千年的历史发展，已成为中国传统文化的一个重要组成部分，在长期的发展、演变和积累过程中，中国人从饮食结构、食物制作、食物器具、营养保健和饮食审美等方面，逐渐形成了自己独特的饮食民俗，最终创造了具有独特风味的中国饮食文化，成为世界饮食文化宝库中的一颗璀璨的明珠。

【知识延展】

文 化 释 义

"文化"是中国语言系统中古已有之的词汇。

"文"的本义，指各色交错的纹理。《易·系辞下》载："物相杂，故曰文。"《礼记·乐记》称："五色成文而不乱。"《说文解字》称："文，错画也，象交叉"均指此义。在此基础上，"文"又有若干引申义。其一，为包括语言文字内的各种象征符号，进而具体化为文物典籍、礼乐制度。《尚书·序》所载伏曦画八卦，造书契，"由是文籍生焉"，《论语·子罕》所载孔子说："文王既没，文不在兹乎"，是其实例。其二，由伦理之说导出彩画、装饰、人为修养之义，与"质"、"实"对称，所以《尚书·舜典》疏曰："经纬天地曰文"，《论语·雍也》称"质胜文则野，文胜质则史，文质彬彬，然后君子"。其三，在前两层意义之上，更导出美、善、德、行之义，这便是《礼记·乐记》。所谓"礼减而进，以进为文"，郑玄注"文犹美也，善也"，《尚书·大禹谟》所谓"文命敷于四海，祗承于帝"。

"化"，本义为改易、生成、造化，如《庄子·逍遥游》："化而为鸟，其名曰鹏"。《易·系辞下》："男女构精，万物化生"。《黄帝内经·素问》："化不可代，时不可违"。《礼记·中庸》："可以赞天地之化育"等。归纳以上诸说，"化"指事物形态或性质的改变，同时"化"又引申为教行迁善之义。

"文"与"化"并联使用，较早见之于战国末年儒生编辑的《易·贲卦·象传》：刚柔交错，天文也。文明以止，人文也。观乎天文，以察时变；观乎人文，以化成天下。

这段话里的"文"，即从纹理之义演化而来。日月往来交错文饰于天，即"天文"，亦即天道自然规律。同样，"人文"指人伦社会规律，即社会生活中人与人之间纵横交织的关系，如君臣、父子、夫妇、兄弟、朋友，构成复杂网络，具有纹理表象。这段话说，治国者须观察天文，以明了时序之变化，又须观察人文，使天下之人均能遵从文明礼仪，行为止其所当止。在这里，"人文"与"化成天下"紧密联系，"以文教化"的思想已十分明确。

西汉以后，"文"与"化"方合成一个整词，如"圣人之治天下也，先文德而后武力。凡武之兴，为不服也。文化不改，然后加诛"（《说苑·指武》），"文化内辑，武功外悠"（《文选·补之诗》）。这里的"文化"，或与天造地设的自然对举，或与无教化的"质朴"、"野蛮"对举。因此，在汉语系统中，"文化"的本义就是"以文教化"，它表示对人的性情的陶冶，品德的教养，本属精神领域之范畴。随着时间的流变和空间的差异，"文化"已成为一个内涵丰富、外延宽广的多维概念，成为众多学科探究、阐发、争鸣的对象。

文 化 分 层

广义的文化包括4个层次：一是物态文化层，由物化的知识力量构成，是人的物质生产活动及其产品的总和，是可感知的、具有物质实体的文化事物；二是制度文化层，由人类在社会实践中建立的各种社会规范构成，包括社会经济制度婚姻制度、家族制度、政治法律制度、家族、民族、国家、经济、政治、宗教社团、教育、科技、艺术组织等；三是行为文化层，以民风民俗形态出现，见之于日常起居动作之中，具有鲜明的民族、地域特色；四是心态文化层，由人类社会实践和意识活动中经过长期蕴育而形成的价值观念、审美情趣、思维方式等构成，是文化的核心部分。心态文化层可细分为社会心理和社会意识形态两个层次。

【活动建议】

走进当地的博物馆，参观风土人情，了解民风民俗。选择自己感兴趣的文化种类，就其形成的原因、演变历史、流派特点等进行深入探究。

任务三　人类文明演进

【学习目标】

知晓人类所经历的农耕文明、工业文明的基本发展轨迹，了解典型国家案例，从整体上把握人类文明进步的大趋势。

【情境对话】

浩浩：我来给你猜个谜语吧！什么东西早上四条腿走路，中午两条腿走路，而到了晚上却是三条腿走路的？

琪琪：这是什么呀？我猜不出来！

浩浩：这里是古埃及最著名的一个谜语呢！它的谜底就是我们人类呀！

琪琪：这倒是挺形象的。让我们一起来领略一下"农耕文明"的精彩之处吧。

【学习顾问】

农耕文明的典型——古埃及

农耕文明是指由农民在长期农业生产中形成的一种适应农业生产、生活需要的国家制度、礼俗制度、文化教育等的文化集合。农耕文明集合各类宗教文化为一体，形成了自己独特的文化内容和特征，但主体包括国家管理理念、人际交往理念以及语言、戏剧、民歌、风俗及各类祭祀活动等，是世界上存在最为广泛的文化集成。农耕文明的重要表现为男耕女织，规模小，分工简单，不用于商品交换。

古埃及位于非洲东北部（今中东地区），起初在尼罗河流域，直到国力强盛时，才达到当今的埃及领土。它北临地中海，东濒红海，南邻努比亚（今埃塞俄比亚和苏丹），西接利比亚。从地理上看，埃及的东西两面均为沙漠，南边有几个大险滩，同外界交往甚难，只有通过东北端的西奈半岛与西亚来往较为方便。所以，古代埃及具有较大的孤立性。

纵贯埃及全境的尼罗河，由发源于非洲中部的白尼罗河和发源于苏丹的青尼罗河汇合而成。流经森林和草原地带的尼罗河，每年7月至11月定期泛滥，浸灌两岸干旱的土地；含有大量矿物质和腐殖质的泥沙随流而下，在两岸逐渐沉积下来，成为肥沃的黑色土壤。

埃及的地理位置使得埃及虽有降水但不多。从古代埃及留下来的大量雕刻和绘画可以看出，古代埃及人的特征是：高身材，黑头发，低额头，密睫毛，黑眼珠，直鼻子，宽脸型，阔肩膀，黑皮肤，体魄健壮。他们的体形、外貌与古代的利比亚人和努比亚人不同，与古代的亚细亚人也不同，而是具有自己独特的特征。

1. 文明成就

古埃及文明是四大古文明之一。古埃及的文化非常丰富。创造的象形文字对后来腓尼基字母的影响很大，而希腊字母是在腓尼基字母的基础上创建的。此外，金字塔、亚历山大灯塔、阿蒙神庙等建筑体现了埃及人高超的建筑技术和数学知识，在几何学、历法等方面也有很大的成就。

2. 文字

古埃及文字距今5 000多年，是一种称为圣书体的象形文字。这种文字是人类最古老的书写文字之一，多刻在古埃及人的墓穴中、纪念碑、庙宇的墙壁或石块上，所以被称为"圣书体"。1799年，法军上尉皮耶·佛罕索瓦·札维耶·布夏贺在尼罗河三角洲的港口城市罗塞塔发现了"罗塞塔石碑"。石上刻有3种文字，分别是圣书体、世俗体和古希腊文。历史学家一直不明白石刻上"圣书体"的意思，直至1822年，法国学者尚·佛罕索瓦·商博良第一个理解到，一直被认为是用形表义的埃及象形文原来也是具有表音作用的，这重大发现之后成为解读所有埃及象形文的关键线索。

3．金字塔与狮身人面

金字塔是利用大石建成的巨大三角形建筑物，是法老的墓穴。由于古埃及人在尼罗河两岸生活及耕作，所以金字塔主要是在沙漠地区兴建。从公元前2700—前1800年这900年间，估计古埃及人共建筑了超过80座金字塔。而建于公元前2589—2566年间的"大金字塔"是最大的一座金字塔，它是为法老胡夫而兴建的。

古埃及人在"大金字塔"附近建造了一座"狮身人面像"。至今仍然没有人知道建造这座由"狮身"与"人面"组成的巨大石雕的原因，他代表着法老的智慧与勇猛。一些人相信"狮身人面像"可能是金字塔的守护神，另一些则认为它是古埃及伟大文明的象征。

4．数学

古埃及人自己发明了一种数字：

圣书体	I	$\cap$	$\mathcal{?}$	$\mathcal{\int}$	$\mathcal{\int}$	$\mathcal{\jmath}$
音译	$w^{c}t$	mdw	$\check{s}t$	$h3$	db^{c}	hfn
数字	1	10	100	1000	10000	100000

从图中我们可以发现，埃及人的数学符号系统不是我们今天所采用的进位制写法，而是用一个符号代表固定的数值，在写5时，他们会用5个代表1的符号来书写，当然排布是有一定规则的，再有，当书写111时，他们会利用一个代表100的符号，一个代表10的符号以及一个代表1的符号来书写。

古埃及的数学家、几何学家，已经能够计算等腰三角形、长方形、梯形和圆形的面积。

5．天文学

古埃及拥有相当水准的天文学知识，他们通过观测太阳和大犬座 α 星（即天狼星，古埃及称"索卜乌德"，意思是水上之星）的运行制定历法，即科普特历。古埃及人将一年定为365天，每年12个月，一个月30天，剩余5天作为节日。古埃及使用太阳历的做法是世界上最早的，这种日历和我们今天所使用的日历差不多。古埃及人把一年分为3个季节，每季4个月，他们还发明了水钟及日晷（即以太阳的倒影来计时）这两种计时器，把每天分为24小时。考古学发现古埃及人了解许多星座，如天鹅座、牧夫座、仙后座、猎户座、天蝎座、白羊座以及昴星团等。另外，古埃及人还把黄道恒星和星座分为36组，在历法中加入旬星，一旬为10天，这与中国农历的旬的概念类似。旬星概念至少是在埃及第三王朝时就已经出现了。

由于古埃及文化有显著的星神崇拜，天文学观测和记录由祭司负责。每年夏天，当天狼星黎明前升起之时，尼罗河就开始泛滥，因此古埃及人认为天狼星是掌管圣河尼罗河的神祇，因此他们建造神殿，祭祀天狼星。另外也有人认为金字塔是用来观测天狼星而建造的。通过对天狼星准确的观测，埃及人确定一年（天狼年，即一种恒星年）的长度为365.25天，与近代的计算长度相当接近。古埃及人赋予太阳浓重的宗教色彩，代表太阳的神祇就有数种，其中最重要的有拉和阿顿等，很多法老都以自己是拉或者阿顿的代表来统治埃及。

6．木乃伊

木乃伊是指长久保存的古埃及人尸体，这些尸体能保存数千年是因为它们经过特别的处理。首先处理尸首的专人（一般都带着阿努比斯的面具）将尸首进行内脏清理：将体内的脏器掏出来，进行风干处理，最后撒上香料，缠上亚麻布，放进罐子里。再从头颅的鼻孔探入钩子，将脑髓勾出来，同样和内脏一样处理好（古埃及人认为主宰身体的是心脏，并不是脑部，有时会直接将脑髓当作废弃物扔掉）。最后进入特制的药水里浸泡，让尸身脱水。泡了几十天后，拿出。此时将空空如也的胸腔、腹腔都填上松香等防腐物质，缝好并在脑颅里填入香料、盐之类的防腐物质。最后放入一层又一层的棺木里。棺木上大多还画上了美好的祝愿与咒语，祈福死者顺利通过阴阳之关。

农耕文明是人类史上的第一种文明形态。原始农业和原始畜牧业、古人类的定居生活等的发展，使人类从食物的采集者变为食物的生产者，是第一次生产力的飞跃，人类进入农耕文明。农耕文明地带主要集中在北纬20°～40°之间。这里也是人类早期文明的发源地域。农耕文明一直延续到工业革命之前。此间，人们以农业为主，政治体制一般实行君主制或君主专制，社会结构呈现为金字塔形。农耕文明发源于大河流域，它是工业文明的摇篮。

农耕文明本质上需要顺天应命，需要守望田园，需要辛勤劳作。它不需要培养侵略和掠夺的战争技艺，而是需要掌握争取丰收的农艺和园艺；它无需培养尔虞我诈的商战技巧，而是企盼风调雨顺，营造人和的环境。尽管农耕文明也不都是田园牧歌，也有争斗和战乱，但较之于游牧文明和工业文明，具有质的不同。农耕相对于游牧的好处就是，能大幅度提高生产力。目前国际学术界公认的古代农耕文明的发源地有5个：古巴比伦（前4000—前2250）、古埃及（公元前3500年）、古希腊（前3000年—1100年）、古印度（公元前2000年）、古中国（公元前1600年商朝建立—至今）。

工 业 文 明

工业文明是以工业化为重要标志、机械化大生产占主导地位的一种现代社会文明状态。其主要特点大致表现为工业化、城市化、法制化与民主化、社会阶层流动性增强、教育普及、消息传递加速、非农业人口比例大幅度增长、经济持续增长等。这些特征也可视作推动传统农耕文明向工业文明转轨的重要因素。

从农耕文明发展到工业文明，是社会大分工作用的必然结果。

一、工业文明的发端

1．社会大分工和城市的诞生独立

随着社会生产力的逐渐提高，特别是农业上原始的耕作方法逐渐为二圃制或三圃制所代替，铁犁广泛使用，深耕细作成为可能；荒地和森林地带的开垦，扩大了耕地面积，不仅谷物生产增加，园艺和葡萄种植业也得到了广泛发展。农业生产率比以前大大提高。手工业首先表现在金属采掘、冶炼和制造方面。用金属创造的各种工具和武器，都有显著的技术改进。纺织业也有发展，毛呢代替了麻布。建筑技术以及与农业相关的副业如酿酒和榨油也发达起来。生产力的普遍增长使农业和手工业分离成为必然趋势。大量的剩余产品用于交换，商品生产的兴盛必然带来城市的出现。城市人口的来源，一是从领主土地上逃亡的农奴：二是封建主之间长期混战，使大批农奴得以脱逃。而封建主出于对城市财富剥削的角度，也对城市采取了庇护态度。结果，一个崭新的经济成分诞生了，它就是城市工商业。

城市诞生之后，市民们通过金钱赎买甚至武装斗争等方式逐步取得了部分自治权。法国里昂市原来属于一个主教的领地，后来，市民们出了一大笔钱,向主教赎买了城市的自治权。可是,主教在花光了这笔钱后，立即取消了城市的自治权。愤怒的市民发动了武装起义，高呼口号，捣毁了主教的住宅，杀死了主教。起义最后遭到封建主的血腥镇压，城市亦被洗劫。

随着城市经济的发展，商品交换显著扩大，商业开始繁荣，并产生了货币资本，早期的银行业发展起来了。城乡之间的商品交换，对自然经济起了很大的破坏作用。货币地租也代替了劳役和实物租，货币关系渗入农村，加速了农民的分化。多数农民在出卖农产品时，被迫低价销售，逐渐趋于破产，地位开始恶化，阶级矛盾尖锐起来。各地相继爆发了农民起义，又沉重地打击了封建制度，封建社会开始走向衰落，而新兴的城市则更加发达。

2．国家的统一标志着工业文化代替了农业文化

中世纪的欧洲是大小诸侯割据形成的支离破碎的地区，而城市的发展必须要打破封建割据对其造成的严重束缚，使市场统一。譬如，19世纪初的德国，仍然是个四分五裂的国家，各邦有自己的货币制度、自己的关税税则和各种工商条例，名目繁多，关卡林立。一个商人从柏林去瑞士须经10个国家，兑换10次货币，办理10次过境手续，每经过一个地区就要被关卡抽一次税，运到目的后，光缴纳的关税就超过货物的价值。

此时，国王也出于加强王权和统一国家的需要，与市民结盟，携手合作。市民出钱和装备，国王则给予城市自治权，发特许状。两者互相支持，联合中小地主和骑士，逐个打败了大教士、大封建主，将其领地收归国有，实现了统一，城市亦摆脱封建主的统治。对于国家来说，也是从分封制向中央集权制的演变过程，和中国在春秋战国时期相似，是封建社会发展的普遍现象。因此，恩格斯在评价法国的统一时说，王权是进步的因素。国家的统一为商品的流通开辟了道路，统一的大市场使城市手工业、商业得到了迅速发展，资产阶级正在形成，开始在政治上对社会产生影响。

3．对外贸易扩大

对东方贸易市场的拓展，是伴随着"十字军"的多次东侵进行的。经过数次海外征战，拜占庭和阿拉伯人在东方商业中的垄断地位被摧毁，而威尼斯、热那亚、马塞和巴塞罗那等城市在地中海的商业优势由此确立。十字军运动结束时，由东方运往西欧的商品比以前增加了十倍。当时，东方在经济和生产技术上都比西方先进。精美的商品，大大刺激了欧洲人的欲望，海洋贸易又成了最有利可图的活动，人们对此莫不重视，千方百计开辟和扩大贸易渠道。例如，法王腓力二世于1204年占领了诺曼底。有了这个出海口，巴黎的手工业商业很快就繁荣起来。英国，这个位于大西洋之中，又靠近欧洲大陆的大群岛，在海洋贸易中自然占有得天独厚的优势，它第一个产生资本主义也就并非偶然了。海洋贸易的日益兴旺，既使新生的资产阶级获得了大量的财富，作为资本积累，同时又大大加速了城市工商业的发展。

4．文艺复兴运动从思想上打破了基督教的束缚

由于东西方的不断交流，东方先进的文化技术产品源源不断地向西方注入，使西方积累了充分的"物质能量"，社会在不断膨胀；古希腊文化的再现，在精神文明方面大大增加了西方社会的能量。例如，中国的四大发明通过阿拉伯人传入西方，指南针使海上航行从地中海到达世界各地；火药引起了武器上的革命，由冷兵器时代进入了热兵器时代；造纸和印刷术对

科学文化的广泛传播起到了非常重要的作用。一粒种子，一旦拥有足够的温湿度，就会发芽，胀破其外壳，掀翻压在它身上的石板。社会也是一样，一旦它获得了巨大的能量，就会迸发出冲决一切的生命般的活力，基督教对人们的思想束缚必然要打破，以人文主义为特征的"文艺复兴运动"发生了。人文主义反对教会的来世观念和禁欲主义，肯定"人"是现代生活的创造者和享受者，提倡人性，反对神性；提倡人权，反对神权；提倡个性自由，反对宗教桎梏。这场运动似一股势不可挡的洪流冲开了中世纪封闭的禁锢，为人们在思想领域开辟了一片自由的天地。

5. 资产阶级的政治革命要求

对任何一个阶层而言，财富的增长必然带来对政治权力的要求。最初，资产阶级和王权结成了反对封建割据的联盟，两者的合作带来了国家大市场的统一，国王此时也成为国家的实际主宰，实行专制集权统治，如法王路易十四宣称"朕即国家"。但随着资产阶级经济实力的不断膨胀，专制又成了他们发展的障碍，原来的合作逐步被对抗所代替。这时，国家财政支柱越来越倾向于工商业，直接刺激了商人对政治权力的要求。一方面商人希望得到和贵族一样的地位和权利，就像中国东汉和晚清后期商人捐官一样；另一方面他们迫切要求打破旧的社会规则，将商业的自由竞争法则上升为政治原则，以保障工商业的正常发展。而旧的专制制度显然不利于工商业的发展，如王室的专卖制度，苛捐杂税等。他们利用国内王权与诸侯、地主与农民之间的矛盾冲突，发展壮大自身的力量，逐步登上了政治舞台。如英国的国会、法国的三级会议后来成为资产阶级反对专制王权、进行资产阶级革命的得力工具。

由于英国国会控制着征税权和拨款权，当时的国王查理一世为制服苏格兰，筹措对苏格兰作战的经费，就必须通过国会。如此一来，国王和国会之间的权力斗争公开化并且白热化了，直接导致了英国的内战。战争的结果是，国会军战胜了王军，查理一世被处死，共和国成立。

法国的情况与英国有些相似。由于参加美国独立战争，对英国作战，法国负债达20亿锂，财政出现严重的危机，国王被迫召开三级会议。作为第三等级的商人市民代表趁机发难，强烈要求改革政治，与独裁专制的国王发生了公开的冲突，法国大革命爆发。路易十六上了断头台，法兰西共和国成立，外国干涉军接连被打败。革命的结果是爆炸性的，迅速波及整个欧洲地区，对世界各国的革命都产生了深远的影响。

到18世纪，资产阶级从政治、经济和思想等方面完全打破了封建的统治，西欧的封建制度开始瓦解。当然，欧洲的封建堡垒还是非常坚固的，资产阶级通过暴力革命的方式才最后摧毁了旧的制度，新的社会——躁动不安的资本主义从封建社会的母体中破腹而出。

6. 工业文明的建立

由于生产技术的进步，社会劳动分工的扩大，商品生产急速增长以及国内外大市场的形成，为资本主义生产方式的出现创造了条件。对商品需求的迅速增加，加速了封建社会生产的衰落和封建庄园的解体，在工农业中出现了资本主义经营方式。手工业者之间竞争加剧并出现分化：商人阶层则从小商品生产者中间分离出来，逐渐变成商业资本家；资本主义在农业上的发展，使雇佣劳动代替了依附农民。整个社会开始分裂成两大阶级——资产阶级和无产阶级。

东西方贸易自古以来就受到西方国家的重视。资本主义产生之初，出于资本积累和扩大市场的需要，就更加寄希望于此。但由于原来的东西商路被土耳其人和阿拉伯人垄断，经济日益发展的西欧各国，为了获得充裕的东方商品，迫切需要开辟一条通向东方的新航线。

又由于商品经济的发展，国家和贵族的公私开支也成倍增长，迫切需要金钱，西欧社会对黄金发出了灼热的渴望。《马可·波罗行记》在欧洲广泛传播之后，在他们的想象中，中国和印度似乎是黄金遍地，到处金光闪烁。

在以上两个原因驱使下，西欧国家开始了新航路的探索。经过达加马、麦哲伦、哥伦布等人的多次试航，终于发现了从海上到达东方的路线，特别是发现了新大陆。

新航路发现之后，欧洲商人的贸易范围空前扩大了。欧洲商路和贸易中心从地中海区域转移到大西洋沿岸。使西欧通过掠夺和交换获得了大量的金银财富，引起了所谓的"价格革命"，加速了阶级分化和资本主义生产关系的发展。

新航路的开辟，扩大了西方的统治范围。新发现的美洲大陆全部成为西方的殖民地。大洋洲和亚洲、非洲的许多地区也相继沦为殖民地。殖民者从中掠夺了巨大的财富，还从非洲掠贩黑奴，牟取暴利。所有这些，大大加快了资本主义的原始积累。

二、工业文明的表现

首先是自然科学在资本主义生产中得到了空前的发展。马克思指出："生产过程成了科学的应用，而科学反过来成了生产过程的因素，即所谓职能。每一项发现都成了新的发明或生产方法的新的改进的基础。只有资本主义生产方式才第一次使自然科学为直接的生产过程服务，同时，生产的发展反过来又为理念上征服自然提供了手段"。

科技的应用可以大幅度地提高劳动生产率，降低生产成本，谁能在自己的企业中率先采用先进技术，谁就能加强自己在竞争中的地位。

工业生产的不断发展也向科学研究活动提出了新的要求。在英国，一些大学教授和市民科学家自发组织了"无形学院"，定期集会，讨论物理学、解剖学、几何学、天文学、航海术、力学及自然实验等。他们中有著名的物理学家波义耳和显微镜生物学创始人虎克等人，他们于 1662 年向英王查理二世提出申请成立国立学术团体－皇家学会并获准。

在法国，1666 年成立了国立的巴黎科学院，当时约有 20 名院士，全部由国王发薪。此后，德国、俄国、瑞典等欧洲国家也相继成立了科学院。

牛顿的古典力学是科学史上的第一个重大突破。

牛顿在其代表作《自然哲学的数学原理》一书中，系统、精确地表述了牛顿力学体系，提出了有名的 3 个运动定律和"万有引力"定律，建立了关于地球上物体和天体的力学体系，为自然科学奠定了第一个理论体系。

随着科学技术的突飞猛进，数学、物理、化学、力学、生物学、天文学、光学、电磁学、弹道学和医学等学科的研究成果不断从实验室走向生产，蒸汽机、内燃机的发明，化

学工业的发展，电动机和发电机的应用，为工业的进步提供了持续的强大动力。科学家们发现了能量守恒定律、元素周期表和达尔文的进化论，科学对自然界的探索更进一步。

20世纪30年代，爱因斯坦提出了"相对论"的原理，认为时间、质量、长度等都是相对可变的，否定了牛顿的绝对时空观。相对论应用的范围是高速运动和微观世界，牛顿力学可以看作是相对论在低速运动范围的近似。爱因斯坦成为继牛顿之后建立的第二个科学理论体系或者时空观，为科学的发展作出了伟大贡献。

相对论的直接运用成果就是原子弹的发明，因为爱因斯坦在相对论中推导出的质能方程式 $E = MC^2$，为原子的裂变提供了理论上的计算依据，人类从此进入了核时代。

爱因斯坦在相对论中提出，光的速度为最高，而且光在任何坐标系中的速度都是恒定的。因为光是一种波，其速度为传播速度，如同声波一样，两者的速度都不受发光源（声源）本身运动速度的影响，仅受传播介质密度的影响。但是，声波的速度大小和传播介质的密度呈正增长关系，而光波则相反，呈负增长关系，在真空环境，其速度最大。因此，光波或电磁波作为测量物体运动参数的手段，得到广泛应用。

19世纪数学方面最重要的成就是牛顿和莱布尼茨创立的微积分，为解决更精确地描述运动尤其是变速运动的全过程提供了计算手段，也为现代纯数学和应用数学奠定了基础。

在天文学方面，康德最先提出了星云假说，随后，拉普拉斯从数学和力学的原理也提出了自己的星云说，并对太阳系的形成和运动作了比康德更加精密的科学论证。恩格斯对星云说予以很高的评价，他在《自然辩证法》中说道："关于第一次推动的问题被取法了"。"自然界不是存在着，而是生成着并消逝着"。

经过萨迪·卡诺、莫尔、迈尔、焦耳和赫尔姆霍茨等众多科学家的努力，能量守恒和转化定律成为19世纪自然科学的重大发现，对科学的发展产生了深刻的影响。

在电磁学上，法拉第发现了电磁感应现象，使人类获得了打开电能宝库的钥匙。而麦克斯韦则提出了电磁波的理论，并在实验过程中得到证实，为后来的无线电技术打下了基础。

在化学方面，门捷列夫发现了元素周期律，并将当时所发现的元素按原子量递增的次序排列成为元素周期表，为以后元素的研究、新元素的探索、新物质、瓣材料的寻找提供了一个可以遵循的规律。

在生物学领域，德国耶拿大学植物学教授施莱登创立了细胞学说，论证了动物细胞和植物细胞结构和起源的相同性。而达尔文在《物种起源》一书中所阐述的进化论，提出了"适者生存，优胜劣汰"的自然选择规律，对宗教迷信和形而上学以致命的打击，是科学自然观的巨大胜利。

1880年，美国的发明大王爱迪生发明了电灯，为千家万户带来了光明。

1890—1900年，伦琴发现X射线，贝克勒耳发现放射性，马可尼发明收音机。

1900年，在迎接20世纪的物理学年会上，英国科学界的权威开尔文爵士说："物理世界的理论大厦已经建立起来了"，同时他又指出："在物理世界的东方有两片乌云，一片是以太理论的困难（电磁学的参考系问题），一片是能量均分定理的困难（热辐射的理论解释）"。

然而正是这两片乌云，引起了物理学领域的一场狂风骤雨。由于无法用经典力学描述微观的现象，人们感到既困惑又沮丧。在暴风雨的洗礼中，量子力学诞生了，人类开始步入微观世界。以后的事实证明，人类对微观世界的认识每进一步，就大大推动了科学技术的飞跃，促进社会生产力的发展。因此，微观才是世界的本质，而宏观只是世界的表象。

进入 20 世纪，自然科学和社会科学领域更是群星闪烁，人才辈出，硕果累累。

1900 年，弗洛伊德发表《梦的解析》一书，奠定了精神分析学基础；马克思·普朗克创立了量子力学。

1903 年，莱特兄弟成功试飞了人类历史上第一架飞机，实现了载人飞行。

1910 年，卢瑟福发现原子核，产生了一门新学科——核物理学。

1928 年，弗莱明发现了青霉素，从而为人类挽救了数以百万计的生命。

1941 年，世界上第一台使用了真空电子管的电子计算机问世。

1942 年，费米建造出第一个核反应堆，为人类开启了利用核能的时代。

1953 年，沃森和克里克发现 DNA 双螺旋结构。

1960 年 7 月 7 日，美国加利福尼亚州休斯实验室的科学家梅曼宣布世界上第一台激光器诞生。

1969 年 7 月 20 日，美国阿波罗登月计划成功，宇航员阿姆斯特朗踏上月球，首次实现了人类登月的梦想。

工业文明是人类文明史上的一个重要阶段，它实质上就是科技文明。在工业文明或科技文明时代，在人与自然关系上，占统治地位的文化观念是以机械的征服论自然观为出发点、以科技理性主义为特征、以满足人类需要的人类中心主义为核心。征服论自然观肯定了人类在自然界中支配的地位，弘扬了人类改造自然的能力，促进了生产力的发展；但也破坏了人与自然的和谐统一，导致了人与自然的分裂对立，引发了生态危机。

【知识延展】

文明是指人类所创造的财富的总和，特指精神财富，如文学、艺术、教育、科学等，也指社会发展到较高阶段表现出来的状态。是人类审美观念和文化现象的传承、发展、糅合和分化过程中所产生的生活方式、思维方式的总称。是人类开始群居并出现社会分工专业化，人类社会雏形基本形成后开始出现的一种现象。是较为丰富的物质基础上的产物，同时也是人类社会的一种基本属性。文明是人类在认识世界和改造世界的过程中所逐步形成的思想观念以及不断进化的人类本性的具体体现。

【活动建议】

"生态文明"、"后工业文明"是目前热议的名词，请通过书籍与网络资料的收集，分别对它们作出一定的解释。

参 考 文 献

[1] 增林. 要创新民族艺术 [J]. 中国民族，2002（04）.

[2] 赵宗福. 民族艺术的文化探索——吕霞《西陲艺韵》序 [J]. 中国土族，2005（02）.

[3] 陶思炎，孙发成. 民俗艺术的审美阐释 [J]. 西南民族大学学报（人文社科版），2010（05）.

[4] 苏仁先. 民族艺术特征中看民族审美心理 [J]. 云南民族学院学报（哲学社会科学版），1995（03）.

[5] 王杰. 略论民族艺术在当代文明冲突下的作用 [J]. 山东大学学报（哲学社会科学版），2003（06）.

[6] 于清江. 民间剪纸艺术与民俗文化 [J]. 现代交际，2011（05）.

[7] 宋生贵. 民族艺术与文化生态——经济全球化背景下发展民族艺术的美学思考 [J]. 内蒙古社会科学（汉文版），2002（01）.

[8] 宋生贵. 民族艺术审美内涵的地域性特质及变异——经济全球化背景下发展民族艺术的美学研究 [J]. 阴山学刊，2004（03）.

[9] 宋生贵. 追求新的民族艺术个性——文化全球化背景下发展民族艺术的美学思考 [J]. 内蒙古大学学报（人文·社会科学版），2002（02）.

[10] 李树榕. 民族艺术研究亟待加强 [J]. 中国高等教育，1994（02）.

[11] 高放. 当代世界与社会主义 [J]. 文摘报，2007（4）.

[12] 毛泽东热为何经久不衰、历久弥新、更臻醇厚？［OL］. 中国共产党新闻网，2009-12-25.

[13] 于汝波. 中国近代军事创新为什么会衰落［OL］. 人民网，2007-01-10.

[14] 斯塔夫里阿诺斯. 全球通史：从史前史到21世纪［M］. 北京：北京大学出版社，2006.

[15] 陈必祥，段万翰. 世界五千年［M］. 上海：上海辞书出版社，2011.

[16] 梁衡. 百年革命 三封家书 [J]. 读者，2011（17）.

[17] 李萃英. 面向新世纪的人文素质教育研究 [M]. 北京：煤炭工业出版社，1999.

[18] 曾军等. 人文之维 [M]. 北京：中国少年儿童出版社，2001.

[19] 贾永堂. 大学素质教育：理论建构与实践审视 [M]. 长沙：华中科技大学出版社，2006.

[20] 张耀灿、郑永廷. 现代思想政治教育学 [M]. 北京：人民出版社，2006.

[21] 吴鹏森. 人文社会科学基础 [M]. 上海：上海人民出版社，2007.

[22] 汪青松. 杨叔子院士文化素质教育演讲录 [M]. 合肥：合肥工业大学出版社，2007.

[23] 李太平. 科学教育与人文教育年 [M]. 北京：人民出版社，2010.

[24] 王玲. 中国茶文化 [M]. 北京：九州出版社，2009.

[25] 刘勤晋. 茶文化学 [M]. 北京：中国农业出版社，2000.

[26] 冈仓天心. 茶之书 [M]. 山东：山东画报出版社，2010.

[27] 伊藤古鉴. 茶和禅 [M]. 天津：百花文艺出版社，2005.

[28] 赵荣光. 中国饮食文化概论 [M]. 北京：高等教育出版社，2003.

[29] 张文奎. 人文地理学概论 [M]. 长春：东北师范大学出版，1993.

[30] 伯仲. 景德问瓷 [M]. 北京：化学工业出版社，2008.

[31] 蓝浦，郑廷桂 . 景德镇陶录（校注）[M] . 南昌：江西人民出版社，1996 .

[32] 占宇 . 瓷都景德镇 [J] . 北京：中国陶瓷，2005（8）.

[33] 巫新华 . 西域丝绸之路——孕育文明的古道 [J] . 中国文化遗产，2007（1）.

[34] 周海林、谢高地 . 人类生存困境：发展的悖论 [M] . 北京：社会科学文献出版社，2003 .

[35] 周穗明，等 . 现代化：历史，理论与反思 [M] . 北京：中国广播电视出版社，2002 .

[36] 保罗·肯尼迪 . 大国的兴衰 [M] . 北京：世界知识出版社，1999 .

[37] 章培恒，骆玉明 . 中国文学史（上、中、下）[M] . 上海：复旦大学出版社，2001 .

[38] 萧涤非，等 . 唐诗鉴赏辞典 [M] . 上海：上海辞书出版社，1994 .

[39] 唐圭瑾 . 唐宋词鉴赏辞典 [M] . 南京：江苏古籍出版社，1994 .

[40] 缪钺 . 宋诗鉴赏辞典 [M] . 上海：上海辞书出版社，1988 .

[41] 曹明海 . 理解与建构：语文阅读活动论 [M] . 青岛：海洋大学出版社，2000 .

[42] 刘元树 . 中国现代文学史新编 [M] . 昆明：云南教育出版社，1993 .

[43] 吴秀明 . 中国当代文学史写真（上、中、下）[M] . 杭州：浙江大学出版社，2003 .

[44] 吴中杰 . 中国现代文艺思潮史 [M] . 上海：复旦大学出版社，1996 .

[45] 朱维之、赵澧 . 外国文学简编 [M] . 北京：中国人民大学出版社，1991 .

[46] 丁子春 . 欧美现代主义文艺思潮新论 [M] . 杭州：浙江大学出版社，1992 .